U0165487

清晰論法

清溪公司法研究會論文集III
紀念黃國川法官榮退

鄭瑞崙、李美金、蔣志宗、黃鋒榮、吳譽珅、吳軒宇
吳　姮、莊曜隸、游聖佳、詹秉達、魯忠軒、鄭貴中
鄭宇廷、謝孟良、林欣蓉、長畑周史｜著

五南圖書出版公司 印行

感謝序

敬愛的黃國川庭長：

　　清溪公司法研究會全體成員在此向您致上最深的敬意與祝
福，並藉由這本「清溪公司法研究會論文集Ⅲ──紀念黃國川
法官榮退」，向您多年來對司法的卓越貢獻表達由衷的感謝。
回顧您自1981年加入公職以來，從苗栗鎮自來水廠工程司一路
到臺灣高等法院高雄分院法官兼庭長，您的每一步皆展現出堅
毅的專業素養與對公正司法的崇高使命感。您的執著和無畏，
使您在臺灣司法界屹立不搖，成為同儕與後進心中的楷模。

　　在臺灣高雄地方法院及高等法院高雄分院任職期間，您多
次出任要職，升任至簡任第十四職等，裁判過許多重要案件。
您的專業判斷與公平裁判，為當事人帶來了正義與公平，也對
臺灣法治做出重大貢獻。尤其是在任職期間，追隨黃清溪老師
專研公司法，所以在民商事案件領域中，您的專業知識和精準
分析，使您贏得了無數案件當事人的尊敬。

　　如今，您已卸下法官職務，開啓人生的另一篇章。清溪公
司法研究會將永遠感念您對司法的卓越貢獻。願您在未來的日
子裡平安健康喜樂，期待能繼續請益您的寶貴經驗。

　　謹以此書，深深敬獻。

清溪公司法研究會　理事長 鄭瑞崙 敬上

序

　　今逢我們尊敬的國川庭長榮退之年，曾與庭長同窗或為公司法研究會成員的學長、姐們，無論身在何處，欣聞庭長屆滿榮休，無不百忙之中騰出時間撰文，以表祝賀之意。個人因殊勝機緣，有幸恭撰序詞，倍感光榮。

　　國川庭長出身台南七股鹽鄉，幼時體況欠佳，環境多阻，飽嚐過各種生命滋味，然仍憑藉己力求知自學、克服諸難後，步上公職之路，將大半人生精華年歲，無私奉獻於司法。我與庭長初識於學習民庭審判實務時，猶記報到之初，庭長不急於講授學習內容，而是親切招呼我們坐下來一同泡茶聊天，藉由分享其辦案經驗及心得的方式，提點我們建立正確的審判觀念。結業後，吾幸運分發到庭長麾下，每有問題求教，庭長指點迷津同時，亦提醒對於實務向來持用之多數意見，除應徹底瞭解其見解之來由及法理精髓，始能正確運用於具體個案外，並應保持時刻反省檢討之意識及能力，與時俱進。

　　黃庭長辦案慎思明辨，其豐富的實務經驗及佳績，早為法官同仁及律師所推崇景仰，然庭長求知若渴，精益求精，在從事多年審判工作後，仍毅然執起書包重回校園，與我們同在清溪老師課堂上研習公司法；憶其時，每當眾人受難題所惑而束手無策之際，庭長總能「突圍而出」，提出脈絡清晰、令人折服的精闢意見，為老師及同學所讚許。在法院，庭長為人敦厚樸實，敬天地以師其法，常勉勵吾輩以同理心待人，寬處其事，然對公義真理之追求及堅守，則矢志不移，貫徹始終，堪為司法表率。吾今有幸在庭長功成身退，邁向人生新路途之

際，除與同窗學長們共同撰文誌慶外，亦藉此序向庭長對我二十餘載的照顧及提攜致上萬分謝意，並祈祝仁智兼備、福慧雙修、眾所敬愛的黃庭長，身體健康、凡事順心如意，退休生活更加充實、精彩！

臺灣高等法院高雄分院法官 蔣志宗 敬撰

目錄

1

2024年中國大陸公司法修正解析 ——談公司資本制度及公司治理

鄭瑞崙

壹、前言

中國大陸全國人大常委會於西元（下同）2023年12月29日通過了大陸《公司法》（下稱《公司法》），新法將自2024年7月1日起正式施行。本次修法於2018年版公司法的218條條文基礎上刪除了16條條文，並新增及修改了228條條文，是公司法至今以來規模最大的一次修訂。上述修正完善了公司資本制度及公司治理規定。以下，本文擬從修法涉及的公司資本制度及公司治理規定介紹，並分析新修正之《公司法》對於公司營運上可能發生之影響，公司董事及股東應如何採取應對措施。

貳、本次修法涉及公司資本制度之規定解析

一、公司資本制度的變革

本次增修有限公司限期認繳制（五年內須繳足）、股份有限公司實繳制：

關於公司的資本制度，區分為法定資本制與授權資本制。在法定資本制下，公司在成立時須在公司章程中明確記載公司資本總額，股東需要全部認足並實繳，即資本或股份在公司設立時一次性發行，並由發起人或股東一次發行或募足。而授權資本制下，公司章程中也需要記載資本總額，但資本發行和認購是分次進行的，股東只需認足第一次發行的資本，公司

即可成立，其餘股份授權董事會再分次發行。

　　針對有限公司，1993年時《公司法》採取的法定資本制且全面實繳[1]，2005年《公司法》雖然仍採取法定資本制，但針對繳納制度修法改為限額限期實繳制[2]，規定全體股東的首次出資額不得低於註冊資本的百分之二十，其餘部分在兩年內繳足。2013年復修正為全面認繳制且期限無限制[3]。

　　在2013年採全面認繳制下，中國大陸雖有效解決了實繳制下資金門檻過高、註冊資金閒置、虛假出資驗資等問題，但也因此出現大量天價認繳與百年繳資期限（如：某公司將其出資期限登記為100年等）的公司。為此，本次《公司法》針對有限公司修法更改為限期認繳制，於第47條規定除了法律、法規及國務院決定對股東的出資期限另有規定外，有限公司全體股東認繳的出資額由股東按照公司章程規定自公司成立之日起五年繳足。並且，調整股份有限公司的出資方式為授權資本制，於第98條規定發起人應在公司成立前按照其認購的股份全額繳納股款。

　　而關於最低註冊資本規定，《公司法》已於2013年修正時，取消有限責任公司、一人有限責任公司、股份有限公司最低註冊資本分別3萬元、10萬元、500萬元的限制，故2013年後《公司法》並無對公司最低註冊資本之規定，本次修法亦未修正此部分，最低註冊資本的規定已非重點。

---

[1]　《公司法（1993）》第25條第1項：股東應當足額繳納公司章程中規定的各自所認繳的出資額。股東以貨幣出資的，應當將貨幣出資足額存入準備設立有限責任公司在銀行開設的臨時帳戶；以實物、工業產權、非專利技術或者土地使用權出資的，應當依法辦理其財產權的轉移手續。

[2]　《公司法（2005）》第26條第1項：有限責任公司的註冊資本為在公司登記機關登記的全體股東認繳的出資額。公司全體股東的首次出資額不得低於註冊資本的百分之二十，也不得低於法定的註冊資本最低限額，其餘部分由股東自公司成立之日起兩年內繳足；其中，投資公司可以在五年內繳足。

[3]　《公司法（2013）》第26條：有限責任公司的註冊資本為在公司登記機關登記的全體股東認繳的出資額。法律、行政法規以及國務院決定對有限責任公司註冊資本實繳、註冊資本最低限額另有規定的從其規定。

二、新增董事會核查、註冊資本催繳制度

新修正之《公司法》第51條規定，有限責任公司成立後，董事會應當對股東的出資情況進行核查，發現股東未按期足額繳納公司章程規定的出資，應當由公司向該股東發出書面催繳書，催繳出資。未及時履行前款規定的義務，給公司造成損失的，負有責任的董事應當承擔賠償責任。

本條新增有限責任公司董事會對於未繳納出資的催繳義務，並規定董事未履行催繳義務而給公司造成損失者，董事對給公司造成的損失承擔賠償責任。

資本充實制度是本次《公司法》修訂的重點，修法不僅對直接出資人即股東有更高的規範（如前述提及新增認繳出資的期限），同時也在股東欠繳出資的情況下，要求負有責任的董監高均對公司承擔賠償責任。此外，《公司法》亦規定在股東抽逃出資[4]、公司違規分紅[5]及違規減資[6]對公司造成損害時，負有責任之董監高應承擔賠償責任。本次修法透過新增以上規定，加強公司營運過程中董監高維護公司資本之責任，落實資本充實原則，保障債權人到期債權的順利實現。

所以，公司在經營上應特別留意董事會是否有依法核查股東出資到位情況，且對於股東出資未能及時到位者，是否有履行書面催繳程序。若無，董事可能須承擔賠償責任。以具體應對措施來說，擔任公司之董事，應當關注股東的出資情況，敦促董事會對出資情況進行核查並催繳。如果出現董事會未能嚴格履行核查或催繳義務，建議董事應當以書面形式向董事會發出建議，保留董事個人履行職務的證據。

---

[4] 公司法第53條：公司成立後，股東不得抽逃出資。違反前款規定的，股東應當返還抽逃的出資；給公司造成損失的，負有責任的董事、監事、高級管理人員應當與該股東承擔連帶賠償責任。

[5] 公司法第211條：公司違反本法規定向股東分配利潤的，股東應當將違反規定分配的利潤退還公司；給公司造成損失的，股東及負有責任的董事、監事、高級管理人員應當承擔賠償責任。

[6] 公司法第226條：違反本法規定減少注冊資本的，股東應當退還其收到的資金，減免股東出資的應當恢復原狀；給公司造成損失的，股東及負有責任的董事、監事、高級管理人員應當承擔賠償責任。

三、新增股東失權制度

　　新修正之《公司法》第52條規定，有限公司之股東未按照公司章程規定的出資日期繳納出資，公司依照第51條規定發出書面催繳書催繳出資的，可以載明繳納出資的寬限期；寬限期自公司發出催繳書之日起，不得少於六十日。寬限期屆滿，股東仍未履行出資義務的，公司經董事會決議可以向該股東發出失權通知，該通知應當以書面形式發出。自通知發出之日起，該股東即喪失其未繳納出資的股權。依照前款規定喪失的股權應當依法轉讓，或者相應減少註冊資本並注銷該股權；六個月內未轉讓或者注銷者，由公司其他股東按照其出資比例足額繳納相應出資。股東對失權有異議的，應當自接到失權通知之日起三十日內，向人民法院提起訴訟。

　　本次修正之《公司法》新增以上股東失權制度，規定有限公司股東未按照公司章程規定的出資日期繳納出資，經公司催繳無果後，公司可以發出股東失權通知，自通知發出之日起，該股東喪失其未繳納出資的股權。

　　對此，從公司契約理論的角度來看，股東與公司間係存在以「繳納出資」與「接受出資」為內容的契約關係，股東不依法履行出資義務會嚴重影響公司資本充實及公司運營。所以新修正之《公司法》規定，公司可以經董事會決議，以「解除契約」之意思表示解除契約，使股東喪失未繳納出資部分的股權，以此督促股東及時繳納出資、保護公司和其他利害關係人利益。

　　然而，本條規定之失權方式為「依法轉讓，或者相應減少註冊資本並註銷該股權」，這在實際操作中可能會有難度。具體來說，能轉讓的前提是需要有購買意願的買方，如公司經營情況不佳，則未必能找到合適的買方願意受讓老股。如果進行減資，依照《公司法》規定，公司應召開股東會，經代表三分之二以上表決權的股東通過。公司還需要通知債權人，債權人有權要求公司清償債務或者提供相應的擔保。綜上所述，公司不一定能順利完成減資。並且，如果未能在法律規定期限內（即六十日寬限期加上六個月的轉股／減資註銷期限）完成轉讓或減資註銷者，須由公司其他股東按照其出資比例足額繳納相應出資，這也會大大影響其他股東。

所以，建議股東可以考慮採取以下幾點應對方式：

（一）為了給予後續可能發生調整註冊資本的情形留有靈活空間，投資人可以在交易文件中，對約定的出資時間等做相對靈活、寬鬆的約定，並約定公司及其他股東應及時配合投資人轉讓未實繳部分的股權或進行減資。

（二）為了防止部分股東透過修改實繳期限的方式規避失權，可將修改公司章程中的實繳期限約定納入一票否決權事項範圍。

（三）在協議中約定，如投資人因其他股東未能完成實繳或出資不實導致股東受有損失時，其他股東需負賠償責任，且投資人有權啟動減資回購、股權轉讓或者其他救濟方式，避免對投資人利益造成損害。

四、新增加速到期制度

新修正之《公司法》第54條規定，有限公司不能清償到期債務的，公司或者已到期債權的債權人有權要求已認繳出資但未屆出資期限的股東提前繳納出資。須注意，本條不適用於股份有限公司，因股份有限公司為實繳制，無五年繳資期限的規定。

承上所述，本次《公司法》修法針對有限公司之註冊資本繳納修改為限期認繳制，故實踐中會存在公司股東設定較長的出資期限，以致公司的註冊資本與實收資本長期產生巨大差異的現象。若從公司契約理論來看，公司是股東之間透過協商所達成的一種協議，在股東與公司的出資關係中，股東認繳但未屆期限的出資可作為公司未到期債權，公司不能對外清償到期債務則代表公司資產已經不能滿足公司的正常經營需要。此時公司可以要求股東提前繳納出資，用於彌補公司經營的資產缺口。進一步，依據民法代位權之法理，公司不能清償到期債務時，允許債權人代位求償。

所以，作為債權已屆期之債權人，得利用股東出資加速到期制度維護自身權益，即公司不能清償到期債權時，對債務人進行法律盡職調查，並對認繳出資未屆出資期限的股東，要求該股東提前繳納出資，以保障己身債權實現。

五、股東出資的連帶責任

新修正之《公司法》第50條規定，有限責任公司設立時，股東未按照公司章程規定實際繳納出資，或者實際出資的非貨幣財產之實際價額顯著低於所認繳的出資額者，設立時的其他股東與該股東在出資不足的範圍內應承擔連帶責任。

依公司法第48條規定，股東可以用貨幣出資，也可以用實物、知識產權、土地使用權、股權、債權等可以用貨幣估價並可以依法轉讓的非貨幣財產作價出資[7]。以貨幣出資時，貨幣本身具有確定性沒有差額的問題，但可能出現未按章程規定足額繳納的情形。而以非貨幣形式出資，則可能出現實際價額顯著低於所認繳的出資額之情形。對此，本次修正之《公司法》為加強對債權人的保護，規定在股東未足額出資或按期繳納出資的情況下，債權人可要求該股東在認繳出資範圍內承擔責任，並可要求其他股東承擔連帶責任。

若作為發起股東與其他股東一起設立公司，建議可以考慮採取以下幾點應對方式：

（一）要求董事會對股東之出資進行核查，包括對出資方式、出資期限、實繳出資情況及合法性等進行嚴格的盡職調查，尤其應嚴格審查「非貨幣出資」之情況。並建議其他股東儘量要求以貨幣形式進行出資。如有發現股東尚未實繳的情況，需要進一步關注其未能實繳的原因、後續實繳計畫及出資能力等。

（二）在設立公司時簽訂之投資協議中約定，如投資人因其他發起股東出資瑕疵導致須承擔責任時，未按期繳納出資的股東應負違約責任，並賠償其他股東。

---

[7] 公司法第48條：股東可以用貨幣出資，也可以用實物、知識產權、土地使用權、股權、債權等可以用貨幣估價並可以依法轉讓的非貨幣財產作價出資；但是，法律、行政法規規定不得作為出資的財產除外。對作為出資的非貨幣財產應當評估作價，核實財產，不得高估或者低估作價。法律、行政法規對評估作價有規定的，從其規定。

參、本次修法涉及公司治理之規定解析

一、公司可選擇單層制治理模式（即只設董事會、不設監事會）

　　新修正之《公司法》第69條規定，有限責任公司可以按照公司章程的規定在董事會中設置由董事組成的審計委員會，行使本法規定的監事會的職權，不設監事會或者監事。公司董事會成員中的職工代表可以成為審計委員會成員。第121條規定，股份有限公司可以按照公司章程的規定在董事會中設置由董事組成的審計委員會，行使本法規定的監事會的職權，不設監事會或者監事。審計委員會成員為三名以上，過半數成員不得在公司擔任除董事以外的其他職務，且不得與公司存在任何可能影響其獨立客觀判斷的關係。公司董事會成員中的職工代表可以成為審計委員會成員。審計委員會作出決議，應當經審計委員會成員的過半數通過。審計委員會決議的表決，應當一人一票。審計委員會的議事方式和表決程序，除本法有規定之外，由公司章程規定。公司可以按照公司章程的規定在董事會中設置其他委員會。

　　在過去公司治理上，股東會是公司最高權力機構，董事會和經理層是公司經營決策和執行機構，而監事會是公司監督機構。但實際上，在公司運作下，監事往往由大股東選任或控制，因此公司監事會發揮監督職能之作用並不明顯。為此，本次修正之《公司法》優化公司治理制度，允許公司只設董事會、不設監事會，而公司只設董事會者，應當在董事會中設置審計委員會行使監事會職權。故在現行《公司法》下，監事會將不再是公司治理中的法定必要機構，董事會審計委員會可替代監事會，故無論是股份有限公司還是有限責任公司，都可自行選擇設置董事會審計委員會行使監事會職權，從而不再設置監事會或監事。簡言之，公司可以選擇以董事會為中心的單層治理結構，或是選擇現行公司法下董事會及監事會的雙層治理結構。

在選擇單層治理結構，即由董事會審計委員會履行監事會職能者，新公司法中針對股份公司與有限公司之審計委員會，有不同規定：

（一）人數：有限公司無要求，股份有限公司要求三名以上。

（二）成員之獨立性：有限公司無要求，股份有限公司要求「過半數成員不得在公司擔任除董事以外的其他職務，且不得與公司存在任何可能影響其獨立客觀判斷的關係」，即股份有限公司審計委員會的成員過半數應為非執行職務之董事。

（三）議事規則上：有限公司無要求，股份公司規定一人一票、作出決議應過半數通過。

因此，現行公司法下，公司股東可以根據自身訴求，選擇如何設立決策機構。舉例而言，因董事會中的審計委員會隸屬於董事會，獨立性差，未參與經營管理小股東，可要求設置監事或監事會，並選任監事，即採用雙層治理結構對董事進行監督。如果股東方均參與經營，可考慮設置審計委員會，即採用單層治理結構，由審計委員會行使監事會職權。

二、規模較小之公司可不設立股東會、董事會、監事會

針對有限責任公司，新修正之《公司法》第60條前段規定，只有一個股東的有限責任公司，不設股東會。第75條規定，規模較小或者股東人數較少的有限責任公司，可以不設董事會，設一名董事，行使本法規定的董事會的職權。該董事可以兼任公司經理。第83條規定，規模較小或者股東人數較少的有限責任公司，可以不設監事會，設一名監事，行使本法規定的監事會的職權；經全體股東一致同意，也可以不設監事。

針對股份有限公司，新修正之《公司法》第112條第2款規定，本法第60條關於只有一個股東的有限責任公司不設股東會的規定，適用於只有一個股東的股份有限公司。第128條規定，規模較小或者股東人數較少的股份有限公司，可以不設董事會，設一名董事，行使本法規定的董事會的職權。該董事可以兼任公司經理。第133條規定，規模較小或者股東人數較少的股份有限公司，可以不設監事會，設一名監事，行使本法規定的監事會的職權。

　　承上所述，本次《公司法》修法，在組織機構設置方面賦予公司更大的彈性，除上述允許公司選擇以董事會為中心之單層治理結構外，也進一步簡化公司組織機構設置，允許一名股東也可以設立股份有限公司，並順應實務情況，允許規模較小或股東人數較少的公司有限簡化董事會、監事會，可以不設董事會，設一名董事；不設監事會，設一名監事。對於規模較小或股東人數較少的有限責任公司，經全體股東一致同意，也可以不設監事。應注意，此處並非以股東會多數表決權通過，而是「所有股東一致同意」。惟本次《公司法》並未針對「規模較小」和「股東人數較少」有進一步具體標準規定。

三、規定有限責任公司與股份有限公司董事會人數均為三人以上，且擴大董事會職工代表制度範圍

　　新修正之《公司法》第68條第1款規定，有限責任公司董事會成員為三人以上，其成員中可以有公司職工代表。職工人數三百人以上的有限責任公司，除依法設監事會並有公司職工代表的外，其董事會成員中應當有公司職工代表。董事會中的職工代表由公司職工通過職工代表大會、職工大會或者其他形式民主選舉產生。第120條規定，第68條第1款規定適用於股份有限公司。

　　新修正之《公司法》刪除過去公司法有限公司董事會人數需為三至十三人、股份公司董事會人數需為五人至十九人之規定，因此無論有限公司還是股份公司，董事會成員均規定為三人以上。修正後之規定，降低對股份公司董事會人數的下限要求，減少了中小規模股份公司董事會人員配備的負擔；取消董事會人數上限，也反映了對公司自治的尊重。

　　另，所謂職工，是指與企業訂立勞動合同之人員，過去公司法只針對部分大陸國營企業要求設置職工董事。而新修正之《公司法》擴大了需設置職工董事的公司範圍，規定職工人數300人以上的公司，除監事會中已有職工監事者外，均需設職工董事。職工董事由公司職工透過職工代表大會、職工大會或其他形式民主選舉產生。透過本條規定，保障職工參與公司民主管理、民主監督。

以下整理新修正之《公司法》有限責任公司、股份有限公司董事會、監事會之設置規定：

情形		董事／董事會之設置
有限責任公司、股份有限公司	一般情形	董事會成員為三人以上（第68條第1款）
	職工人數300人以上，且未設置監事會	董事會成員為三人以上，且含職工代表董事（第68條第1款）
	規模較小或者股東人數較少	可以不設董事會，僅設一名董事（第75條第1款）

情形		監事／監事會之設置
有限責任公司	一般情形	監事會成員為三人以上，應包括股東代表和適當比例的公司職工代表（第76條第2款）
	規模較小或者股東人數較少	可僅設一名監事（第83條）
	董事會中設置審計委員會；規模較小或者股東人數較少，且經全體股東一致同意	可不設監事會或者監事（第69、83條）
股份有限公司	一般情形	監事會成員為三人以上，應包括股東代表和適當比例的公司職工代表（第130條第2款）
	規模較小或者股東人數較少	可僅設一名監事（第133條）
	董事會中設置審計委員會	不設監事會或者監事（第121條）

四、擴大規定董監高任職資格

新修正之《公司法》第178條規定，有下列情形之一的，不得擔任公司的董事、監事、高級管理人員[8]。違反下列規定選舉、委派董事、監事

---

[8] 第265條　本法下列用語的含義：
1. 高級管理人員，是指公司的經理、副經理、財務負責人，上市公司董事會秘書和公司章程規定的其他人員。

或者聘任高級管理人員者，該選舉、委派或者聘任無效。董事、監事、高級管理人員在任職期間出現下列所列情形時，公司應當解除其職務。

（一）無民事行為能力或者限制民事行為能力；

（二）因貪污、賄賂、侵佔財產、挪用財產或者破壞社會主義市場經濟秩序，被判處刑罰，或者因犯罪被剝奪政治權利，執行期滿未逾五年，被宣告緩刑的，自緩刑考驗期滿之日起未逾二年；

（三）擔任破產清算的公司、企業的董事或者廠長、經理，對該公司、企業的破產負有個人責任的，自該公司、企業破產清算完結之日起未逾三年；

（四）擔任因違法被吊銷營業執照、責令關閉的公司、企業的法定代表人，並負有個人責任的，自該公司、企業被吊銷營業執照、責令關閉之日起未逾三年；

（五）個人因所負數額較大債務到期未清償被人民法院列為失信被執行人。

本次修法，針對第178條第2款新增「因犯罪被宣告被判緩刑者之任職資格限制的期限」。針對第178條第4款新增「責令關閉之日起」之日為不得擔任董監高職務期限之起算時點。針對第178條第5款新增「被人民法院列為失信被執行人」為「個人因所負數額較大的到期債務未清償」之任職條件。

---

2. 控股股東，是指其出資額占有限責任公司資本總額超過百分之五十或者其持有的股份占股份有限公司股本總額超過百分之五十的股東；出資額或者持有股份的比例雖然低於百分之五十，但依其出資額或者持有的股份所享有的表決權已足以對股東會的決議產生重大影響的股東。

3. 實際控制人，是指通過投資關係、協議或者其他安排，能夠實際支配公司行為的人。

4. 關聯關係，是指公司控股股東、實際控制人、董事、監事、高級管理人員與其直接或者間接控制的企業之間的關係，以及可能導致公司利益轉移的其他關係。但是，國家控股的企業之間不僅因為同受國家控股而具有關聯關係。

五、完善董監高忠實義務及勤勉義務的規定，新增事實董事、影子董事、影子高管規定

　　新修正之《公司法》第180條規定，董事、監事、高級管理人員對公司負有忠實義務，應當採取措施避免自身利益與公司利益衝突，不得利用職權牟取不正當利益。董事、監事、高級管理人員對公司負有勤勉義務，執行職務應當為公司的最大利益盡到管理者通常應有的合理注意。公司的控股股東、實際控制人不擔任公司董事但實際執行公司事務的，適用前兩款規定。第192條規定，公司的控股股東、實際控制人指示董事、高級管理人員從事損害公司或者股東利益的行為的，與該董事、高級管理人員承擔連帶責任。

　　過去公司法僅規定董監高對公司負有忠實義務和勤勉義務，未闡明忠實義務和勤勉義務之意義。新修正之《公司法》第180條中明確指出，忠實義務是指「應採取措施避免自身利益與公司利益衝突，不得利用職權牟取不正當利益」，勤勉義務是指「執行職務應為公司的最大利益盡到管理者通常應有的合理注意」，以此細緻化董監高忠實及勤勉義務。

　　由於忠實義務和勤勉義務是董事、監事、高級管理人員作為股東的受託人對委託人承擔的義務，但實務上也經常出現控股股東、實際控制人利用自己對公司的控制力執行董事職務的情況。為解決此弊端，本次修法在第180條第3款引入「事實董事」制度，將忠實、勤勉義務的責任主體擴大到控股股東、實際控制人，規定二者實際執行了董事職權，亦應對公司負忠實義務和勤勉義務。

　　此外，新修正之《公司法》引入「影子董事」、「影子高管」制度，針對實務中最為常見的控股股東、實際控制人通過控制董事或高管以從事損害公司利益之情形進行規範，於第192條規定若公司的控股股東、實際控制人指示董事或高階主管從事損害公司或股東利益的行為，應與該董事、高階主管承擔連帶責任。如此一來，控股股東、實際控制人將無法再通過控制傀儡損害公司或其他股東利益而置身事外。

六、擴大對董監高關聯交易之規定

新修正之《公司法》第182條規定，董事、監事、高級管理人員，直接或者間接與本公司訂立合同或者進行交易，應當就與訂立合同或者進行交易有關的事項向董事會或者股東會報告，並按照公司章程的規定經董事會或者股東會決議通過。董事、監事、高級管理人員的近親屬，董事、監事、高級管理人員或者其近親屬直接或者間接控制的企業，以及與董事、監事、高級管理人員有其他關聯關係的關聯人，與公司訂立合同或者進行交易，適用前款規定。

過去公司法就公司與董監高發生關聯交易之限制較少，僅規定董事及高管不得違反公司章程規定或者未經股東會、股東大會同意，與公司訂立合同或者交易。而新修正之《公司法》新增關於董監高與公司為關聯交易之限制，包括：1.將監事納入關聯交易限制之主體；2.擴大關聯交易的範圍，不僅將董監高間接與公司從事的交易納入關聯交易範圍，也將董監高的近親屬、董監高或其近親屬直接或間接控制的企業、與董監高「有其他關聯關係的關聯人」與公司之間的交易也納入關聯交易範圍；3.需向董事會或股東會報告，並且經董事會或股東會決議通過。

因此在新修正之公司法規定下，公司須要求董監高如實揭露其與近親屬直接或間接控制企業情況，關聯人欲與進行交易前，需依法履行向董事會、股東會報告義務，並經董事會、股東會決議通過後方可進行交易。此外，公司應在章程中訂明上述關聯交易應經何機關決議通過，並就關聯交易類型、由董事會、股東會決議通過的金額等作出合理劃分及標準。

七、完善董監高不得謀取公司商業機會及競業禁止規定

新修正之《公司法》第183條規定，董事、監事、高級管理人員，不得利用職務便利為自己或者他人謀取屬於公司的商業機會。但是，有下列情形之一的除外：1.向董事會或者股東會報告，並按照公司章程的規定經董事會或者股東會決議通過；2.根據法律、行政法規或者公司章程的規定，公司不能利用該商業機會。第184條規定，董事、監事、高級管理人

員未向董事會或者股東會報告，並按照公司章程的規定經董事會或者股東
會決議通過，不得自營或者為他人經營與其任職公司同類的業務。

　　過去公司法僅規定「董事」、「高階主管」未經「股東會」同意不
得謀取屬於公司的商業機會、不得進行同業競爭。而新修正之《公司法》
第183、184條將「監事」納入限制之主體範圍，並允許透過公司章程明定
將決議通過之權力從股東會下放到「董事會」，同時在第183條增加了董
監高不得謀求公司機會的例外情形，即根據法律、行政法規或公司章程規
定，公司不能利用該商業機會時，董監高可以謀取公司之商業機會。

八、擴大董事表決權迴避規定

　　新修正之《公司法》第185條規定，董事會對本法第182至184條規定
的事項決議時，關聯董事不得參與表決，其表決權不計入表決權總數。出
席董事會會議的無關聯關係董事人數不足三人的，應當將該事項提交股東
會審議。

　　上述第182至184條分別規定董監高關聯交易、不得謀取公司商業機
會及競業禁止。依照新修正之《公司法》，上開行為須向董事會或股東會
報告，並且經決議通過始能進行。並且，新修正之《公司法》將關聯董事
表決迴避規定擴大適用至所有類型的公司，只要董事會就關聯交易、同業
競爭、謀取公司商業機會事宜進行決議，關聯董事均不得參與表決。

九、強化董事及高管之損害賠償責任

　　承前述，董事、監事高級管理人員應對公司負忠實義務和勤勉義
務。新修正之《公司法》對此進一步強化控股股東、實際控制人和董監高
之責任。於第188條規定董事、監事、高級管理人員執行職務違反法律、
行政法規或者公司章程的規定，致公司受有損失者，應當承擔賠償責任；
於第191條規定董事、高級管理人員執行職務存在故意或者重大過失造成
他人損害者，應當承擔賠償責任；於第192條規定公司的控股股東、實際
控制人指示董事、高級管理人員從事損害公司或者股東利益的行為者，與
該董事、高級管理人員承擔連帶責任。

肆、結論

綜上所述，與舊法相比，中國大陸新修正的《公司法》對全面認繳制進行了調整，針對有限公司修正為限期認繳制，並搭配註冊資本催繳制度、股東失權制度、加速到期制度及股東出資的連帶責任等規定，完善公司資本制度，並保障債權人對公司註冊資本之信賴。另外，新修正的《公司法》在公司治理方面，允許公司根據規模大小和股東人數靈活設置組織機構，並強化董事、監事及高級管理人員之責任，故不論是公司董監高、股東或是公司債權人都應瞭解新修正之公司法，確保在公司設立、治理等方面符合法律規定，做好風險管控，降低法律風險。

2

公司法第23條第2項規定之問題研究

李美金

壹、前言

　　民國104年6月27日所發生之八仙水上樂園事件，因最高法院做出112年度台上字第1305號民事大法庭裁定，認為依公司法第23條第2項規定對公司負責人請求賠償損害者，其請求權的消滅時效期間，應適用民法第197條第1項短期消滅時效規定。

　　大法庭指出，系爭規定之公司負責人責任，係以公司負責人「對於公司業務之執行」、「違反法令」等構成要件該當行為，為其成立要件一部，該法令則指一般人相互間之行為規範。而構成要件該當之行為，除有阻卻違法事由之情形，原則即屬違法性行為。是系爭規定之「違反法令」，乃因違背一般人相互間之行為規範義務，具違法性要件之概念，其致他人受有損害而負損害賠償責任，應屬侵權行為責任之性質。公司負責人代表公司所為行為，若構成侵權行為，除公司應以侵權行為人之身分，對被害人負損害賠償責任外，復因公司業務之執行，事實上由公司負責人擔任，為防止其執行業務違反法令，損及公司權益，並增加受害人求償機會，乃以系爭規定令負責人於執行公司業務，違反法令致他人受有損害時，與公司負連帶賠償責任。基此，系爭規定之公司負責人責任，亦應適用民法第197條之短期消滅時效期間，始能平衡公司與負責人之責任。大法庭最後認我國採民商法合一之立法政策，除就性質不宜合併者，另行制頒單行法，以為相關商事事件之優先適用外，特別商事法規未規定，而與商事法之性質相容者，仍有民法相關規定之適用。承上所述，系爭規定之公司負責人責任，係屬侵權行為損害賠償責任之性質，且公司法就此損害賠償請求權，並無消滅時效期間之特別規定，而民法第197條第1項侵權行

為損害賠償請求權之消滅時效規定，復無違商事法之性質。故依系爭規定對公司負責人請求賠償損害者，其請求權之消滅時效期間，應適用民法第197條第1項規定。

　　然本文就上開所述消滅時效期間之適用，則有不同意見，並認公司法第23條第2項之規定應予刪除，始符侵權行為連帶責任之規定，理由分述如後。

貳、公司負責人就公司法第23條第2項之損害賠償責任性質

一、法人實在說

　　我國法人通說採取「法人實在說」，公司原則上有權利能力，民法第26條規定：「法人於法令限制內，有享受權利負擔義務之能力。但專屬於自然人之權利義務，不在此限。」。是法人之權利能力係法律所賦予，當然亦得以法律限制之。

　　法人因採法人實在說，故亦有行為能力，具有意思能力，惟公司係為社會組織體，必須透過機關（自然人）為之，也就是董事。依民法第27條第1項至第3項規定：「法人應設董事。董事有數人者，法人事務之執行，除章程另有規定外，取決於全體董事過半數之同意。董事就法人一切事務，對外代表法人。董事有數人者，除章程另有規定外，各董事均得代表法人。對於董事代表權所加之限制，不得對抗善意第三人。」由上規定可知，原則上各董事均有代表權。即採單獨代表制，得代表法人對外為作成交易行為。

二、法人之責任能力

(一) 債務不履行責任能力

如董事代表法人履行契約有過失，既董事為法人機關，其過失即為法人之過失，故法人就此負債務不履行之損害賠償責任。

(二) 侵權責任能力

傳統上實務認為於侵權行為，法領域若欲令法人負擔損害賠償責任，需借助民法第28條、第188條，必以在具體之董事、有代表權之人或受僱人所為之加害行為始可。亦即個案中之受害人，並無從依民法第184條逕向法人請求損害賠償。此可參最高法院95年度台上字第338號民事判決[1]。

但實務上亦不乏持不同意見者，最高法院108年度台上字第2035號民事判決理由為即載有：「民法第184條文義及立法說明，並未限於自然人始有適用。而法人，係以社員之結合或獨立財產為中心之組織團體，基於其目的，以組織從事活動，自得統合其構成員意思與活動，為其自己之團體意思及行為。再者，現代社會工商興盛，科技發達，法人企業不乏經營規模龐大，構成員眾多，組織複雜，分工精細，且利用科技機器設備處理營運業務之情形，特定侵害結果之發生，常係統合諸多行為與機器設備共同作用之結果，並非特定自然人之單一行為所得致生，倘法人之侵權行為責任，均須藉由其代表機關或受僱人之侵權行為始得成立，不僅使其代表人或受僱人承擔甚重之對外責任，亦使被害人於請求賠償時，須特定、指

---

[1] 最高法院95年度台上字第338號「民法第184條所規定之侵權行為類型，均適用於自然人之侵權行為，上訴人為法人自無適用之餘地。民法第185條規定之共同侵權行為，亦同。至於法人侵權行為則須以其董事或其他有代表權人，因執行職務所加於他人之損害，法人始與行為連帶負賠償之責任（民法第28條）。若該法人之員工因執行職務，不法侵害他人之權利，則依民法第188條之規定，該法人亦須連帶負賠償責任。可否謂：民法對於侵權行為並未特別規定限於自然人，法人組織體內部自然人為法人所為之行為，不論適法或不適法行為，均應視為法人本身之行為，法人應負損害賠償責任等語，亦非無疑。」

明並證明該法人企業組織內部之加害人及其行為內容，並承擔特殊事故（如公害、職災、醫療事件等）無法確知加害人及其歸責事由之風險，於法人之代表人、受僱人之刑為，不符民法第28條、第188條規定要件時，縱該法人於損害之發生有其他歸責事由，仍得脫免賠償責任，於被害人權益之保護，殊屬不周。法人既藉由其組織活動，追求並獲取利益，復具分散風險之能力，應自己負擔其組織活動所生之損害賠償責任，認其有適用民法第184條規定，負自己之侵權行為責任，俾符公平。」，**而認民法第184條規定，於法人亦有適用。**

三、公司法實無訂定第23條第2項規定之必要

公司法第23條係規定於總則，重點在第1項及第3項即「公司負責人應忠實執行業務並盡善良管理人之注意義務，如有違反致公司受有損害者，負損害賠償責任。」、「公司負責人對於違反第1項之規定，為自己或他人為該行為時，股東會得以決議，將該行為之所得視為公司之所得。但自所得產生後逾一年者，不在此限。」之規定，而按我國係採民商合一之立法政策，除性質不宜合併者，另行制頒單行法，以為相關商事事件之優先適用外，特別商事法規未規定，而與商事法之性質相容者，仍有民法相關規定之適用。是既實務見解認公司法第23條第2項規定之公司負責人責任，係屬侵權行為損害賠償責任之性質，則得依民法第28條侵權行為損害賠償責任之規定，由法人與其董事或其他有代表權之人連帶負賠償之責任。則公司法第23條第2項所欲達到「連帶」賠償責任，公司法縱未有規定者，仍得適用民法第28條之規定，則無須再於公司法第23條增加第2項之規定，徒增與該第23條規定不相容之規定。

四、公司法第23條第2項：「公司負責人對於公司業務之執行，如有違反法令致他人受有損害時，對他人應與公司負連帶賠償之責」之規定，應有顛倒侵權行之損害賠償責任

按公司負責人縱有違反法令致他人受有損害，亦屬公司之侵權行為，由公司負賠償之責任，在此卻為增加受害人求償機會，而規定公司負

責人如對於公司業務之執行，如有違反法令致他人受有損害時，對他人應與公司負連帶賠償之責，然而公司負責人如有侵權者，自應負侵權責任，此時因其行為係對於公司業務之執行，其為公司之機關，其侵權亦屬公司之侵權行為，屬共同侵權行為，依民法第185條規定亦應連帶負賠償責任。並公司負責人於執行業務，「違反法令」致他人受有損害，公司負責人自應負責，則民法第28條之規定即足以使董事或其他有代表權之人與公司負連帶賠償責任，實無須再於公司法總則第23條增加第2項之規定，顛倒侵權之連帶賠償責任，應由財力較為雄厚之公司對他人與公司負責人負連帶賠償責任，而非反由公司負責人對他人與公司負連帶賠償責任。

參、公司法第23條第2項之請求權性質及消滅時效期間[2]

一、甲說（法律特別規定說）：適用民法第125條本文規定

理由：公司法第23條第2項規定，公司負責人對於公司業務之執行，如有違反法令致他人受有損害時，對他人應與公司負連帶賠償之責。此所定連帶賠償責任，係基於法律之特別規定，並非侵權行為之責任，故其請求權之消滅時效，應適用民法第125條本文規定之15年消滅時效期間。（見最高法院76年度台上字第2474號、78年度台上字第154號、95年度台上字第1953號、96年度台上字第2517號、102年度台上字第944號、103年度台上字第2177號[3]等判決），本文亦採此見解，否則如採侵權行為責任

2　最高法院112年度台上大字第1305號民事提案裁定。

3　最高法院103年度台上字第2177號「公司法第23條第2項所定連帶賠償責任，係基於法律之特別規定而來，並非侵權行為上之責任，故消滅時效，應適用民法第125條規定之15年時效期間。本件原審既認劉人維為順一公司之負責人，其執行業務因違反勞工安全衛生法第5條第1項第5款、勞工安全衛生設施規則第224條、第225條、第281條規定，而致上訴人受有傷害等情，則上訴人主張依公司法第23條第2項規定，請求劉人維與順一公司負連帶賠償責任，其請求權似未逾時效而消滅。原審認應適用民法第197條規定，而為上訴人此部分敗訴之判決，即有違誤。」

說者，則得依民法第28條之規定主張侵權責任即可，實無須於公司法第23條增定第2項規定之必要。

二、乙說（侵權行為責任說）：適用民法第197條第1項規定

理由：1.公司法第23條第2項對公司負責人就其違反法令之行為，課予應與公司負連帶賠償責任之義務，其立法目的係因公司負責人於執行業務時，有遵守法令之必要。苟違反法令，自應負責，公司為業務上權利義務主體，既享權利，即應負其義務，故連帶負責，以予受害人相當保障。

2.我國採民商法合一之立法政策，除就性質不宜合併者，另行制頒單行法，以為相關商事事件之優先適用外，特別商事法規未規定，而與商事法之性質相容者，仍有民法相關規定之適用。基此，若公司負責人執行公司業務，違反法令致他人受有損害，公司依民法第28條規定應負侵權行為損害賠償責任者，既應適用民法第197條第1項之時效規定，受害人併依公司法第23條第2項規定請求公司負責人與公司連帶賠償時，因責任發生之原因事實乃侵權行為性質，且公司法就此損害賠償請求權並無時效期間之特別規定，而民法第197條第1項侵權行為損害賠償請求權之消滅時效規定，復無違商事法之性質，自仍有該項規定之適用（見最高法院107年度台上字第1498號、108年度台上字第185號等判決）。

評論：既認我國採民商法合一之立法政策，民法第28條公司負責人執行公司業務，違反法令致他人受有損害，公司依民法第28條規定應負侵權行為損害賠償責任者，應適用民法第197條第1項之時效規定，則公司負責人自亦應負侵權行為損害賠償責任，由公司與負責人連帶負賠償責任。據此，公司法第23條第2項規定則應採「法律特別規定說」，且既法律未有特別規定其消滅時效期間者，自應依民法第125條本文之規定，為15年一般時效期間。

肆、結論

　　最高法院112年度台上大字第1305號民事提案裁定後，實務認依該裁定，公司法規定的負責人責任，是以公司負責人「對於公司業務之執行」、「違反法令」等構成要件該當行為，且都是具有違法性的行為，屬侵權行為責任的性質。公司負責人代表公司的行為，如果構成侵權行為，公司業務的執行，事實上由負責人擔任，**為防止負責人執行業務違反法令，損及公司權益，並增加受害人求償機會**，所以才有公司法規定負責人在執行公司業務，違反法令致他人受有損害時，與公司負連帶賠償責任，也應該適用侵權行為的短期時效。我國採民商法合一之立法政策，公司法沒規定的，民法與商事法之性質相容，仍然有適用。既公司法沒規定的，民法與商事法之性質相容，仍然有適用者，且最高法院各庭已統一見解認為：依照民法第26條至第28條規定，法人是權利主體，有享受權利的能力；為從事目的事業之必要，有行為能力，也有責任能力。雖然，民法第28條、第188條規定法人侵權行為責任的成立，是在董事或其他有代表權人、受僱人執行職務而不法侵害他人權利，才要和法人負連帶賠償責任。但是民法第184條的侵權行為一般性規定，依照文義跟立法說明，並沒有限制在自然人才有適用。法人，是以社員的結合或獨立財產為中心的組織團體，依照法人的目的，以組織從事活動，可以統合構成員的意思與活動，為自己團體的意思及行為。並現代社會的情形，法人企業經營規模龐大、構成員眾多、組織複雜及分工精細，而且還有利用科技機器設備處理營運業務的情形。侵害特定結果的發生，時常是統合很多行為與機器設備共同作用的結果，並不是特定自然的單一行為而產生。如果法人的侵權行為，都要藉由代表人或受僱人的侵權行為才能成立，不只讓代表人或受僱人承擔很重的對外責任，也會讓被害人請求損害賠償時，需要特定、指明，指明並證明該加害人及行為內容。有些特殊情況，比如公害、職災或醫療事件，無法確定知道加害人跟歸責事由，如果因此不符和民法第28條、第188條要件，對被害人權益的保護，並不夠周全。法人既然藉由組

織活動，追求並獲取利益，也具備分散危險的能力，應該自己負擔組織活動所生的損害賠償，而認法人有民法第184條適用。[4]準此，則民法第184條、第185條、第28條之規定，於公司法未規定者，均有適用。

　　綜上，既法人有民法第184條適用，則公司係由其負責人執行職務而違反法令致生對他人應負損害賠償責任者，法人負責人如亦有違反法令之侵權行為，自有民法第185條、第28條之適用，而與法人負連帶賠償責任，實無須設有公司法第23條第2項之規定，而致生法律見解紛歧、諸多問題，除上開請求權之法律性質、消滅時效期間外，尚有故意、過失責任、所定之「他人」有無包括股東等問題，甚且係以公司負責人對於公司業務之執行，如有違反法令致他人受有損害時，「對他人應與公司負連帶賠償之責」，然大致而言，就財力應公司大於公司負責人，卻反規定公司負責人對他人應與公司負連帶賠償之責，此應為共同侵權之連帶責任，實無於公司法特別規定連帶責任。因此，本文認公司法第23條並無規定第2項規定之必要。

4　最高法院民事庭藉由徵詢程序，達成法律問題的統一見解認為：民法第184條規定，
　　於法人亦有適用之理由。

3

股份有限公司業務執行機關權限分配之探究

蔣志宗

壹、董事會與公司經營

公司之經營活動係透過內部機關之分工而完成，為確保公司策略朝正確方向執行，強化管理效能，須以適切的制度設計針對機關權責做明確劃分，方得使公司業務經營達到效率最大化的同時，亦有完善監督機制可確保全體股東獲得應有之報酬，並兼顧其他利害關係人之利益。質言之，如何設計制度妥善分配公司內部機關間之權責歸屬，以提升公司策略管理效能並監督業務經營者之行為，實乃公司法之重要課題[1]。

貳、執行業務機關—董事會之定位及權責分配

一、業務執行權之概念

我國公司法對於股份有限公司業務之執行，僅見第193條第1項：「董事會執行業務，應依照法令章程及股東會之決議」，然董事會是會議體，具體應如何及由何人執行董事會之決議，自有先予釐清之必要，據而始能定其權限分配關係及建立究責機制[2]。

---

[1] 公司法第192條第2項雖經修正非公開發股票公司得以章程規定不設董事會，然此究非常態，且未設董事會之公司規模，衡情應屬不大，權限分配機制存在實益亦相對較減少，故本文係針對設有董事會之情形為討論。

[2] 國內學者鮮有就董事會業務執行之性質及概念加以分析論述者，彼等在未釐清究明前，便著手進行相關監督及責任問題之討論，自乏正確且有力之立論基礎。

　　按所謂業務執行是公司為遂行事業目的所為之事務處理。董事會對這些事務處理開會決定，本應自己實行，但礙於董事會既是會議體性質，無法具體實行，一般均在董事會之權限與責任下，委任董事長、業務擔當董事（或執行業務董事），甚至是其他公司成員，例如經理人或職員實行。董事會業務執行之實行委任，僅是單純業務執行輔助者的使用關係，並非授與輔助者機關權限，使其成為公司機關。被委任者不論是董事長、董事、經理人或一般職員一律都是輔助者（使用）之地位而已，全員遵從董事會委任指揮命令行動，蓋業務執行權是專屬於董事會，縱為代表機關之董事長亦無此權限（詳後述）。

　　由上可知，也應予強調者，乃業務執行在概念上可分為決定及實行兩個層面，必須先建立此項認知，後續探討問題始能掌握其核心，不致偏差。例如國內學者因乏此理解，導致向來以為公司法第193條與第202條規定之間，存在矛盾及衝突。實則，彼等如有上該「決定及實行」概念之認知，應不難看出公司法第202條：「公司業務之執行，除本法或章程規定應由股東會決議之事項外，均應由董事會決議行之」，係從「決定」（意志形成）之面向，就公司機關間權限之劃分為規範，與公司法第193條第1項：「董事會執行業務，應依照法令章程及股東會之決議」，則係有關董事會業務「實行」之規定，兩者欲規範之層次及範圍，俱有不同，自不存有規範衝突之問題。申言之，董事會因係會議體之故，須藉自然人為其手足而為業務之實行，因此業務執行在概念上可分為決定及實行兩個層面，亦即董事會就業務執行作成決定後，再委由其構成員（董事長、執行業務董事）或非構成員（經理人、職員等），以為實行之輔助。董事長等實行輔助者在執行業務時，除應遵照董事會之決議指示外，更不可踰越法令、章程或股東會決議之限制規定，此即公司法第193條第1項所由設。至公司法第202條則係就「股東會」與「董事會」，此二機關間之權限劃分為原則性之規定，法條文字所謂：「公司業務之執行……應由董事會『決議』行之」，即係明白宣示並規定，業務執行權歸屬董事會之意，自當由董事會決議行之。是以，上二條文之規範目的不同，自無相扞格之處，毋庸贅

予討論分說之必要[3]。

二、董事會監督權利與義務之形成

(一)「董事會」監督權義之發生

　　業務執行雖為董事會的固有權限，然因事實所需，其意志決定多委諸自然人加以「實現」，因此造成「意志決定者」（董事會）與「意志實行者」（董事長等人），為不同「主體」之情形，決定者與實行者之間責任關係如何，自有釐清闡述之必要[4]。

　　一般而言，董事會對於公司業務執行之實行者，握有監督權限是合理且當然的解釋，我國學者亦有相同見解者[5]。承前所述，在經營與所有分離原則下，股份有限公司出資者將對於公司經營方面之支配權交由專責專業之董事會，自此角度以觀，董事會就公司業務之執行，自是受託執行此任務之機關；而此項委任關係之形成，亦即是建構在董事會各個構成員與公司之委任關係上（現行公司法第192條第5項規定參照），董事被選任組成董事會，以集體方式執行公司業務，董事會與公司間自當可解釋存有此般委任關係。其次，現今董事多以受有報酬為常態，依民法第535條後段規定，董事與其等所組成董事會，皆應對其委任事務之處理，以善良管理人之注意義務為之。是以，董事（會）在業務執行決定之形成過程，應以善良管理人注意義務為之，包括出席並參與決議、充分蒐集相關市場資訊，並利用所具備之專業知識及經驗作成正確而有利公司之決定；而在委任他人實行之場合，受任人執行受託任務時，董事會對受託人的行為同要

3　為解決此規範衝突問題，國內多數學者認為應限縮公司法第193條之「股東會決議」之範圍，以「法定」或「章定」專屬股東會決議事項為限，董事會對此範圍內作成之股東會決議，始受其拘束。另有少數認為公司法就重大結構變更事項，可能存有漏未規範情事，第193條即用來補救此類情形，使股東會仍可就漏未規範到之重大事項為決議，並拘束董事會。

4　應為區辨者，此處因「決定」與「實行」分離而衍生之監督及究責問題，與「權限之委讓」不同。蓋權限委讓係指將機關原有權限，包括「決定」與「實行」均讓與他機關加以行使而言。

5　柯芳枝，公司法論（下），8版，三民，2009年2月，頁298。

負起善良管理人注意義務，其具體內容就是盡到監督之義務。因此，董事會對於委任實行之人，依其與受任人間之委任關係（複委任），固有監督權限，但同時也要基於其與公司間之委任關係負起監督義務，如有違背，自應就受任人之行為負起全責。

（二）「董事」之監視義務[6]

承上，不管是董事長或業務執行擔當之董事，其從事業務執行之實行行為是基於董事會的權限與責任之下授權委任，此等實行行為必然受董事會之監督，然而董事會僅係抽象存在之機關組織，自是無法勝任此一實際監督義務，但因違反監督義務原則上是董事會之責任，其追究之結果，仍應由身為其構成員之各個董事承擔，因此，董事為避免責任，就得負起監督義務，終而，監督義務之實行者為各個董事，由董事進行監視職責，稱之為董事之監視義務[7]。董事長或業務執行擔當董事又將其實行再委任補助者（經理、公司幹部員工）實行時亦同，董事對補助者的行為仍負監視義務。

有疑義的是，在董事會作成決議過程中，必有反對意見出現之可能，則反對之董事雖然最終仍須服從多數決，但此時是否意謂有紀錄或書面聲明之異議董事（公司法第193條第2項參照），即可免負任何責任？本文認為異議之董事能否全部免責，尚須視該業務執行係何環節之疏失所造成而定。申言之，如董事會業務執行決定事後被證明是錯誤之決策，導致公司受有損害時，反對之董事固可不必就該錯誤決定負損害賠償責任；反之，如可排除係「決定」之錯誤，則須視異議之董事對於該業務執行決定之「實行」，是否盡到上開監視義務而定。亦即，董事縱不贊同董事會之多數業務執行決定，所能免除僅限於關於決定本身之責任，並不免除其對該決定實行時之監視義務，蓋董事係以集會方式共同行使職權，異議董事

6　參考黃清溪教授課堂講義。

7　因董事此項監督義務，並非基於授權或隸屬關係而來，學理上為求區別，而另稱之監視義務。參見黃國川，論內部控制──以董事責任為中心，國立高雄大學法律學系研究所碩士論文，頁106論述意旨。

最終仍應服膺於多數決定，故董事會以多數決作成業務執行決定，並將此決定之實行委諸他人時，董事會之全體成員自無一可以豁免於因此發生之善良管理人注意義務（即監督義務）。是以，就監視義務而言，不問作成決定時有無異議，所有董事均須善盡監視受任人是否遵照決議指示實行之義務，如有違反，即須對於受任人實行不力造成之損害負責。

三、董事會與董事長之權限分配

(一)代表權與業務執行權之關係

1. 經管權限分化、經管機關分立

依公司法規定，公司固有行為能力，惟公司本身係社員的集合體，所為之法律行為，尚須以具有公司代表權限（涵蓋公司營業一切事務辦理包括性的代表權限）之機關，對外發送及接受意思表示，始克達成。而業務執行係公司最主要對外關係之事項，業務執行中有關法律行為部分，其法律效力直接對公司發生，此僅代表權始能當之，業務執行權限與此代表權限是完全不同性質。在制度設計上，業務執行機關同時也是代表機關，原係理所當然，但對股份有限公司而言，因必設董事會專擅業務執行權，而董事會是由複數人的董事所構成之合議體機關，代表權限劃歸給董事會，現實上董事會無法親自作為，如訂立契約等法律行為，通常是由董事會依據其代表權限授權他人代理行使（按：即使董事會擁有代表權限，絕非必定親自行使不可）。簡化每次透過代理權授與行使之繁瑣，從而將兩種權限分化歸屬兩個不同機關，此即學理上所稱「經管權限分化」、「經管機關分立」[8]。

2. 代表權限與業務執行權間之關係

依上述代表權與業務執行權之分化，並將代表權分歸另一獨立之機關的過程，可知代表權與業務執行權兩者之間，具有密切之關係。然而，可否因此即謂：代表機關係為董事會所設置，專為其業務執行，對外受送意思表示而存在？尤以作為代表機關之董事長，依公司法第208條第1項、第

---

[8]　引自黃清溪教授課堂講義。

2項規定，係由董事會所選任，在此情況下，是否可作如此之理解？此一問題，須重新審視代表權存在之目的及性質，始能獲取正確之認知。蓋徵諸實際，公司有對外意思表示或觀念通知之需者，固以業務執行相關事項為大宗，然究非以此為限，公司尚有諸多業務執行以外之事項（如組織結構事項），同有上該對外為法律行為或法律以外行為之需要，且業務執行事項中，例如關於重大經營之決策，亦非董事會可以單獨自行決定後為之（按：依公司法第185條第1項規定，董事會就此等重大經營事項議案之執行，尚須經股東會以一定比例決議「同意」後，始得進行）。

　　是以，公司內部除業務執行外，亦有非業務執行之事項，有待代表機關對外作成各種法律或其他法律上之行為。只是在未有前述經管權限分化前，對外代表事宜，由經常需要對外為此行舉之業務執行機關，併為享有及行使，最是便利。由此可知，代表權原由業務執行機關兼為行使，只是現實效率之考量，代表權於本質上，並非必由業務執行機關執行不可，亦不可推論代表權原為業務執行權之一部分。此二權限之間，並不存在必然一體之結合關係。職此，代表權本質上是獨立的存在，縱未另行設立獨立之代表機關，公司機關所作成之各項內部決議或決定，仍須授權有此代表權限之機關，委任其將決議或決定內容，對外作成法律行為或其他法律上之行為。

　　我國公司法第208條第3項：「董事長對內為股東會、董事會及常務董事會主席，對外代表公司」，其後段即係董事長作為代表機關之規定[9]。由本條項規範形式及內容可知，董事長「對內」不僅係「董事會及常務董事會」之主席，亦為「股東會」之主席；對外而言，係規定代表「公司」，初無限定董事長僅係作為業務執行機關（董事會）之代表。以如此之理解，始能正確適用上該條文規範旨趣，進而釐清權責歸屬及發揮監督

---

[9]　惟公司法就股份有限公司尚設有副董事長一職，依公司法第208條第1項、第2項規定，得依章程規定，分別由董事或常務董事中，以選任董事長之同一方式互選一人為副董事長。故副董事長之選任，係依章程而定，屬任意機關，其本身之職權並無法定，僅於董事長請假或因故不能行使職權時，依法代理董事長，而行使董事長之職權。故以下論述僅就董事長一職為之，合先敘明。

之功能。

　　依公司法第208條第1項、第2項規定，股份有限公司董事長視公司有無設置常務董事而定，而分別由董事或常務董事，互選一人為董事長，對外代表公司；故董事長本身必為董事，因擔任董事長一職而擁有公司代表權，故亦稱為代表董事。董事長是公司代表機關，為公司發送、接受意思表示，也為公司發送、接受通知、催告，公司之法律行為以及其他法律上之行為，代表機關均為公司為之。業務執行機關董事會為兼有代表關係的業務執行時，原則上是交付給董事長行使，此為董事會無權限直接以公司名義為法律行為，公司本身自為法律行為時，必須由代表機關擔負行之。董事長為公司發送、接受意思表示，所成立的法律行為就直接是公司的法律行為。

　　須予區辨者，乃代表機關固有為公司對外代表之權責，然作為代表機關之機能，亦僅是對外行使代表權而已，代表機關依其「代表權」，並無法作成公司內部之意思決定，公司意思決定之形成，仍有賴其他權責機關，例如股東會及董事會，本於各該法定或章定之權限所作成。是縱如擁有「日常業務執行權」之董事長，其對外代表公司所為日常業務執行之法律行為（例如購買文具），是該日常業務執行之「意思決定」，並非董事長本於其代表權所為，而係依其所兼具之日常業務執行權所作成。

　　茲有疑義，代表權經劃分給代表機關後，其與業務執行權之間，究存在何等關係？代表機關具有對外代表之權責，是否意味著只要公司其他機關作成決議或決定後，董事長即有當然負有對外代表之義務，不待另行委任授權？本文認為，代表機關代表權之發動，仍須本於具體個案之授權，董事長始可本於授權之內容，對外行使代表權，此亦即公司法第208條第5項準用第58條規定旨趣及用意所在。依此認知，業務執行機關董事會，縱在董事長主持下，作成了業務執行之決議，亦不當然表示董事長即可本此決議內容，對外代表公司為相應之法律行為。如此一來，透過委任授權之關係，倘董事長對外代表之法律行為或其他法律上行為，造成第三人損害時，始能循委任之法律關係，追究授權機關之責任。授權機關在此權責分配及授權機制架構下，對於被授權對外為代表行為之機關即董事長，亦負

有監督之責任（其監督義務之形成，與業務執行委由他人「實行」，理論構造相同，詳如後述說明，在此不贅）。

（二）董事長與董事會之關係（就業務執行之實行）

　　按我國公司法第208條第3項前段規定，董事長對內為股東會、董事會及常務董事會主席，對外代表公司；同條第1項及第2項並定有董事長選任之方法。是以，董事長是董事會（常務）董事互選產生，董事長是公司代表機關，對外代表公司行使代表權限，甚為明確。但對內方面，法文雖僅曰「股東會、董事會及常務董事會主席」，但因董事長亦為董事會之構成員，故實際上亦為擔當業務執行「實行」行為之主要角色。申言之，業務執行權之決定由董事會全權掌握，惟就業務執行之實行方面，則無法自為而必經委外實行；而董事長因係董事會之召集人及主席，對於董事會決議之形成過程最應知悉，復其擔任公司之代表機關，交由董事長實行自有效率、方便之優勢，故董事會通常委任實行對象是董事長[10]。然而，有疑問的是，如此長久反覆委任之對象均為董事長或代表董事，是否意味著吾人亦可比照前揭「經管權限分化」之概念，將業務執行之「實行」權限，劃分予董事長，以應乎實際？換言之，是否可謂業務執行權之決定，由董事會決議作成後，交予董事長利用其代表機關之地位，行使代表權限加以實行，此等運作既為公司實務之常態，故有將「實行」權限再由業務執行中分離出來，劃歸予董事長？

　　針對上述問題，日本學說向有「並立機關」[11]及「派生機關」[12]之兩

---

[10] 應注意的是，委由董事長實行之標的，不以法律行為為限，申言之，若須對外為法律行為者，必委由股份有限公司唯一代表機關董事長（公司法第208條第3項前段）；至非關法律行為者，亦由於董事長身居要職，承上啟下，可善用公司內部組織指揮系統有效達成任務，一般亦委任董事長為之。

[11] 並立說認為：業務執行之實行權則是代表機關之固有專屬權限，決定機關的董事會與實行機關之代表董事兩者分工合作，互相獨立，沒有上下隸屬關係，且認為代表董事並非董事會之代表機關，而是公司的代表機關，公司可以在章程中規定代表董事由股東會選任。

[12] 派生說則認為董事會具有所有有關業務執行的固有權限，但如果全體董事皆要執行

派對立見解，爭執甚烈。然上開二說之共同點，同時也是其論述最可爭議之處，即是彼等均有意將對外代表之實行權，解釋成代表董事所擁有之權限。然而，所謂「決定」與「實行」，實際雖分由不同「主體」為之，然此等分離行使之問題，性質上是否與權限劃分問題相同，深值探究。黃清溪教授對此問題有如下精闢之論述：「業務執行雖在概念上能作『決定』與『實行』之區別，但不基於決定的實行，實行無藉：又不實行之決定，決定是虛無；決定是體，實行是形，兩者合體成形，謂之業務執行。我國公司法規定董事會之職權『公司業務之執行……均應由董事會決議行之。』（公司法第202條），即係依循此一道理，從決定面規定董事會業務執行權限，沒有決定，就沒有實行，決定權所在，也就是實行權限所在之事由所使然[13]」，極值吾輩參考及深思。

依此，將業務執行權再分成決定及實行二個權限，而劃歸兩個機關，從事務之本質上言，自難苟同[14]。蓋實際從事公司業務執行之人，雖然大多由董事長為之，但如果以此推論董事長本身即擁有業務執行權限，則是倒果為因。法律並未規定權限保有人必須親自實際行使權限不可[15]，且自理論上言，董事會當然也可以親自實行其業務執行之決定，只是以會議體之形態為之，欠缺效率，故實際上很稀少，通常習慣作法是利用輔助者來完成，而此之方式，並不會改變董事會才是業務執行機關，應對於業務執行成敗負完全之責任（包括決定及實行）。因此，吾人對於董事長實行公司業務執行之理解，仍是由董事會作為業務執行之主體，自決定至實行，一脈相承，僅在實行方面，因董事會是會議體，不適於實行行為，無奈下才採取變通辦法，而在董事會自己負責情況下，委由他人來輔助完

業務，經營效率就很難提高，所以由董事會選出代表，代表董事會執行公司業務。因認代表董事乃「董事會」之派生機關。

[13] 黃清溪教授課堂講義參照。

[14] 按政治制度上之權力分立，刻意將立法權（決定）與行政權（實行）分歸不同機關行使，乃為避免權力集中所生之弊病，制度設計上將上該權力分屬不同機關，可生監督制衡之效果。

[15] 業務執行在性質上，殊難想像非由董事會自己履行不可之專屬性存在。

成，此時之董事會為履行其善良管理人注意義務，便須對於實行者盡到監督之責任，董事長在受任實際行使前，其本身毫無業務執行權限可言[16]。學者多數意見未能認清公司業務交付董事長實行，只是董事會執行業務方法之一，縱使常態為之，亦不能將對外業務執行之實行，認為是董事長之固有權限。

業務執行決定權與實行權一體組成，業務執行權完整歸屬董事會，董事會依此權限，決定業務執行並實行業務執行。董事長執行業務之權源係來自董事會之委任授權，董事會將一定的法律行為委任或命令董事長為之，此際董事長是屬於董事會的補助者之地位，而為公司為法律行為而已，在受委任執行公司業務之面向上，其地位與其他公司使用人並無不同。

(三) 委任關係構造下所形成之監督義務

董事長在實行業務執行權方面，係受董事會之委任，故其實行權乃係經委任授權而來，並非其本身法定固有之權限，而董事會將自己應親自履行之義務託付董事長執行，董事會之善良管理人注意義務自不會因此免除，而係轉變成對於董事長實行行為之監督義務。反之，如採取法定分權說之看法，亦即董事會作成業務執行決定，董事長即應本於其法定固有之實行權限（同時也是義務）加以執行，不待董事會之授權，如此一來，董事長對外代表之實行行為如造成第三人受有損害時，將無法藉由上開委任之法律關係去追究董事會之責任，蓋依法定分權說之意見，董事會僅存有業務執行之決定權，實行權則已劃歸董事長所有，董事會僅就其決定負責，至董事長就其決定之實行結果如何，在理論上已與董事會無關，故在董事長實行公司業務執行過程中，發生對第三人損害賠償責任時，第三人僅能對所屬公司及負責實行之董事長（公司法第23條第2項）究責。因此採法定分權說之結果，將導致身為業務執行機關之董事會對於原屬業務執

---

[16] 此指董事長本身並無因其代表機關之地位，而在解釋上當然擁有業務執行之實行權，並非認董事長不可經由委任授權而取得實行權。

行一環之實行責任，竟可以完全置身事外，自非事理之平。

(四) 國內學者之相關意見

　　國內亦有學者對法定分權說不以為然而加以批評者[17]，主張在現行公司法之架構下，無法推導出董事長擁有業務執行權，其執行權限應係由董事會授權而來，並認依2001年公司法第202條修正精神，除公司法或章程另有規定者外，公司業務執行專屬董事會權限，董事長僅是對內為股東會、董事會、常務董事會之主席，對外代表公司；業務執行無法劃分為「決策或決定」與「具體執行」二階段而分由董事會及董事長擁有其權限。此部分意見，自屬正確。然而，該學者進而認為董事會可授權之範圍，不應侷限在實行權，而係包括決定或決策權在內[18]。理由有二：其一是股份有限公司內外事務，經緯萬端，事事皆仰賴一個月或三個月方才定期召開之董事會，勢必緩不濟急，對於公司業務正常推動，必將造成重大阻礙。其二，董事長若僅係依據董事會指示，具體執行業務，則當無所謂權限限制問題，則公司法第208條第5項準用同法第58條，而謂對董事長「代表權所加之限制，不得對抗善意第三人」之規範，將毫無意義可言，將成贅文云云。

　　上該董事會得授予業務執行決定權之論據，並無理由。論者雖著眼於我國董事會開會實況為補救之策，然此一社會現實乃我國公司實務運作背離公司法制度及精神之嚴重畸象，豈可不思如何落實董事出席參與開會之義務，加強董事會運作機能，使之回歸公司法制度正軌，反而對董事及董事會之怠惰責任恝置不談，還以此認為董事會可把公司所付託之業務執行權，恣意全部授權予董事長為之，而私自免除自己所擔負之義務？令人匪夷所思。其次，論者認為僅僅授予董事長業務實行之權，即無代表權限制問題，無異使董事長代表權限制之規定（公司法第208條第5項準用第58

---

[17] 批評之意見內容請參閱黃銘傑，股份有限公司董事長之權限及未經股東會決議所為代表行為之效力——最高法院九十七年度台上字第二二一六號判決評析，月旦法學雜誌，2009年6月，頁261、262。

[18] 黃銘傑，同前揭註17，頁262、263。

條）成為贅文乙節，亦有商榷必要。申言之，在董事會決議後授權董事長具體執行業務之場合，其決議內容因事務之性質，非必定鉅細靡遺，董事長實行之際，仍有裁量空間。例如董事會決議添購新機器1台，而市場上又多家廠商可供選擇時，即授權董事長在價格新臺幣500萬元以內去洽商採購；又如公司欲出賣閒置廠房，亦可決議交由董事長在一定價額以上出售，此種訂定交易價額範圍之授權，即構成了董事長在實際執行該項業務時之限制或條件，亦即公司法第58條所稱「代表權之限制」，並非論者所稱董事長若只是受託實行，就無權限限制可言，第二理由之立論前提顯然有誤。

　　論者或因意識到此舉勢將打開董事會避責之「康莊大道」，或董事長利用其在董事會優勢地位，將重要事項決定權，透過此般授權機制，悉由其一人所掌握，進而架空董事會，如此將一發不可收拾。因此，論者一方面認為董事會可為上述之授權，但一方面又苦思「限縮之道」。其謂：如公司法等法律規定，應由股東會或董事會「親自決議」之事項，就不得授權董事長決定；董事會為授權後，公司內部亦得透過章程或股東會、董事會之決議等方式，限制董事長對此該經授權而來之業務執行權的行使。於上開二種情形，董事長就系爭事務，僅能依據章程或股東會、董事會之決議，具體執行其所交付之決議事項[19]。易言之，依論者之說法，僅有在公司法未規定應由股東會或董事會親自決議，且公司亦未為內部限制時，董事長始可被授予業務執行之決定及實行權。但所謂「公司法規定應由股東會或董事會親自決議」之情形為何？我國公司法規定中，究何條文屬此情形，未見論者解釋或舉例；其若指公司法中將何種事項規定由股東會或董事會以一定條件決議之條文，例如公司法第185條（公司重大事項之決議）、第196條（董事報酬之議定）、第209條（董事自己交易之許可）、第240條（分派股息及紅利）、第246條（公司債之募集）、第266條（發行新股）等規定，然上開規定係因事關重大而提高決議門檻，難以推認立法者即有非要各該機關親自決議不可之意思；又或論者係指只要是有關權

---

[19] 黃銘傑，同前揭註17，頁263第一段內容。

限分配之條文，就可推認立法者有要該機關親自決議的意思，但有關公司業務執行之權限，依據公司法第202條規定，不是劃歸股東會就是董事會決議？如此一來，還有所謂不用股東會或董事會親自決議之情形？誠有疑義[20]。

綜上分析，縱依論者之說法，我國公司法根本也沒有其所謂之剩餘權限可資分配予董事長。事實上，1966年公司法將董事單獨業務執行制改為由董事會擔任業務執行機關之立法目的，無非係欲藉董事會集思廣益之功能，使公司業務執行能更加正確地完成，以謀取公司最大之利益，董事會對於此項之權限之賦予，自是責無旁貸，豈可任意將整個權限委讓予他機關或人員，以脫免責任，尤其是將此等權限委讓予下屬組織，更是絕不能容許之事，因此所有通常業務執行事項，本來就毋庸透過法律或章程規定，解釋上都應由董事會親自加以決議，除非是屬於日常業務執行之事項，才例外地容許將此部分權限之決定與實行包括性地委任董事長，蓋此等例常性事務之性質單純，毋須集思廣益，故依一般所認同之說法，於董事長被選任之時，習慣上即經授權予董事長為之。

參、結論

董事會作為股份有限公司業務執行機關，受公司及全體股東之付託行使業務執行權，擔負公司營運之重任，影響重大，自不待言。而我國公司法條文尚有諸多增修空間，然立法過程曠日廢時，於此之前，僅能透過法理解釋以補不足，使現行法規範尚能正確適用，學術及實務界對此均責無旁貸。然徵諸實際，我國法律工作者，乃至多數學術研究者，尚對公司制

---

[20] 論者前揭文章發表後，臺灣高等法院旋引用其上開意見，認為太百公司（SOGO）關於轉投資公司法人代表之指派及選任，屬董事長之職權，毋須召開董事會決議，容有可議（參見臺灣高等法院98年度上字第904號判決）。該案雖經最高法院廢棄發回（102年度台上字第91號判決），惟因發回理由並未指摘此項論點違背法令，高本院更審仍持相同意見，認為董事長係經授權而具改派並指定法人董事之權限，無須再經董事會決議，仍屬有效。

度之基本概念,存有諸多誤解,彼等倘本此認知解釋用法,對於問題之解決或股東、交易相對人保護之提升,無異緣木求魚,治絲益棼。

4

談清算人處分公司資產

黃鋒榮

壹、前言

　　吾人透過多人集資成立公司，進行各行各業的經濟活動，促進20世紀以來，世界經濟突飛猛進的發展，而出資或購買股票成為公司之股東，是最常見的理財方式。股東所持有之出資額或股份，除少數透過對於特定公司之持股而直接參與該公司業務外，多數人以純投資之立場，期待公司之經營獲利，以享受相關利益之機會，鮮少參與公司之決策，甚至連股東會亦從未參加。一旦公司經營不善倒閉，也只能自嘆機運不佳，認賠作收，不會期待公司解散清算而求分配剩餘財產之機會。

　　我國向以家族企業為主，公司組織型態以有限公司及股份有限公司為多數，公司經營由資本主擔當，少由專業經理人加入，而家族成員成為公司當然之股東，公司永續經營倚靠子承父業、克紹箕裘始以傳承。由於產業發展迅速，傳統產業大量外移，高度倚賴專業技術以及資本密集之科技產業取而代之，造成多數家族公司坐擁價值不斐的資產，因缺乏第二代的經營人才接手，淪為以不動產租賃為業，又近年來房地產不斷高漲，加上人各有志，公司繼續經營已難以為繼，解散進行清算，將剩餘財產分配予股東，成為不得不然的不歸路。

　　公司清算程序是法人人格消滅的最後手段，經由清算人了結現務、收取債權、清償債務（含繳清稅款），將剩餘財產（含盈餘）發還予股東後，完結清算。理論上，在清算程序中，清算人於了結現務時，公司如已有足夠之現金或銀行存款，足以清償債務，則可將公司之資產，包括債權、存貨及不動產等，以實體之賸餘財產分配予股東。但在實務上，為了結現務、清償債務或分配盈餘及賸餘財產，不得不將公司資產變現，故出

售公司資產是最主要的關鍵，而其中因親情與利益間糾葛，又涉及法律規定不當，常使清算過程顛簸難行。本文擬從現行法令規範探討實務上發生之問題，試圖尋覓可解決途徑，供作實務運作與未來修法之參考。

貳、我國現行公司法規定

一、清算人之職務範圍

依公司法第24條規定，解散之公司除因合併、分割或破產而解散外，應行清算。清算中之公司，董事（會）已不復存在，而代之以清算人。又公司於清算範圍內，視為尚未解散；公司在清算時期中，得為了結現務及便利清算之目的，暫時經營業務（參照公司法第24條至第26-1條規定）。

而公司法對於清算人之相關規定，除股份有限公司設有專節（即第322至356條）針對其特性作規定外，主要設計係於無限公司作主要規範，有限公司、兩合公司及股份有限公司之清算人職務等相關規定，再依同法第113條、115條及334條分別準用之。準此，我國公司法明訂清算人之職務[1]為：（一）了結現務；（二）收取債權，清償債務；（三）分派盈餘或虧損；（四）分派賸餘財產（公司法第84條第1項規定）。了結現務與收取債權、清償債務較為繁雜，是清算人最重要之工作，也關係後續分派盈餘或虧損及分派賸餘財產等職務之進行。

二、清算人之代表權

清算中之公司，原本負責公司業務經營之董事或董事已當然解任，由清算人接替進行清算工作，且依法第25條規定：「解散之公司，於清算範

[1] 股份有限公司於特別清算時，清算人依公司法第344條規定，尚負有「應造具公司業務及財產狀況之調查書、資產負債表及財產目錄，提交債權人會議，並就清算實行之方針與預算事項，陳述其意見」之職務。

圍內，視為尚未解散。」其法人格尚未消滅，自須有法人之對外代表人，而依同法第85條規定，清算人有數人時，得推定一人或數人代表公司，如未推定時，各有對於第三人代表公司之權。又公司法第84條第2項規定，清算人執行職務時，有代表公司為訴訟上或訴訟外一切行為之權。

三、清算人處分公司資產

在清算人法定職務中，並無明定須處分公司資產，但實務上將資產變現是清算過程中，不可避免的情事。公司法第84條第2項但書規定，清算人若將公司營業包括資產負債轉讓於他人時，應得全體股東同意；而有限公司、兩合公司及股份有限公司復依同法第113條、115條及334條規定均準用之。

依經濟部（110年8月25日經商字第11000069610號函）解釋，有限公司的清算，如有「將公司營業包括資產負債轉讓於他人」之情事時，應依公司法第113條準用84條第2項但書規定辦理，倘有限公司無營業並將唯一資產轉讓於他人，對股東之影響實與前開規定情形無異，爰應取得全體股東之同意。

但對於股份有限公司清算，經濟部（67年12月4日商38909號）則認為，公司法第84條第2項末句「應得全體股東之同意」之規定，係對無限公司而言。至股份有限公司之清算人，將公司營業包括資產負債轉讓於他人時（同法第334條準用第84條），此一全體股東同意之規定，顯與股份有限公司之性質未合，自不宜準用之。而前司法行政部（現改為法務部，參照68年05月18日（68）台函民字第04766號）亦認為，股份有限公司在清算中，股東會仍為決定其主要事務之意思機關，其決議方法應依事件之性質，適用公司法第174條（普通決議）或第185條第1項（特別決議）等規定取決於多數，無須得全體股東之同意。是股份有限公司清算人將公司營業包括資產負債轉讓於他人時，依公司法第334條準用同法第84第2項後段規定之結果，仍應解為應經股東會依同法第185條第1項所定程序決定行之，方與股份有限公司股東會之決定決議方法，無所鑿枘。

參、實務問題

前述國內中小企業目前面臨家族傳承斷層,走上公司解散清算之不歸路,實務運作上,遭遇下列兩大問題:

一、難以獲得股東合議解散

有限公司解散,應經股東表決權三分之二以上之同意(參照公司法第113條第1項),而股份有限公司之解散應有代表已發行股份總數三分之二以上股東之出席,以出席股東表決權過半數之同意行之(參照公司法第316條第1項),均屬特別決議門檻,家族公司大多股權(平均)分散於諸多子女間,欲通過股東表決權三分之二以上之同意,或股份總數三分之二以上股東之出席,以出席股東表決權過半數之同意解散,必須經過一番溝通,取得過門檻之股東(會)同意(決議)解散,辦理公司解散登記,進行清算程序。

如遇有難以整合之情事,無法獲得股東合議解散,基於公司解散關係公司不再存續,為一項影響股東權益之重大決策,應遵循特別決議之規定,不容動搖。為解決此一困境,則須依法尋覓由主管機關命令解散(公司法第10條第2款)或聲請法院裁定解散(公司法第11條第1項)等途徑,本文暫不予探討。

二、清算人處分公司資產難以獲得法定之股東表決權同意

如同前述,多數家族公司目前僅有出租自有不動產的業務,好不容易讓公司能進入解散清算程序,清算人主要工作是將公司資產變現,雖然總價動輒以億計,但在目前房地產蓬勃發展環境,買家並不難覓得。依目前公司法規定,清算人為公司代表人,只要取得清算人向法院報備就任之同意函,與買家簽訂買賣契約並辦理過戶手續,在形式上,尚稱可行。

然而,依公司法第113條、115條及334條規定,有限公司、兩合公司及股份有限公司之清算人將公司營業包括資產負債轉讓於他人時,準用無

限公司之公司法第84條第2項但書規定，應得全體股東之同意。縱使經濟部及法務部以法令解釋方式，將股份有限公司放寬為經股東會依同法第185條第1項所定特別決議程序決定行之，其同意之法定股東表決權數仍高，容易受持有代表已發行股份總數三分之一以上之股東之杯葛，而使清算人處分公司資產之行為違反公司法規定，可能衍生後續撤銷不動產登記或清算人被追究違法之責。

肆、清算人處分公司資產行為性質之探討

依現代公司經營權與所有權分離之原則，擁有所權之股東，本將公司之業務經營決策權移轉給公司之董事或董事會，經由專業經營與迅速果斷決策之便利，以謀求公司獲利，進而取得投資報酬。而董事或董事會運用股東之資本，經營公司業務，其經營之成敗，關係股東之財產權甚大，除經由選任或解任董事之同意權，建立起彼此間委任關係，又為監督公司業務及財務之情形，經由股東親自或選任監察人執行監察權，以監督董事或董事會。

公司自成立起，正常營運下取得或處分供營業使用之設備或不動產等資產，屬於公司進行日常業務所必須之項目，其目的創造營業獲利，而為投資理財需要，則有取得或處分有價證券或金融衍生性商品，亦屬經常性之業務行為，均為業務經營之範疇，歸屬於董事或董事會之職權。但是，董事或董事會決定取得或處分之公司資產，如為公司全部或主要部分之營業或財產時，則對於公司未來經營獲利或潛在負債有重大影響，甚至存在繼續經營之風險，故有將此重大經營決策權收回由股東會以特別決議方式決定之機制設計（例如我國公司法第185條），以保障股東之權益。

一旦股東決定解散公司，公司正常業務不再繼續經營，股東原選任之董事或董事會即不復存在，為結束公司未了之事務，股東另選任清算人取代董事之地位，代表公司並進行清算程序，以完結公司之權利義務，其目的已非經營業務之獲利，而是取得公司剩餘財產。清算人處分公司資產為

其主要且必要之職務行為，此時不論是化整為零分次出售或是一次性處分公司全部資產，僅為單純之買賣行為，與公司業務之經營無關，清算人處分公司資產並非決定資產處分與否之決策，而是尋覓出售對象與議定買賣價額之交易行為，純屬執行職務行為，與董事或董事會於公司存續期間之經營決策性質不同。

綜上，清算人與董事或董事會同為處分公司資產之行為，因分處於公司生命週期之不同階段，其性質迥然不同。董事或董事會是基於經營公司業務與投資理財之需要，可為取得或處分公司資產與否之決策，其所考量是業務經營與公司獲利能力，涉及公司全部或主要部分之營業或財產時，則影響公司未來經營獲利或潛在負債，可能存在繼續經營之風險，除要求高度經營專業能力外，亦有由股東收回此重大經營決策權之可能。然而，股東選任清算人時，公司業已解散，清算人就任後依法編造財產目錄提交股東或股東會承認，係讓股東瞭解並確認目前公司資產之狀況，經股東或股東會承認後，即進行分次或是一次出售全部資產，以瞭解現務，並將所得資金供作償還債務與分配剩餘財產之用，簡言之，清算人處分公司資產僅係交易行為，屬清算之事務執行，並非經營之決策權，其目的係將資產變現，而非經營獲利。

伍、清算人處分公司資產應否經股東同意或股東會決議之探討

股份有限公司基於純社團性質，其經營權與所有權分離，股東於股東會行使人事同意權選任董事組成董事會並賦予經營決策權，當公司遇取得或讓與業務或財產等處分資產決策時，因影響公司未來經營獲利或潛在負債，可能存在無法繼續經營之風險，我國公司法規定，改由股東會以特別決議行之，或有其立法之必要性。在無限公司與有限公司基於人合性質下，執行業務之權限交由具股東身分之執行業務股東或董事，並賦予經營

決策權，當公司遇取得或讓與業務或財產等處分資產決策時，我國公司法仍將此決策權維持由執行業務股東或董事決定，而不需經由股東同意之規範，顯將公司經營權與所有權分離，值得肯定。

但是，有限公司經股東表決權三分之二以上之同意解散，而選任清算人則經股東表決權過半數之同意；股份有限公司經股東會特別決議同意解散，選任清算人則採普通決議，此等重大決策雖均由股東或股東決定，但不需經全體股東之同意為之。然而，當清算人就任後，需處分公司資產時，應否需經由股東同意或股東會決議，謹申論如下：

一、有限公司場合

按有限公司之一切事務，由其董事對外代表法人為之，依目前公司法關於有限公司為讓與全部或主要部分之營業或財產之行為，並無準用公司法第185條有關重要事項特別決議之規定，應依同法第108條第4項準用第52條規定[2]，即由董事（相當於無限公司之執行業務股東）依照法令、章程及股東之決定辦理。

然而，公司法第45條所謂「股東之決定」，於無限公司之各股東均有執行業務權利，而負其義務，當股東之數人或全體執行業務時，關於業務之執行，則取決於過半數之同意[3]（參照公司法第45條及第46條）。再查公司法第108條規定之立法理由，乃為簡化有限公司之組織，並強化其執行機關之功能，爰將「執行業務股東」及「董監事」雙軌制予以廢除，改採「董事」取代「執行業務股東」之地位，故無限公司「股東之決定」，依有限公司之組織設計，應為「董事之決定」，董事有數人時，則取決於過半數董事之同意即可。

當有限公司解散進入清算程序後，原經營公司業務之董事，因公司解散即不再經營業務而無存在之必要，取而代之者，係以清理公司之資產負債為主之清算人，當清算人處分公司資產時，縱依公司法第113條準用第

---

[2] 參考經濟部77年9月8日商27377號函。

[3] 另公司法第45條第2項規定：執行業務之股東，關於通常事務，各得單獨執行；但其餘執行業務之股東，有一人提出異議時，應即停止執行。

84條第2項但書規定，所謂「應得全體股東之同意」，依上述法理類推，應取決於過半數清算人同意為之，而非如經濟部所函釋應由全體股東之同意。

　　或有認為，清算人處分公司全部資產，屬於公司法第185條所規定之營業政策重大變更，影響股東權益甚鉅，應由股東表決權三分之二以上之同意，或由全體股東同意，始能保障股東權益。筆者認為，當公司正常營運下，有限公司之董事為處分公司全部資產之決策，確實為公司營業政策重大變更，亦可能影響公司獲利能力或繼續經營之風險，但並不準用公司法第185條規定，而準用第46條規定，應是基於有限公司與無限公司均有人合之性質，為簡化與強化經營決策效率，避免不執行業務股東之干預，故由負責業務經營之執行業務股東或董事決定即可，此由公司法第108條規定之立法理由可得知。

　　在公司解散後，公司業務以不繼續經營，資產之變賣係為了解現務、清償債務所需，縱有影響股東之權益，亦僅限於股東剩餘財產請求權，況此際清算人處分公司全部資產之決策，屬於一般之不動產交易，相較於公司業務經營決策之重要性與複雜性，無法比擬。至於股東或許擔憂清算人執行變賣公司資產時，可能賤賣而損及其權益，應屬於清算人是否善盡善良管理人義務或忠實義務相關，自有公司法第23條適用，由民事損害賠償以救濟之。

　　筆者認為，目前對於持續經營中之有限公司，董事處分公司資產行為，並無經全體股東同意之規範，而清算人處分公司資產，屬於其職務範圍，卻須經全體股東之同意，鮮有失衡平，故應回歸其職務本質，由清算人決定，而清算人有數人者，以清算人過半數同意行之。

二、股份有限公司場合

　　按股份有限公司董事會遇有：締約、變更或終止關於出租全部營業、委託經營或與他人經常共同經營之契約；讓與全部或主要部分之營業或財產[4]；或受讓他人全部營業或財產等，對公司營運有重大影響之情

---

[4]　參照最高法院103年度台上字第1302號判決意旨，所稱讓與主要部分之營業或財產，

事，應依公司法第185條第1項規定，應有代表已發行股份總數三分之二以上股東出席之股東會，以出席股東表決權過半數之同意（即特別決議）行之，否則該行為不發生效力[5]。且應依同法第185條第4項規定，該議案應由三分之二以上董事出席之董事會，以出席董事過半數之決議提出之。

當股份有限公司解散進入清算程序後，原經營公司業務之董事會不復存在，公司不再經營業務，原有用於營利生財之資產，僅剩清算變現或分配予股東之用途，其重要性與公司未解散前，不可同日而語。而清算人就任後，雖取代董事會之地位，但其職務工作已非業務經營[6]，縱使處分公司全部資產之行為，亦與公司之獲利能力或繼續經營已全然無關，目前公司法第334條準用第84條第2項但書「應得全體股東之同意」規定，以及經濟部及法務部將此規定解釋為「經股東會依同法第185條第1項所定特別決議程序決定行之」，在法理上有商榷之餘地。

本文認為，股份有限公司之清算人處分公司全部資產之行為，為執行其法定職務之行為，其決定僅係如何覓得最高價之買家與簽約、履約過戶等一般不動產交易事項，與公司之獲利能力或繼續經營無關，非屬公司之重大經營決策事項，故應回歸其職務本質，由清算人決定，而清算人有數人者，以清算人過半數同意行之。

綜上所述，清算人處分公司資產之行為，為公司解散中必要執行之清算事務，實無須再經股東同意或股東會之決議必要，從決策與公司組織型態之性質而言，更無準用無限公司經全體股東同意規定之餘地。

係指該部分營業或財產之轉讓，足以影響公司所營事業之不能成就者而言。

[5] 最高法院63年度臺上字第2859號判決。

[6] 清算人於清算範圍內，為了結現務需要，可能有短暫經營公司原有業務之情事，例如將庫存原材料或半成品繼續加工為製成品出售或廠房設備出租等，筆者認為此短暫之業務經營，其目的是了結現務，屬於終結營業之性質，與董事會所為業務經營係為公司獲利與永續發展之目的，迥然不同。

陸、結論

公司解散進行清算，無論是公司之債權人或股東，所企盼者已非公司繼續經營之獲利能力，而是就公司現有之資產，能在最短期間內取得償還債權或是完結所有債權與債務後取回剩餘之財產。

清算人被賦予執行了結現務、收取債權、清償債務、分派盈餘或虧損、分派剩餘財產等清算之職務，處分公司資產為必要之作為，屬於清算之一般事務，現行公司法卻明定一律準用第84條第2項但書「應得全體股東之同意」之規定，而經濟部解釋為有限公司應得全體股東之同意，股份有限公司應經股東會依同法第185條第1項所定特別決議程序決定行之，均未考慮有限公司、股份有限公司與無限公司間組織型態與人合性質不同，且清算事務與公司業務經營之性質與目的均不同，實無法以準用規定行之。

本文認為，無論是有限公司或股份有限公司之清算人處分公司資產，既是基於執行清算人職務，由其決定即可，毋庸再經股東同意或再召集股東會決議之程序，以資簡化，並降低部分股東之干擾，期能順利進行清算程序，縮短清算之時程，符合債權人及股東之期待，早日取回債權或剩餘財產，另覓新的投資機會。故筆者建議將目前公司法第111條及第334條準用第84條之規定刪除，而改於總則中明訂清算人之職務範圍，以及執行職務時清算人決定之，如清算人有數人者，以清算人過半數同意行之。

5

公法上廣播、電視事業股權轉讓許可制對私法上股權讓與契約之影響——以臺灣臺南地方法院92年度重訴字第147號民事判決及其歷審判決為例

吳譽珅

壹、前言

　　依民法總則第4章「法律行為」之規定（民法第71條至第118條），法律行為之效力，可歸納出不成立、效力未定、無效3種法律效果。又私法上法律行為若受公法上之行政管制，是否會影響法律行為之效力，一般多依民法第71條「法律行為，違反強制或禁止之規定者，無效。但其規定並不以之為無效者，不在此限」判斷，若認定行政管制規定之性質屬於效力規定，則依民法第71條本文規定，法律行為無效；若認定行政管制規定性質屬於取締規定，則依民法第71條但書規定，法律行為仍有效。惟司法實務上曾出現另一種解釋取向係，該行政管制規定屬於法律行為之特別生效要件，尤以「許可」屬於最強度之行政管制手段，通常須具有高度公共利益事項，始採許可此種行政管制手段。

　　廣播、電視（指無線電視）屬於頻譜有限之稀缺資源，為公共財，故依現行廣播電視法（下稱廣電法）第4條第1項規定，廣播、電視事業使用之電波頻率，為國家所有，由交通部會同主管機關規劃支配，具有高度公共利益，應由國家高度管制，繼而現行廣電法第14條第1項規定：「廣播、電視事業之停播，股權之轉讓，變更名稱或負責人，應經主管機關許可。」將廣播、電視事業之股權轉讓納入行政管制，並採取最高強度之行

政管制手段——許可，俾國家確實掌握廣播、電視事業之股權轉讓不至形成媒體壟斷之結果，而危害公眾視聽權益。是以，將行政管制之規定作為控制私法契約效力之規定，似乎係保護重要公共利益之有效手段。進而，值得思考者係，關於現行廣電法第14條第1項廣電事業股權轉讓之許可，究對私人間締結私法股權轉讓契約（包括債權行為及物權行為）是否有所影響？若有影響，將於私法上發生何種法律效力？本文擬就1件廣播電台股權讓與契約所生違約金糾紛，歷經最高法院2次發回更審之實務案例，予以分析、檢討，並提出本文見解。

貳、案例事實

一、事實

　　被告Y（即契約當事人之甲方，下稱Y）係A廣播電台股份有限公司（下稱A廣播公司）之發起人，於A廣播公司設立登記前，於民國88年5月15日與原告X（即契約當事人之乙方，下稱X）簽訂股權買賣契約（下稱系爭契約），約定以新臺幣（下同）5,310萬元之價金，向Y買受A廣播公司60%股權，並約定Y應於88年5月18日，將X所買股權移轉並辦畢A廣播公司股東名冊變更登記，惟Y僅移轉40%股權予X，其餘20%迄未移轉，故X依系爭契約第3條約定請求Y給付違約金5,000萬元。

　　Y抗辯兩造簽約後，兩造始發現系爭契約違反88年3月18日修正公布之廣電法施行細則（下稱訂約時廣電法施行細則）第18條第3款規定，即受讓人之配偶、直系血親、直系姻親或二親等以內血親關係之股份所有人，轉讓股數超過該事業之總持股數50%者，其轉讓新聞局不予許可，兩造因此合意變更買賣標的之額度為40%股權，且兩造已依變更後之合約履行完畢，Y並未違約。

二、歷審法院判決

(一)第一審及第二審判決[1]

1. 系爭契約之效力

　　訂約時（88年3月30日修正，88年4月21日施行）廣電法第14條第1項固規定：廣播事業股權之轉讓，應經新聞局許可，惟廣播事業違反法令時，依訂約時同法第41條之規定，係由新聞局視廣播事業違規情節給予警告、罰鍰、停播或吊銷執照等處分，考其立法用意，乃因廣播事業應以闡揚國策、宣導政令、報導新聞、評論時事、推廣社會教育、發揚中華文化、提供高尚娛樂、增進公共福利爲宗旨（訂約時廣電法第1條參照），是廣播事業股權之轉讓，苟已變更許可設立時之經營理念，主管機關行政院新聞局應予以處罰導正，惟若股權之轉讓，不影響許可設立時之經營理念者，依人民財產權得以自由處分之原則，主管機關自無予以禁止或處罰之理。**是上開關於股權轉讓應經新聞局許可之規定，並非強制禁止規定，其股權轉讓縱未經新聞局許可，仍屬有效。**

2. 系爭契約履行之效力

　　訂約時（88年3月18日修正施行）廣電法施行細則第18條第3款雖規定：受讓人有配偶、直系血親、直系姻親或二親等以內血親關係之股份所有人，其持股總數超過該事業之總股數50%情形者，不予許可。惟系爭契約並未限制X不得指定移轉與第三人，且Y於移轉40%股權時，亦依X之指定將之轉讓與訴外人B、C、D、E所有，是Y抗辯系爭契約因違反強制禁止規定而無效，及須經新聞局報備核准爲履約之必要條件云云，並無可採。

3. X未能證明兩造已合意變更移轉股權降至40%

　　依訂約時廣電法施行細則第7條第7款之規定「有左列情形之一者，新聞局得撤銷申請人之籌設許可。……七、發起人所認股數變動達申請籌設

1　臺灣臺南地方法院92年度重訴字第147號民事判決、臺灣高等法院臺南分院93年重上字第9號民事判決。

許可時申請書所載預定實收資本額百分之五十以上者」，惟違反上開規定者僅為「得」撤銷其籌設許可之事由，而是否撤銷其籌設許可，應依其轉讓是否已變更許可設立時之經營理念決之，苟其轉讓不影響許可設立時之經營理念，依人民財產權得以自由處分之原則，主管機關自無予以撤銷籌設許可之理。是Y抗辯為配合訂約時廣電法施行細則第7條第7款規定，兩造已合意移轉股權為40%云云，為不足採；且依相關證人證述，亦不能證明兩造有變更為40%之合意。

4. 結論

本件系爭契約為有效，X請求Y給付違約金為有理由。

(二) 第一次第三審判決[2]

Y不服提起第三審上訴，經第三審法院審認：兩造於88年5月15日簽訂之系爭契約第1條付款方式第4款特別載明「甲方（即Y）得於公司變更登記後三日內，向主管機關新聞局提出股東變更名冊報備，經新聞局函復准予報備後當日，乙方（即X）得付清尾款新台幣壹仟壹佰伍拾伍萬元正」等語。**其真意是否為系爭契約須經新聞局報備核准為停止條件**？倘係附有停止條件，兩造轉讓之股權超過百分之五十，新聞局是否許可准予報備？原審就此未推闡明晰，遽為不利Y之判斷，即有未合。又Y抗辯其已移轉40%股權予X，惟礙於廣電法規定股權轉讓不得超過50%限制，兩造於88年10月29日特別約定就股權40%部分給付尾款850萬元，就其餘股權20%部分未有任何約定，可見88年10月29日收款證明書係兩造就買賣股權數合意變更為40%之書面協議等語，原審未審酌此一重要攻擊防禦方法。據此，發回第二審法院。（關於第三審法院要求第二審法院查明兩造是否係約定懲罰性違約金，暨違約金酌減是否已斟酌A廣播公司之營收等爭點，不在本文討論範圍）

2　最高法院95年度台上字第49號民事判決。

(三) 第一次發回後第二審法院[3]

　　就本件系爭契約是否有效，第一次發回後之第二審法院認為，訂約時廣電法第14條第1項固規定：「廣播事業股權之轉讓，應經新聞局許可。」惟廣播事業違反法令時，依訂約時同法第41條之規定，係由新聞局視廣播事業違規情節給予警告、罰鍰、停播或吊銷執照等處分，考其立法用意，乃因廣播事業應以闡揚國策、宣導政令、報導新聞、評論時事、推廣社會教育、發揚中華文化、提供高尚娛樂、增進公共福利為宗旨（訂約時廣播電視法第1條參照），是廣播事業股權之轉讓，苟已變更許可設立時之經營理念，主管機關行政院新聞局應予以處罰導正，惟若股權之轉讓，不影響許可設立時之經營理念者，依人民財產權得以自由處分之原則，主管機關自無予以禁止或處罰之理；惟系爭契約關於付款方式③所示「俟經濟部核准A廣播公司變更登記列有乙方（即X）股東名冊核准後，乙方（即X）須付甲方（即Y）新台幣10,000,000元正。」可知系爭契約之標的為「廣播電台之股份」，必須經主管機關新聞局許可，**亦即在Y向新聞局報備股權變動並經核准之停止條件成就後**，X始有給付尾款之義務。

　　而訂約時廣電法第44-1條規定：「申請設立廣播、電視事業者，於許可設立後，有左列情形之一者，主管機關得廢止其許可：……四、發起人所認股數變動達設立許可申請書所載預定實收資本額50%以上者……」及訂約時廣電法施行細則第18條第3款規定：「廣播、電視事業股份之轉讓申請時，受讓人如為自然人，應檢具過戶申請書、受讓人個人基本資料調查表、受讓人之全戶戶籍謄本，向新聞局申請許可，受讓人有左列情形之一者，不予許可：……配偶、直系血親、直系姻親或二親等以內血親關係之股份所有人，其持股總數超過該事業之總股數50%。」依此規定，兩造約定移轉股權超過50%部分，新聞局不會予以許可，自不可能符合系爭契約之停止條件。又Y先前移轉40%股權予X，自屬合法，**惟其餘20%股權日後既不可能獲新聞局許可，此部分買賣停止條件未成就，不生效力，**且Y已經A廣播公司股權移轉予X指定之第三人，X實際上已取得A廣播公

3　臺灣高等法院臺南分院95年度重上更（一）字第5號民事判決。

司股權49.95%，而達到廣電法規定50%之核准極限。而兩造於88年10月29日簽訂之收款證明書特別就股權40%部分約定給付尾款385萬元，就剩餘股權20%部分未約定支付其他金額予以履約，因未移轉股權20%部分，日後新聞局將不予許可，此部分買賣不生效力，故兩造僅就股權40%部分另行約定付款方式，而不就股權20%部分另為約定。又若兩造就股權20%部分買賣認有效，而簽訂88年6月4日收款及申明書約定「89年1月月1日第2次再行變更列入X股東名冊占20%股權」為真，X理應於89年1月1日「之前」支付「另20%股權」相關價金，俾能依約送件才是，惟X均未有依約繳納價金之情。綜上，益見88年10月29日收款證明書乃係兩造就出賣股數「合意變更」為40%之書面協議，而Y未將另外之20%股權轉讓予X，並不構成違約，X自不得請求Y給付違約金。

(四) 第二次第三審判決[4]

　　X不服上訴第三審法院，第三審法院審認：依系爭契約關於：甲方（即Y）持有A廣播公司之股份計300萬股，讓渡出售給付乙方（即X）；……②甲方（即Y）於88年5月18日須向經濟部變更股東名冊列名乙方（即X）股東占60%股權，並當日提出送件，乙方（即X）須付甲方（即Y）2,155萬元。③俟經濟部核准A廣播公司變更登記列有乙方（即X）股東名冊核准後，乙方（即X）須付甲方（即Y）1,000萬元。④甲方（即Y）得於公司變更登記後3日，向主管機關新聞局提出股東變更名冊報備，經新聞局函復准予報備後當日，乙方（即X）得付清尾款等約定，已見Y所讓售之300萬股權，**並未附有「新聞局報備核准」之停止條件**；且新聞局又未否准超過50%股權之讓渡。而兩造其後另訂之「收款及申明書」，係協議於88年6月4日先辦理變更列入X等股東名冊占40%股權；89年1月1日第二次再行變更列入股東名冊占20%。88年10月29日訂立之「收款證明書」，亦僅就上開「收款及申明書」所訂其中40%股權交易，約明其付款事宜等，至就其餘20%股權之交易，並未見兩造為任何之約定。再

---

[4] 最高法院96年度台上字第1198號民事判決。

者，訂約時廣電法第14條第1項有關股權轉讓應經新聞局許可之規定，並非強制禁止規定，其股權轉讓縱未經新聞局許可，仍屬有效，既爲原審所認定。則原審未說明其理由依據，逕爲系爭契約附有主管機關核准之停止條件，讓渡股權超過50%部分，違反強制規定，不生效力，未經新聞局核准，兩造即有變更讓渡股權由60%至40%之必要；兩造已協議僅讓渡40%股權，及Y並無違約之認定，而爲X敗訴之判決，不僅與系爭契約及「收款及申明書」之約定不符，且有判決不備理由之違誤，更有理由前後矛盾之違法。其次，原審既認定兩造已合意將系爭契約所讓渡之股權由60%降爲40%，卻又將訴外人B、C等人自Y受讓之9.95%股數計入X實際取得之股權數，其理由及依據何在？倘兩造確已合意將原股權之讓渡由60%降爲40%，何以Y除已辦妥移轉之40%外，猶須實際上再移轉該9.95%股權數？凡此與兩造間是否確已將原60%之股權讓渡合意降爲40%之認定，所關頗切。據此，發回第二審法院。

（五）第二次發回第二審[5]

第二次發回之第二審法院認爲：

1. 訂約時廣電法第14條第1項規定：「廣播事業股權之轉讓，應經新聞局許可。」惟廣播事業違反上開規定時，依同法第41條至第45條等規定，係由新聞局視廣播事業違規情節，給予警告、罰鍰、停播或吊銷執照等處分，是上揭「股權轉讓應經許可」之規定，**立法目的在規範廣播事業之經營，其「處分之對象」僅爲「廣播事業」，不及於事業之股東，是上述規定，不能認係就廣播事業股東轉讓股權之禁止規定。**

2. 其次，上開條項規定之立法意旨，乃因廣播事業以闡揚國策、宣導政令、報導新聞、評論時事、推廣社會教育、提供高尚娛樂、增進公共福利爲宗旨（訂約時廣電法第1條參照），故於廣播事業股權之轉讓，已變更許可設立時之經營理念，**主管機關即應予以處罰導正，惟若股權之轉讓，不影響許可設立時之經營理念者，依人民財產權得以自由處分之**

原則，主管機關尚無予以禁止或處罰之理。

3. 再者，訂約時廣電法施行細則第18條第3款雖規定：「廣播、電視事業股份之轉讓，受讓人有左列情形之一者，不予許可：…，三配偶、直系血親、直系姻親或二親等以內血親關係之股份所有人，其持股總數超過該事業之總股數百分之五十。」**此項規定之立法目的應係貫徹廣播電視係公共財，不宜由個別家族掌控失去公共財之意旨，法律上並無禁止買受該廣播電視股權者不得指定移轉予第三人之規定**，系爭契約既未明定X須以其自己名義登記，不得移轉登記與第三人，事實上，Y於移轉40%股權時，亦係依X之指示，將股權分別轉讓予訴外人B、C、D及E，因此，只要Y依X之指定，將股權移轉登記予X指定之上開親屬關係以外之人時，即不生違反上開規定，致無從獲主管機關之許可之問題。

4. 末者，訂約時廣電法第44-1條及訂約時廣電法施行細則第7條規定，發起人所認股數變動達申請籌設許可時申請書所載預定實收資本額50%，新聞局「得」廢止其許可、「得」撤銷籌設許可。是違反該規定時，僅係新聞局是「得」廢止或撤銷其籌設許可，並非「應」廢止或撤銷，即新聞局是否會廢止或撤銷許可，享有判斷權利，並非當然應撤銷或廢止許可。況查該項規定，僅適用於電台經許可設立後進行籌設之階段，並不適用於取得廣播或電視執照後之階段，則Y於89年間，若將其餘20%股權移轉予X，致其發起人所認股數變動達設立許可申請書所載預定實收資本額50%，亦無訂約時廣電法第44-1條規定適用之餘地，新聞局不得再援引該條規定廢止A廣播公司許可之設立。故而，訂約時廣電法第14條及訂約時廣電法施行細則第18條第3款規定既非強制規定，且訂約時廣電法第44-1條及訂約時廣電法施行細則第7條規定，不適用於廣播事業取得執照後之階段，不生發起人股權變動超過50%而致新聞局撤銷許可之問題，兩造自無可能合意變更股權移轉40%。另Y之立證均無法證明兩造有合意變更股權移轉40%。

5. 系爭契約約定Y將A廣播公司之股份300萬股讓與X後，俟新聞局核准報備當日，X即給付Y尾款，**該約定係價金尾款債務清償期之約定，而非**

系爭契約生效之停止條件。況兩造均自承於定約時不知悉訂約時廣電法第44-1條、廣電法施行細則第7條規定，其後始知悉，而於88年6月4日簽訂收款及申明書，改二階段申報核准方式，自不可能於88年5月15日訂約時約定經新聞局許可為系爭契約生效之停止條件。是以，系爭契約既屬有效，而Y迄未移轉20%股權予X，自屬違約，X得對Y請求違約金。

(六) 第二次上訴第三審法院[6]

Y不服上訴第三審法院，第三審法院以原審判決認事用法均無違誤，維持第二次發回第二審法院之判決，駁回Y之上訴。

參、本案法律上爭點

訂約時廣電法第1條規定：「為管理與輔導廣播及電視事業，以闡揚國策，宣導政令，報導新聞，評論時事，推廣社會教育，發揚中華文化，提供高尚娛樂，增進公共福利，特制定本法。」同法第14條第1項規定：「廣播、電視事業之停播，股權之轉讓，變更名稱或負責人，應經新聞局許可。」訂約時廣電法施行細則第18條第3款規定：「廣播、電視事業股份之轉讓申請時，受讓人如為自然人，應檢具過戶申請書、受讓人個人基本資料調查表、受讓人之全戶戶籍謄本，向新聞局申請許可。受讓人有左列情形之一者，不予許可：……三、配偶、直系血親、直系姻親或二親等以內血親關係之股份所有人，其持股總數超過該事業之總股數百分之五十。」是否影響當事人於私法上締結廣播或電視事業股權移轉契約之效力？

---

6 最高法院97年度台上字第1310號民事判決。

肆、相關法令

　　88年3月30日修正，88年4月21日施行之廣電法第1條規定：「為管理與輔導廣播及電視事業，以闡揚國策，宣導政令，報導新聞，評論時事，推廣社會教育，發揚中華文化，提供高尚娛樂，增進公共福利，特制定本法。」（現行廣電法第1條規定：「為促進廣播、電視事業之健全發展，維護媒體專業自主，保障公眾視聽權益，增進公共利益與福祉，維護視聽多元化，特制定本法。」）、廣電法第4條第1項規定：「廣播、電視事業使用之電波頻率，為國家所有，由交通部會同新聞局規劃支配」（現行廣電法第4條第1項相同）、第14條第1項規定：「廣播、電視事業之停播，股權之轉讓，變更名稱或負責人，應經主管機關許可。」（現行廣電法第14條第1項相同）、第42條第1款規定：「廣播、電視事業有左列情形之一者，予以警告。一、違反第十三條至第十五條、第十七條、第十九條、第二十條或第三十一條規定者。」（現行廣電法第42條第1款規定：「廣播、電視事業有左列情形之一者，予以警告：一、違反第十條之一第二項、第十二條之二第一項、第十三條至第十五條、第十七條、第十九條、第二十條或第三十一條規定者。」）、88年3月18日修正施行之廣電法施行細則第18條第3款規定：「廣播、電視事業股份之轉讓申請時，受讓人如為自然人，應檢具過戶申請書、受讓人個人基本資料調查表、受讓人之全戶戶籍謄本，向新聞局申請許可。受讓人有左列情形之一者，不予許可：……三、配偶、直系血親、直系姻親或二親等以內血親關係之股份所有人，其持股總數超過該事業之總股數百分之五十。」（現行廣電法施行細則第9條第3款規定：「申請廣播、電視事業股份之轉讓，受讓人為自然人者，應檢具過戶申請書、受讓人個人基本資料調查表、受讓人之全戶戶籍謄本，向本會申請許可。受讓人有下列情形之一者，不予許可：……三、配偶、直系血親、直系姻親或二親等以內血親關係之股份所有人，其持股總數超過該事業之總股數百分之五十。」）

伍、評析

　　綜觀本案歷審判決，可知法院係依訂約時廣電法第41條至第45條關於主管機關裁罰廣播、電視事業之規定，推論訂約時廣電法第14條第1項、訂約時廣電法施行細則第18條第3款規定屬於行政管制之取締規定，而非影響私法法律行爲之效力規定，特別訂約時廣電法第42條第1款規定：「廣播、電視事業有左列情形之一者，予以警告。一、違反第十三條至第十五條、第十七條、第十九條、第二十條或第三十一條規定者。」法院即據該條款規定推認，因違反訂約時廣電法第14條第1項規定，主管機關得依同法第42條第1款規定對廣播、電視事業予以警告，故訂約時廣電法第14條第1項、訂約時廣電法施行細則第18條第3款規定屬於行政管制之取締規定，而非影響私法法律行爲之效力規定。

　　其次，該案歷審判決在探究訂約時廣電法第14條第1項「廣播、電視事業之停播，股權之轉讓，變更名稱或負責人，應經新聞局許可」之規定，是否屬於民法第71條本文「法律行爲，違反強制或禁止之規定者，無效」所稱之強制或禁止規定，或屬於民法第71條但書「但其規定並不以之爲無效者，不在此限」所指之取締規定？按強制規定，係指應爲某種行爲之規定；禁止規定，係指禁止爲某種行爲之規定[7]。於思考層次上，須先判斷系爭規定是否屬於強制或禁止規定，系爭法律行爲有無違反強制或禁止規定，違反之法律效果爲何[8]。一般認爲民法第71條規定成爲連繫私法與公法之管道，具有使公法進入私法領域之功能，以調和法律秩序之無矛盾性[9]。與之須區辨者係，民法本身對法律行爲之要件效力設有強行規定，例如，舊民法第973條規定：「男未滿17歲，女未滿15歲者，不得訂

---

[7] 王澤鑑，民法總則，增訂版，自刊，2000年9月，頁297。

[8] 王澤鑑，前揭註7。

[9] 王澤鑑，前揭註7。

定婚約。」[10]並非屬於民法第71條所指強制或禁止規定，該規定實係直接規定法律行為之效力，以規範私法自治為目的；民法第71條所指強制或禁止規定，其規範目的並非直接限制私法自治，而係在直接規範其他法領域（如刑法、公法），宣示國家或人民所應為或所不應為，法律行為之所以無效，係連結民法第71條所生。最高法院32年上字第1098號民事判例謂：「依民法第973條之規定，男未滿17歲女未滿15歲者不得訂定婚約，訂定婚約違反此規定者自屬無效。」[11]其所稱違反此規定者自始無效，係指舊民法第973條係訂定婚約之生效要件，得逕作為無效之依據，無適用民法第71條之必要。[12]

依民法第71條本文與但書之規定，可區別出法律行為因違反強制或禁止規定而無效之取締規定，與法律行為不因違反強制或禁止規定而無效之取締規定[13]。至如何區分某禁止或強制規定屬於效力規定或取締規定，應綜合法規之意旨，權衡相衝突之利益，如法益種類、交易安全、係規範雙方當事人或一方當事人等，加以認定[14]。查廣電事業之股權轉讓，依訂約時廣電法第14條第1項規定，應經主管機關之許可。由法條文義觀察，並非強制股權移轉之契約當事人應為何種作為，故非屬強制規定；該規定亦非規範股權移轉之契約當事人不得為某種行為，是亦尚難解釋為禁止規定。舉例而言，學說[15]與實務[16]上殆無疑義認為公司法第16條第1項「公司

---

[10] 110年1月13日修正，112年1月1日施行之民法第973條規定：「男女未滿十七歲者，不得訂定婚約。」

[11] 本則判例，依據108年1月4日修正，108年7月4日施行之法院組織法第57-1條第2項，其效力與未經選編為判例之最高法院裁判相同。

[12] 王澤鑑，前揭註7，頁298-299。

[13] 王澤鑑，前揭註7，頁300。

[14] 王澤鑑，前揭註7，頁302。

[15] 王澤鑑，前揭註7，頁300-301。

[16] 最高法院74年台上字第703號民事判決先例：「公司法第十六條第一項規定公司除依其他法律或公司章程規定以保證為業務者外，不得為任何保證人，旨在穩定公司財務，用杜公司負責人以公司名義為他人作保而生流弊，倘公司提供財產為他人設定擔保物權，就公司財務之影響而言，與為他人保證人之情形無殊，仍應在上開規定

除依其他法律或公司章程規定得爲保證者外，不得爲任何保證人」規定，
係屬民法第71條所指禁止規定且屬於效力規定。可知公司法第16條第1項
係禁止契約當事人之一方即公司不得爲保證之法律行爲，顯而易見該規定
屬於禁止規定。惟訂約時廣電法第14條第1項係規定股權轉讓契約須經當
事人以外之主管機關許可，其文義已非民法第71條所指強制或禁止規定所
能容納，故本件歷審判決未先探究訂約時廣電法第14條第1項規定是否屬
於民法第71條所指強制或禁止規定，逕探究該規定係效力規定或取締規
定，本文認爲歷審判決此種思考路徑並非正確。

　　再者，實務上曾有見解認爲訂約時廣電法第14條第1項規定屬於法
律行爲之特別生效要件，例如，臺灣高等法院高雄分院106年度上字第31
號民事判決[17]認爲：公司法第163條規定：「公司股份之轉讓，除本法另

禁止之列。」

[17] 該案之緣由係本文研究之判決案例之原告X提出之民事訴訟，X主張其已依系爭契約
訴請Y移轉剩餘股權，經法院判決勝訴確定。惟A廣播公司之負責人Y拒絕變更股東
名簿，X遂訴請A廣播公司變更股東名簿。第一審及第二審法院以：依締約時廣電法
第14條第1項、締約時廣電法施行細則第18條規定，有關廣播事業股權之轉讓，受
讓人應先向主管機關申請許可，始得向該廣播事業辦理過戶手續，否則如逕由法院
判決准予過戶，無異以法院判決取代主管機關之行政處分，將使締約時廣電法第14
條有關應經主管機關許可之規定形同具文，本件A廣播公司既未向主管機關就股權
移轉申請許可，法院自不得判令A廣播公司變更股東名簿，因而判決X敗訴。X不服
提起上訴，最高法院以：締約時廣電法第14條第1項、締約時廣電法施行細則第18
條規定，乃爲維護媒體自主，避免媒體壟斷，保障公眾視聽權益，增進公共利益與
福祉，並促進廣播事業之健全發展，係在不違反憲法第23條比例原則之範圍內，以
法律規定就股份轉讓自由原則所作之限制，基於法律公布施行後對世之作用，自具
有規制廣播事業及締結該事業股份轉讓契約當事人之效力。初不因上開規定之性質
（效力規定或取締規定）爲何而有不同。本件X依據系爭契約，請求Y辦理系爭股份
移轉登記，雖經另案判決其勝訴確定，惟X受讓Y之股權並未經主管機關許可，乃原
審所合法確定之事實，X據以請求A廣播公司辦理持股及股款變更登記，依上說明，
即非法之所許，駁回X之上訴而確定。（歷審判決：臺灣高雄地方法院100年度訴字
第1828號民事判決、臺灣高等法院高雄分院101年度重上字第65號民事判決、最高法
院103年度台上字第806號民事判決）
X因而轉向A廣播公司請求向主管機關申請准予許可，主張依系爭契約之約定，X前
訴請Y依約移轉剩餘20%A廣播公司股權，業經勝訴判決確定。惟斯時A廣播公司負
責人Y拒絕以A廣播公司名義向主管機關申請股權移轉許可，並未變更股東名簿。遂

有規定外，不得以章程禁止或限制之。但非於公司設立登記後，不得轉讓。」此為股份自由轉讓原則。惟廣播、電視作為資訊傳播之媒介，乃資訊傳播之手段與工具，廣播、電視具有作為不同利益、社會觀點之公眾論壇之功能，對於反應不同社會階層，提升民主內涵，具有相當之價值，然若放任廣播、電視無限制自由發展，未必能保證多元價值社會之實現，反可能產生諸如媒體壟斷等抑制多元言論之效果，是廣播、電視事業，乃與公共利益有重大密切關連之事業。廣播、電視事業為傳播媒體之一種，且廣播、電視事業使用之電波頻率，為國家所有之有限資源（訂約時廣電法第4條第1項「廣播、電視事業使用之電波頻率，為國家所有，由交通部會同新聞局規劃支配」參照），訂約時廣電法第1條並明示基於保障人民接受資訊基本權利以及增進公共利益、福祉之目的而制定之意旨，是立法者基於上開重大公共利益，賦予主管機關對於廣播事業停播，股權之轉讓，變更名稱或負責人之許可權力，自不能僅以管制規定視之。又訂約時廣電法第4項第1項明定廣播、電視事業使用之電波頻率為國家所有之公共財，由國家基於重要之公共利益為高強度之管制，故就廣播、電視事業股權轉讓依訂約時廣電法第14條第1項規定採取「許可」之高度管制手段。是以，為維護媒體自主，避免媒體壟斷，保障公眾視聽權益，增進公共利益與福祉，並促進廣播事業之健全發展，係在不違反憲法第23條比例原則之範圍內，以法律規定限制股份轉讓自由原則，自具有規制廣播事業及締結該事業股份轉讓契約當事人之效力。又民法對於法律行為之法律效果，存在三種不同層次，即不成立、不生效力（效力未定）和無效。而對於民法

訴請A廣播公司應就自Y移轉予X之股權向主管機關提出准予許可之申請。該案第一審及第二審均判決X敗訴，其審理爭點主要係系爭股權轉讓行為未經主管機關許可前是否生效，第一審及第二審均認為締約時廣播電視法第14條第1項規定股權移轉須經主管機關之許可，係當事人間股權移轉之特別生效要件，系爭股權移轉既未經主管機關許可，自未生效，故X之請求為無理由。案經X提起上訴，最高法院認為系爭契約之當事人係X與Y，A廣播公司並非契約當事人，自無義務為X向主管機關申請股權移轉許可，因而駁回X之上訴而確定。（該案歷審判決：臺灣高雄地方法院105年度訴字第1955號民事判決、臺灣高等法院高雄分院106年度上字第31號民事判決、最高法院108年度台上字第1452號民事判決。）

上本可發生效力之法律行為，為配合國家落實一定公共政策之管制或社會自主形成的社會控制，對該法律行為效力有所保留，公法管制規定於此則可區分為不生效力或無效等兩種類型。就不生效力之類型，公法上之管制規定即會產生是否符合而可否生效之問題，其性質上應定性為「特別生效要件」，且於一般情形下若經補正，應可溯及發生效力；若管制法規屬於無效之類型時，該違反之效果一般會適用民法第71條規定而使之自始當然無效。訂約時廣電法第14條第1項係以許可手段高度管制廣播、電視事業股權移轉，涉及高度公共利益，是私人間締結廣播、電視事業股權轉讓契約，應經主管機關許可始生效力，故締約時廣電法第14條第1項主管機關就廣電事業股權轉讓之許可，應解釋為法律行為之特別生效要件。

　　該判決認為訂約時廣電法第14條第1項規定股權移轉既採「許可」此種最高強度之行政管制手段，且基於無線廣電頻譜之有限性，為全民公共財，故將經主管機關許可解釋為法律行為之特別生效要件。換言之，該判決之邏輯係因締約時廣電法第14條第1項就股權移轉採取管制密度最高之許可，故應將經主管機關之許可解釋為股權移轉之特別生效要件。又依一般契約成立之過程，係私人間先締結廣電事業股權讓與契約，再由受讓人請求廣電事業依締約時廣電法施行細則第18條規定向主管機關申請許可，依此時間順序，實難解釋為廣電股權契約締結時，即因尚未經主管機關許可而無效，自應解釋為廣電事業股權契約締結時，因尚未經主管機關許可而不生效力，待主管機關許可始生效力，故訂約時廣電法第14條第1項應解釋為法律行為之特別生效要件，於此部分，該判決之解釋，邏輯上亦屬正確。

　　承上，該判決以無線廣電頻譜之有限性，論證締約時廣電法第14條第1項就股權移轉採最高密度之許可，固屬的論。惟私法自治原則，係指個人得依其意思形成其私法上權利義務關係[18]。而民法設有民法第71條本文「法律行為，違反強制或禁止之規定者，無效」及第72條「法律行為，有

---

[18] 王澤鑑，前揭註7，頁264。

背於公共秩序或善良風俗者，無效」，作為限制私法自治原則之基礎[19]。本件股權移轉契約除當事人合意外，是否須將契約成立後，須經主管機關許可之公法行為前置為法律行為之特別生效要件，形成私法契約行為（股權移轉契約）與公法行為（許可）結合成一行為，即有討論之餘地。

首先，若認為須經許可之公法行為前置為私法股權移轉契約之特別生效要件，對於私法自治原則毋寧係重大衝擊；其次，締約時廣電法第14條第1項並無「股權移轉未經主管機關許可者，無效」或「股權移轉未經主管機關許可者，不生效力」等文字，自難將之解釋為法律行為之特別生效要件；再者，依締約時廣電法第14條第1項之文義，係規定主管機關對私人間股權移轉應予許可，而非規定股權移轉契約當事人雙方或一方應為某種行為或不得為某種行為，亦難解釋為民法第71條所指強制或禁止規定，進而討論屬於效力規定或取締規定。

實則，自締約時廣電法第14條第1項之文義觀察，可知係先有當事人間股權移轉契約之成立，始有後續向主管機關申請許可之問題。且締約時廣電法第14條第1項規定係契約當事人於訂約前即已存在，當事人於締約時自得預見將來股權移轉可能發生主管機關不予許可之情事，此情形自屬契約成立生效後，發生無法履行之情事，適用債務不履行相關規定等契約清算問題。例如本件系爭契約糾紛肇因於Y不願履行股權移轉義務，將剩餘股權移轉予X，X自得依系爭契約關於違約金之約定請求Y給付違約金，及後續訴請Y履行系爭契約，將剩餘股權移轉予X[20]。

特別說明者係，基於私法自治原則，當事人若將股權移轉須經主管機關許可合意形成契約之生效要件（例如將經主管機關許可合意為系爭契約之停止條件），自無不可；而本案歷審判決中亦有討論到當事人間是否有將經主管機關許可合意為系爭契約之停止條件[21]，此屬於民法第98條「解

---

[19] 王澤鑑，前揭註7，頁267。

[20] 關於後續X訴請Y依系爭契約將剩餘股權移轉予X，經臺灣臺南地方法院97年度訴字第1456號民事判決、臺灣高等法院臺南分院99年度上字第54號民事判決、最高法院99年度台上字第1542號民事裁定X勝訴確定。

[21] 參照本文二、（二）部分，即最高法院95年度台上字第49號民事判決。

釋意思表示，應探求當事人之真意，不得拘泥於所用之辭句」之問題。

　　附帶一提者係，本案當事人間成立之股權移轉契約，須區分為債權行為（股權買賣契約）與物權行為（股權讓與契約）。查本件A廣播公司於設立時係發行記名股票，故Y應依公司法第164條「股票由股票持有人以背書轉讓之，並應將受讓人之姓名或名稱記載於股票」規定將股份移轉予X，以完成股權讓與之物權行為（若發行無記名股票，則須有物權讓與合意及交付，始完成股權讓與之物權行為；若未發行股票，則須有準物權讓與合意，始完成股權讓與之準物權行為）。又基於負擔行為（物權行為、準物權行為）之無因性理論，係將負擔行為（債權行為）從處分行為中抽離，不以負擔行為之存在作為處分行為之內容，使處分行為之效力，不因負擔行為不存在而受影響[22]。故除當事人之行為能力欠缺，或意思表示為通謀虛偽意思表示，或撤銷因被脅迫、詐欺所為之意思表示，負擔行為與處分行為具有共同瑕疵外[23]，基於負擔行為之無因性理論，物權行為不受債權行為效力之影響。據此，則縱認為締約時廣電法第14條第1項規定屬於股權移轉契約之特別生效要件，若主管機關不予許可，股權移轉契約（債權行為）歸於無效，股權移轉行為（物權行為）亦屬有效，此時當事人間應依民法第179條不當得利之規定，請求返還已移轉之股權；此在當事人間合意將主管機關許可列為股權移轉契約之停止條件，於條件不成就時，亦應為相同解釋。

陸、結論

　　本件歷審判決均審理締約時廣電法第14條第1項股權移轉應經主管機關許可，是否影響系爭契約之效力。歷審判決循民法第71條規定，探究締約時廣電法第14條第1項係效力規定或取締規定，結論採取取締規定，故

---

[22] 王澤鑑，前揭註7，頁290。

[23] 王澤鑑，前揭註7，頁292、294。

認系爭契約雖約定股權移轉而未獲主管機關許可，仍不影響系爭契約已成立生效，是X自得依約請求Y給付違約金。法院判決結論固值贊同，惟其論證過程尚非正確。

經本文之分析，締約時廣電法第14條第1項係規定股權移轉應經主管機關之許可，並非規定契約當事人雙方或一方應去申請主管機關准予許可（強制規定），或規定當事人雙方或一方不得為某種行為（禁止規定），自與民法第71條所指之強制或禁止規定無涉；又締約時廣電法第14條第1項文義並非規定「未經主管機關許可，始生效力（不生效力）」，自難解釋為法律行為之特別生效要件，司法實務雖有認為基於無線廣電之頻譜有限性，避免股權集中、媒體壟斷，保障視聽大眾之權益，為維護該重大公共利益，公法上採取最高密度之行政管制手段即許可，為實現該特別重要之公共利益，自應將主管機關之許可解釋為股權讓與之特別生效要件。惟當事人間就無線廣電事業股權移轉成立契約，先使該契約成立生效，於履約階段，若發生主管機關不予許可之情事，則屬契約債務不履行之問題，自得依民法債務不履行之法律關係清算，縱股權業已移轉予受讓人（物權行為或準物權行為），亦得依債務不履行法律關係行使契約解除權，回復原狀，自不生股權移轉特定人造成媒體壟斷之問題，當無將後續之公法行為（許可）前置為股權移轉契約之特別生效要件之必要，否則對於私法自治原則衝擊過大。至當事人間基於私法自治原則，將經主管機關許可合意納入契約之內容，如約定主管機關不予許可，契約不生效力（約定為特別生效要件）；或約定經主管機關許可，契約始生效力（約定為停止條件），或契約失其效力（約定為解除條件）；或約定主管機關不予許可為解除權發生之要件，均符合私法自治原則。若當事人間未有明文約定，亦得透過民法第98條解釋意思表示，探究當事人間是否有合意將經主管機關許可納入契約之內容。

6

公司經營權與定暫時狀態假處分

吳軒宇

壹、定暫時狀態假處分之意義及功能

　　民事訴訟上的保全程序，對於聲請人之請求主要兩種保全作用，其一是對於金錢請求或得易為金錢請求之請求，確保在訴訟終結後，提起訴訟的債權人（聲請人）能夠在強制執行階段獲得滿足，即避免債務人脫產，使債權人確實能拿到其請求之金錢、物或權利等等，係以保全程序中假扣押[1]為之，在本案還沒起訴前或起訴後判決確定前，為了確保金錢債權可獲清償，向法院聲請假扣押裁定，進而聲請假扣押執行。其二是金錢請求以外的權利，在本案還沒起訴前或起訴後判決確定前，向法院聲請對債務人於一定期間內禁止或強制其為一定行為，係以保全程序中假處分[2]為之。

　　而定暫時狀態假處分[3]係指的是在本案還沒起訴前或起訴後判決確定前，就債權人所爭執的法律關係，如果有必要為了防止重大危害或急迫的危險等情形的發生，而由法院作出裁定，先暫時維持一定的法律關係、或者是讓債權人先暫時實現所主張的權利。

　　定暫時狀態假處分所謂有爭執之法律關係，依最高法院之見解[4]，包

---

[1] 民事訴訟法第522條第1規定：「債權人就金錢請求或得易為金錢請求之請求，欲保全強制執行者，得聲請假扣押。」

[2] 民事訴訟法第532條第1規定：「債權人就金錢請求以外之請求，欲保全強制執行者，得聲請假處分」

[3] 民事訴訟法第538條第1項規定：「於爭執之法律關係，為防止發生重大之損害或避免急迫之危險或有其他相類之情形而有必要時，得聲請為定暫時狀態之處分。」

[4] 最高法院98年度台抗字第539號民事裁定：「所謂有爭執之法律關係，無論財產上或

括財產上或身分上之法律關係，其中財產上之法律關係，亦不以金錢請求以外之法律關係為限；也不論是否為繼續性之法律關係，範圍可謂相當廣泛，使得定暫時狀態假處分之請求事項（聲明）相當靈活，例如可以全面性地禁止相對人行使董事職權，或是僅特定禁止有股東會召集權之相對人召開股東會等等。

於爭奪公司經營權之情形，未取得經營權的一方，於股東會後，時常會有向法院提起選任董監事之確認股東會決議無效之訴或請求撤銷股東會決議之訴，並先以定暫時狀態假處分為手段，請法院裁定禁止新當選之董監事行使職權，以防止本不該當選的董、監事行使職權，影響公司重大權益，其他於爭奪公司經營權常見之定暫時狀態假處分請求，如禁止召開特定股東會、禁止轉讓特定股份、禁止行使特定表決權等等，因此，定暫時狀態假處分為爭奪公司經營權重要之保全程序手段，甚至是最重要的民事訴訟程序。

貳、定暫時狀態假處分實務適用之問題

一、形同本案之請求提前於定暫時狀態假處分程序中審理

保全程序中，金錢請求以外的權利，即作為、不作為之請求，對於特定狀態之維持或剝奪，「時間經過」係需要特別著重的觀點，而「時間經過之特性」無法如同給付金錢或物之請求一樣，倘若嗣後請求權人之請求經判決確定不成立或無效，尚得以請求給付並加計利息之方式回復原狀加以補救，蓋時間經過之回復原狀顯有困難。於董監事、經理人、股東身分之維持或剝奪之訴訟中，以民事訴訟一個審級通常進行一年至一年半左右的時間，在此一年半的時間，尤其係身分繼續維持的狀態下，回復原狀顯

身分上之法律關係均屬之，其為財產上之法律關係者，亦不以金錢請求以外之法律關係為限；又繼續性之法律關係固無論，即令非屬繼續性之法律關係，祇要為防止發生重大之損害，或避免急迫之危險或有其他相類之情形而有必要，且得以本案訴訟確定時，即得聲請為該項處分。」

然無望，例如若法院定暫時狀態假處分之裁定結果係容任某董事長得繼續行使職權，對該董事長而言，不論嗣後本案請求勝敗訴與否，皆可做完該屆任期，於該任期內該董事長對外代表公司、對內行使職權，創造大量的法律關係，縱使嗣後本案訴訟認定撤銷該屆選舉董事之股東會決議，或是董事長與公司間委任關係不存在，要全數撤銷該董事長創造之法律關係，顯無可能。因此定暫時狀態假處分相較於本案訴訟而言，更是訟爭雙方兵家必爭之地。

二、同一事實重複認定，但證據法則之認定標準並非一致

（一）聲請定暫時狀態之處分需限期起訴[5]，亦即就定暫時狀態處分具「同一性」之請求與事實，向法院提出訴訟。實務運作上，聲請人必然是就該部分具有「同一性」之請求與事實之證據全數提出，例如本案訴訟係訴請撤銷該屆選舉董事之股東會決議、聲請定暫時狀態之處分係請求法院禁止相對人行使董事職權，則本案訴訟與聲請定暫時狀態之處分均需提出該屆股東會決議瑕疵之事實及證據，且事、證之內容幾乎係相同。

（二）然民事訴訟法規定，與通常程序之「證明」不同，聲請人須就聲請定暫時狀態假處分所請求之有爭執法律關係及定暫時狀態處分之原因，提出對於事實及證據達「釋明」之程度[6]，而釋明之程度，

---

[5] 最高法院109年度台抗字第391號民事裁定：「按聲請定暫時狀態之處分，經法院裁定准許後，債務人得向原法院聲請命聲請人限期起訴，聲請人不爲起訴者，債務人得聲請法院撤銷該定暫時狀態處分裁定，觀諸民事訴訟法第538-4條準用第533條、第529條規定即明。所謂未於期限內起訴，係指就定暫時狀態處分之紛爭事實及請求之聲明，具同一性之事件，向法院提出訴訟之謂。」

[6] 最高法院104年度台抗字第982號民事裁定：「原法院以：按債權人於爭執之法律關係，爲防止發生重大之損害或避免急迫之危險或有其他相類之情形而有必要時，以其本案訴訟能確定該爭執之法律關係者爲限，得聲請爲定暫時狀態之處分，固爲民事訴訟法第五百三十八條第一項、第二項所明定，惟依同法第五百三十八條之四準用第五百三十三條、第五百二十六條第一項、第二項規定，應釋明與債務人間有爭執之法律關係及定暫時狀態之處分之原因。所謂「定暫時狀態之必要」，即保全必要性，係指爲防止發生重大損害，或爲避免急迫之危險，或有其它相類之情形發

係指提出事證，使法院得薄弱之心證，信其事實上之主張大概為如此[7]。於公司經營權訟爭事件，聲請人聲請定暫時狀態處分僅須使

生必須加以制止而言。然損害是否重大、危險是否急迫或是否有其他相類之情形，應釋明至何種程度，始得以擔保金補足其釋明，應就具體個案，透過權衡理論及比例原則確認之，亦即法院須就聲請人因許可假處分所能獲得之利益、其因不許可假處分所可能發生之損害、相對人因假處分之許可所可能蒙受之不利益，及其他利害關係人之利益或法秩序之安定、和平等公益加以比較衡量。所稱「防止發生重大之損害」，通常係指如使聲請人繼續忍受至本案判決時止，其所受之痛苦或不利益顯屬過苛。其重大與否，須視聲請人因定暫時狀態處分所應獲得之利益或防免之損害是否逾相對人因該處分所蒙受之不利益或損害而定。聲請人因處分所應獲之利益或防免之損害大於相對人因該處分所受之不利益或損害，始得謂為重大而具有保全之必要性。查再抗告人主張財政部濫用公權力，違法以不當方式介入徵求及使用委託書，系爭股東會關於選任張明道等人為彰化銀行董事或獨立董事之決議，為有瑕疵等情，提出系爭股東會開會通知書、議事手冊、徵求委託書徵得股數統計表、彰化銀行一○一年、一○二年年報節本及相關新聞報導等件為證，然為相對人所否認，固可認兩造就系爭股東會相關決議是否有瑕疵之法律關係存有爭執，且再抗告人就定暫時狀態處分之請求原因，已為釋明。惟系爭股東會相關決議是否有效？是否具有得撤銷之事由？等情，非保全程序所得審究。至再抗告人提出之彰化銀行一○三年第一次股東臨時會議事錄，一○三年十二月十日、十六日重大訊息公告等件，均無法釋明張明道等人有何造成彰化銀行重大損害或急迫危險之行為，難認有防止發生重大損害或避免急迫危險或其他相類之情形。況再依利益衡量原則，再抗告人所受之損害，得以事後求償獲得填補；而彰化銀行若因定暫時狀態之處分，禁止張明道等人執行董事或獨立董事職務，有使該銀行董事會暨審計委員會之召開及決議均受影響之可能，且所生之損害甚大。兩相衡量，難認再抗告人有重大損害及急迫危險而有定暫時狀態處分之必要。是以再抗告人依民事訴訟法第五百三十八條規定，聲請為定暫時狀態之處分，不能准許等詞，因而維持台北地院之裁定，駁回其抗告，經核並無適用法規顯有錯誤之情形。再抗告論旨，仍就原法院上開認定再抗告人未能釋明張明道等人有何造成彰化銀行重大損害或急迫危險之行為，難認有防止發生重大損害或避免急迫危險或其他相類之情形；及經兩相衡量利害，難認再抗告人有重大損害及急迫危險，而有定暫時狀態處分必要之事實當否問題為指摘，核與適用法規顯有錯誤之情形無涉，抑且無涉及之法律見解具有原則上重要性。依首開說明，其再抗告，自不應許可。」

[7] 最高法院112年度台抗字第132號民事裁定「又證明與釋明在構成法院之心證上程度未盡相同，所謂證明者，係指當事人提出之證據方法，足使法院產生堅強之心證，可以完全確信其主張為真實而言，與釋明為當事人提出之證據未能使法院達於確信之程度，僅在使法院得薄弱之心證，信其事實上之主張大概為如此者有間，二者非性質上之區別，乃分量上之不同。是依當事人之陳述及提出之相關證據，倘可使法院得薄弱之心證，信其事實上之主張大概為如此者，自不得謂為未釋明。」

法院得薄弱之心證，即可於本案訴訟終結前保有或剝奪經營權，實有認定過程簡略、而裁定效果甚鉅之不合理的結果。

參、商業事件與定暫時狀態假處分

一、商業事件之特殊性

我國司法界定商業事件之範圍，幾乎均與公司有關，蓋公司制度不僅涉及對內董監事職權及股東權益、對外債權債務關係，更藉由各種投資渠道，影響投資人及市場，是就商業事件為特別之規定，實有其必要[8]。

二、商業事件審理法對於定暫時狀態假處分特別規定

依商業事件審理法之規定，與傳統民事訴訟法定暫時狀態假處分相同者，係聲請人仍須就定暫時狀態處分之原因、保全之必要性為釋明，此為新舊制度相同的部分。

新舊制度不相同者，係聲請人釋明不足時，於民事訴訟法，得由債權人供擔保，法院命其供擔保後為保全程序之裁定，但商業事件審理法於聲請人釋明不足的情形，係規定法院應駁回其定暫時狀態處分之聲請，亦即並無釋明不足以供擔保使法院繼續審酌的空間。另外，縱使聲請人已盡釋明義務，法院仍得命其供擔保後為定暫時狀態處分[9]。是以商業事件

---

[8] 重大商業紛爭之發生，不僅影響公司股東或債權人之權益，亦可能波及投資大眾市場，如未即時處理，甚或影響整體經商環境，降低我國經濟競爭力。是以，重大商業事件應交由統一審理商業事件之法院，以收迅速、妥適、專業處理商業紛爭之效。司改國是會議於106年5月22日決議，我國應推動設置商業法院，以使商業紛爭之裁判，符合專業、迅速、判決一致且具可預測性等要求。基於上開會議決議，司法院於107年間聘請民事訴訟法與商事法學者、律師、法官及行政機關代表，組成商業事件審理法研究制定委員會進行研議，並參酌各界意見，擬具商業事件審理法。（司法院網站：https://www.judicial.gov.tw/tw/cp-1686-80069-2d753-1.html）

[9] 商業事件審理法第64條：
第1項：「聲請定暫時狀態處分時，聲請人就有爭執之法律關係及防止發生重大之損

審理法對於定暫時狀態假處分相較於傳統民事訴訟法而言，特別加重聲請人之釋明義務，以及額外課予聲請人供擔保之義務，顯然對於聲請人較為嚴格。最後，於傳統民事訴訟法中，審酌保全必要性時，對於公益性之考量，並未以法明文規定，僅散見在立法理由中；於商業事件審理法，係以商業事件審理細則第36條第1項第4款明定審酌保全必要性須考量公益性[10]。

　　由上述可知，商業事件審理法針對定暫時狀態假處分程序「形同本案之請求提前審理」以及「作為、不作為請求於時間經過後難以回復原狀」採取加重聲請人之義務、考量公益目的以為因應，並已落實於實務判決中[11]。

害或避免急迫之危險或有其他相類之情形而有必要之事實，應釋明之：**其釋明有不足者，法院應駁回聲請。」**
第2項：「**聲請人雖已釋明，法院仍得命其供擔保後為定暫時狀態處分。」**

[10] 商業事件審理細則第36條：
「法院審理定暫時狀態處分之聲請時，就保全之必要性，應斟酌下列各款情事：
一、聲請人將來勝訴可能性。
二、聲請之准駁對於聲請人或相對人是否造成無法彌補之損害。
三、權衡處分與否對兩造現在及繼續損害之可能性及程度。
四、對公眾利益之影響。
定暫時狀態處分之方法，由法院酌量情形定之，不受聲請人聲明之拘束。
前項定暫時狀態處分之方法應以具執行可能且符合定暫時狀態處分之目的為限，不得逾必要之程度。」

[11] 最高法院108年度台抗字第210號裁定：「次按聲請定暫時狀態處分時，聲請人就有爭執之法律關係及防止發生重大之損害或避免急迫之危險或有其他相類之情形而有必要之事實，應釋明之；其釋明有不足者，法院應駁回聲請。法院審理定暫時狀態處分之聲請時，就保全之必要性，應斟酌下列各款情事：一、聲請人將來勝訴可能性。二、聲請之准駁對於聲請人或相對人是否造成無法彌補之損害。三、權衡處分與否對兩造現在及繼續損害之可能性及程度。四、對公眾利益之影響，亦為商業事件審理法第64條第1項、商業事件審理細則第36條第1項所明定。又所謂定暫時狀態之必要，即保全必要性，係指為防止發生重大損害，或為避免急迫之危險，或有其他相類似之情形發生必須加以制止而言。該必要性之釋明，應就具體個案，透過權衡理論及比例原則確認之，亦即法院須就聲請人因許可定暫時狀態之處分所能獲得之利益、與因不許可定暫時狀態之處分所可能發生之損害、相對人因定暫時狀態之處分之許可所可能蒙受之不利益及是否影響公共利益為比較衡量。」

三、大部分公司法案件不適用商業事件審理法

　　商業事件審理法對商業訴訟、非訟之範圍，依訴訟標的金額、是否為公開發行公司等等標準，有明確的規定[12]。公司經營權訟爭中，可能得依

最高法院112年度台抗字第874號民事裁定：「按因商業事件聲請定暫時狀態之處分，就有爭執之法律關係，及防止發生重大之損害或避免急迫之危險或有其他相類情形而有必要之事實，依商業事件審理法第64條第1項前段規定，聲請人應釋明之。又法院審理定暫時狀態處分之聲請時，就保全之必要性，應斟酌聲請人將來勝訴可能性、聲請之准駁對於聲請人或相對人是否造成無法彌補之損害、權衡處分與否對兩造現在及繼續損害之可能性及程度、對公眾利益之影響，商業事件審理細則第36條第1項亦定有明文。是商業事件聲請定暫時狀態之處分，關於保全必要性之釋明，應就具體個案，就前開審理細則所定各款情事，透過權衡理論及比例原則確認之，法院須就聲請人因許可定暫時狀態之處分所能獲得之利益與因不許可定暫時狀態處分所可能發生之損害、相對人因定暫時狀態處分之許可所可能蒙受之不利益，及是否影響公共利益為比較衡量。在涉及公司經營權之爭執事件，尤應深化聲請人之釋明責任。如聲請人主張股東會決議選任之董事有瑕疵，為避免違法產生之董事行使職權，損害公司及股東權益，而聲請禁止董事行使職權，聲請人即應釋明該董事就公司經營有重大失職情事，否則即難認就保全必要性已為釋明，而有定暫時狀態處分之必要。」

[12] 商業事件審理法第2條：「本法所稱商業法院，指智慧財產及商業法院；所稱商業事件，分為商業訴訟事件及商業非訟事件，由商業法院之商業法庭處理之。
商業訴訟事件指下列各款事件：
一、公司負責人因執行業務，與公司所生民事上權利義務之爭議，其訴訟標的之金額或價額在新臺幣一億元以上者。
二、因下列事件所生民事上權利義務之爭議，且訴訟標的之金額或價額在新臺幣一億元以上者：
（一）證券交易法之有價證券詐欺、財務報告或財務業務文件不實、未交付公開說明書、公開說明書不實、違法公開收購、操縱市場、短線交易、內線交易、不合營業常規交易、違法貸款或提供擔保。
（二）期貨交易法之操縱市場、內線交易、期貨交易詐欺、公開說明書不實、未交付公開說明書。
（三）證券投資信託及顧問法之虛偽、詐欺、其他足致他人誤信之行為、公開說明書不實、未交付公開說明書。
（四）不動產證券化條例之公開說明書或投資說明書不實、未依規定提供公開說明書或投資說明書。
（五）金融資產證券化條例之公開說明書或投資說明書不實、未依規定提供公開說明書或投資說明書。
三、公開發行股票之公司股東基於股東身分行使股東權利，對公司、公司負責人所

商業事件審理法，向法院聲請定暫時狀態處分之情形更少，依商業事件審理法第2條第1項之文義，似僅有：「一、公司負責人因執行業務，與公司所生民事上權利義務之爭議，其訴訟標的之金額或價額在新臺幣一億元以上者。四、公開發行股票之公司股東會或董事會決議效力之爭議事件。」兩款事由，足見尚有大量公司經營權訟爭案件須適用傳統民事訴訟法審理，對於緩和前述「定暫時狀態處分因證據法則而有認定事實過於簡略、而裁定效果甚鉅之不合理的結果」之改善有限。

肆、結論

一、立法論上之建議

於董監事遭保全處分之情形，得在經濟部公司（商業）登記及財稅登記網站上或其他公開方式揭露，註記該名董監事受保全處分限制之狀態及

生民事上權利義務之爭議事件，及證券投資人及期貨交易人保護機構依證券投資人及期貨交易人保護法規定，訴請法院裁判解任公司之董事或監察人事件。
四、公開發行股票之公司股東會或董事會決議效力之爭議事件。
五、與公開發行股票公司具有控制或從屬關係，且公司資本額在新臺幣五億元以上之非公開發行股票公司股東會或董事會決議效力之爭議事件。
六、因公司法、證券交易法、期貨交易法、銀行法、企業併購法、金融機構合併法、金融控股公司法、不動產證券化條例、金融資產證券化條例、信託法、票券金融管理法、證券投資信託及顧問法所生民事法律關係之爭議，其訴訟標的之金額或價額在新臺幣一億元以上者，經雙方當事人以書面合意由商業法院管轄之民事事件。
七、其他依法律規定或經司法院指定由商業法院管轄之商業訴訟事件。
商業非訟事件指下列各款事件：
一、公開發行股票之公司裁定收買股份價格事件。
二、公開發行股票之公司依公司法規定聲請選任臨時管理人、選派檢查人，及其解任事件。
三、其他依法律規定或經司法院指定由商業法院管轄之商業非訟事件。
與第二項事件相牽連之民事訴訟事件，得與其合併起訴，或於其訴訟繫屬中為追加或提起反訴。但專屬於其他法院管轄者，不得為之。
第二項所定數額，司法院得因情勢需要，以命令調整之。」

法院裁定之案號，以保障股東及債權人知悉之權利。

二、於現行制度下，以法院形成實務見解之方式，使關於經營權訟爭之定暫時狀態處分聲請之要件更爲嚴格

　　依前所述，商業事件審理法已課予聲請人較重之釋明義務，以及額外供擔保之義務，本文認為上開新修法確能有效督促聲請人於聲請前審慎提出，並於提出聲請後認真舉證，蓋於釋明不足之情形法院應駁回其聲請，形同給予聲請人敗訴判決。

　　惟尚有大量經營權訟爭並不適用商業事件審理法，此等與公司經營權有關之定暫時狀態假處分事件，得由司法實務形成較為嚴格釋明程度[13]，以及嚴格審酌保全必要性之見解，以緩和前述「定暫時狀態處分因證據法則而有認定事實過於簡略、而裁定效果甚鉅之不合理的結果」之弊端。

---

[13] 最高法院112年度台抗字第874號民事裁定：「在涉及公司經營權之爭執事件，尤應深化聲請人之釋明責任。如聲請人主張股東會決議選任之董事有瑕疵，爲避免違法產生之董事行使職權，損害公司及股東權益，而聲請禁止董事行使職權，聲請人即應釋明該董事就公司經營有重大失職情事，否則即難認就保全必要性已爲釋明，而有定暫時狀態處分之必要。原法院本於其取捨證據、認定事實之職權行使，認定抗告人雖就兩造間有爭執之法律關係存在，且本案訴訟將來有勝訴之可能性已爲釋明，惟准許抗告人本件聲請所獲得之利益或防免之損害，並未逾相對人、股東、投資大眾因此所蒙受之不利益或損害，難認有定暫時狀態處分之必要，因而駁回抗告人定暫時狀態處分之聲請，經核於法並無違誤。」

7

淺論複數表決權股之相關疑慮及未來展望

吳姮

壹、前言

近來經濟社會變遷下，公司經營模式變化萬千，為確保能夠充分掌握公司經營權，出現各種藉由發行不同種類股份方式以達掌握公司經營之目的，其中美國甚至出現雙重股權結構（Dual-Class Share Structure）制度之方式，藉由資金與表決權之分離而對公司實行有效控制手段。在雙重股權結構下，將公司之股份劃分為含不同程度表決權之特別股，並藉由掌握高表決權之股份來享有更多公司之決策權，達到掌握公司目的。

自2014年阿里巴巴公司因採用「合夥人制度[1]」不符合香港證交所上市規則放棄上市，轉而於美國紐約證交所申請上市之情事發生以來，亞洲各國對於公司上市規則是否需放寬等討論聲浪不斷。對此，我國公司法於2013年新增訂閉鎖性股份有限公司專節時，將複數表決權股之發行規定納入該專節中，而後於2018年公司法修正時，將特別股之發行種類加以放寬，增訂非公開發行股票之公司亦得發行複數表決權股，希冀藉由多元種類之特別股，提供公司更多樣化之選擇及自治空間，以符合企業之所需。是以在現行公司法之下，非公開發行股票公司得以發行具複數表決權之特別股，達到類似雙重股權結構之情況。然現行公司法下，因僅限非公開發行股票公司得以發行複數表決權股，排除公開發行股票公司之適用，未來

---

[1] 此為阿里巴巴公司所創設之合夥人制度（又稱湖畔合夥人制度，Lakeside Partners），合夥人團隊僅持有公司13%股權，但基於合夥人與主要股東間之股權協議，以馬雲為首的阿里合夥人享有大部分董事會成員之任命權，集體成為公司的實際控制人。換言之，該公司雖只發行一種股票，卻藉由協議而實現「雙重股權結構股票」之情況，形成「同股不同權」構架。

是否擴張適用至上市公司，不無可能。

在私法自治、契約自由原則下，公司有權利與股東訂立不同種類之入股契約（例如閉鎖性公司之限制轉讓股），然而回歸股份制度與表決權二者之關聯性，究竟傳統大陸法系國家所採取之「一股一權（表決權）」即屬股份制度之根本原則，還是因政策性考量而作一股一權之立法，仍有疑義。

此外，歐盟於2024年2月14日，歐洲理事會同意將複數表決權指令納入《上市法》，該指令允許複數表決權股份作為最低限度的協調。歐洲議會於2024年4月24日達成協議，而歐盟成員國廣泛地接受複數表決權股票。例如德國於2023年12月通過相關法律，大幅度允許複數表決權股票，但僅對上市公司進行明確限制，以保護其他股東。法國及義大利亦於2024年頒布了相關法律[2]。

自2018年修正公司法後，至今已逾5年有餘，本文欲藉此討論複數表決權股之立論根基，重新思考複數表決權股制度，並就現行法規範下所產生之相關疑慮，提出建議。

貳、股份、股東與表決權之關聯

一、股份與股東

人合公司型態中（例如有限公司），股東藉由出資之入社行為成為公司所有人，對於公司之股東權彰顯於其對於公司所挹注之資金上，並基於社團之特性，股東依據自身對於公司之股東權行使表決權。是以在人合公司型態中採用「人頭」即股東本身作為計算基準，各股東皆享有相同之表決權，並得以行使相同表決權而有股東平等原則之適用。

---

2 Multiple-voting shares in Europe-A comparative law and economic analysis, *Posted by Klaus J. Hopt (Max Planck Institute) and Susanne Kalss (Vienna University of Economics and Business), on Wednesday, July 31, 2024, Harvard Law School Forum on Corporate Governance.*

而在採用「股份制」之股份有限公司，則係以「股份」作為單位基礎，股份作為股份有限公司之資本構成單位，同時也是股東的出資單位、股東權的單位，代表股東的法律地位。股東藉由挹注資金之入股行為而取得公司股份作為對價，成為公司所有者，對於資金的所有權因股份制度而轉化為股東權，股份則成為表彰股東權單位之表徵，將股東權彰顯於股份之上。

二、股份與表決權

最能將股東權展現在外的方式，即為「表決權」之行使。股東基於對公司的股東權，藉由表決權之行使而彰顯於外在。

人合公司與股份有限公司雖皆為社團法人，股東藉由出資成為社團之構成員，可藉由行使表決權方式來彰顯對公司的股東權，然二者最大差異點在於表決權存在方式，前者人合公司採用「一人一票、票票平等」之股東平等原則，即每一股東不問出資金額多寡，均有相同之一表決權，表決權存在於股東本身；而後者雖同樣認為表決權屬於股東權之一部分，然其表決權之數量則依據股東持有之「股份」計算，並採用「一股一權」之股份平等原則，即每一個股份僅存在一個表決權數，股東則基於其所持有股份之多寡而享有不同之表決權數。

在此種表決權存在形式之差異點下，股份有限公司因採用股份制度而有別於一般社團法人型態，社團之社員權應存在於社員身上的原則，在股份制度下，社員權（股東權、表決權）之行使需依據股份數作為判斷，致使形成認股不認人特殊形態。此種權利轉換之設計係股份制度本質上之理應如此，還是為因應資本規模龐大、股份數量多之股份有限公司型態，在成本管理考量、公平原則或吸引外部投資等之政策目的之下，特以立法設計以股份來彰顯權利而非存在於股東本身，此二種說法對於股份上權利之設計，甚至表決權數之多寡與否影響重大而似有討論空間。換言之，股份制度在本質說與政策說二者之下，對於是否可形成複數表決權而有所不同立論方式。

參、股份平等原則

　　在傳統的大陸法系中（例如德國、日本及我國），多認為一股一表決權為股份制度之基本原則，且規範於公司法中[3]。股份有限公司藉由股份制度，將股東之出資轉換為股份，再由股份多寡決定對公司的支配能力，並在每股金額應歸一律之前提下，股東出資相同時應享有相同影響力（即表決權），即所謂股份平等原則。

　　股份有限公司在具有「資合公司」之性質之下與「人合公司」不同，傳統社團概念下所產生之一人一票、票票等值之股東平等原則，在股份有限公司中則成為一股一權之股份平等原則。又為保障實質平等，公司在不同時期、因不同需求而賦予不同之負擔與條件來籌措資金時，得藉由發行不同之特別股來籌措資金。是以，公司可發行無表決權及限制表決權之特別股，此種特別股雖係針對股份之表決權有所限制，惟僅係針對「表決權之行使」做限制，不得表決或是限制表決，該股份上之表決權仍然存在，即此種特別股本質上仍屬一股一表決權，並未違反一股一權之要求[4]。

　　在英美法體系之下，基於私法自治、契約自由原則，多認為應放寬公司治理之限制。公司在經營過程中接受外部資金挹注，或在增資過程中形成股權稀釋現象，此現象易造成公司經營權轉讓，為保障家族企業或鼓勵新創產業，維持其對公司之控制權及經營管理，避免在對外增資時產生股權稀釋情形，一直以來都是課題，美國公司實務中也藉由產生各種方式來達成該目的。除在閉鎖公司中賦予公司發行轉讓限制股外，尚包括發行複數表決權股或對特定事項具否決權之股份。

　　對於英美法體系中股份可以藉由契約設計來決定表決權數之不同，與

3　如我國公司法第197條第1項規定：「公司各股東，除本法另有規定外，每股有一表決權。」

4　對於無表決權股，例如公司法第179條第2項規定無表決權之股份，係採取股份休止說，該股份僅係不得行使股份表決權，而非股份之表決權消滅。

傳統對於股份有限公司之社團法人性或資合性有所不同，因此股份平等原則是為股份制度之本質，還是基於公平原則或公司管理之便利而作政策性考量之規範，值得深入探討。

肆、股份平等原則與複數表決權股

在一股一表決權之股份平等原則下，禁止複數表決權股（Multiple voting right shares）之產生。公司可自由發行限制表決權股或無表決權之特別股，但不得發行複數表決權股，此為股份平等原則下理應如此之解釋，倘若得以發行複數表決權股，則將造成不平等之表決權，打破股份平等原則。此為傳統大陸法系國家包含德國及日本所採用。

近年來因英美法體系國家中，為維持公司控制權及經營管理，並藉以掌握公司重大事項，出現雙重股權結構之設計，公司發行表決權數高低不同之股份，表決權數較高的股份由創辦人或管理層持有，表決權數較低甚至無表決權股，則由一般投資人持有。在各國經濟貿易頻繁下，雙重股權結構之公司型態逐漸影響各國公司法之發展，例如法國於2014年3月通過、2015年施行的Florange Act，除經三分之二以上的股東投票決議反對外，原則上持有股份超過兩年之股東依法即享有雙重表決權（double voting rights）。該法案係為獎勵對公司忠實之股東，並鼓勵長期投資等政策目的下，特別立法賦予特定情形下方得以轉為複數表決權股，因此該股份又稱為忠誠股（loyalty shares），而並非如同美國公司實務上，公司一開始即可基於契約自由原則而發行複數表決權股。

2024年4月歐盟通過將複數表決權（multiple-voting shares）指令納入《上市法》（Listing Act），該指令允許複數表決權股份作為最低限度的協調。根據該指令，歐盟成員國法律須引入複數表決權股票（根據其公司章程）的唯一公司是那些考慮在MTF首次上市的公司。必須授權複數表決權股份的規定僅與MTF准入階段相關。主要的考量在於，儘管公司股票最終上市，但股票的創始人和原始所有者應該能夠在首次公開募股之外

發揮重大影響力。然該指令包含各種強制性保障措施。該指令規定，引入複數表決權股份的決定，應由國家法律規定之股東會多數決同意。複數表決權股份必須開放給所有法人實體。

　　因此，在各國逐漸放寬立法規範的情況下，究竟是如同英美法上基於契約自由、公司治理原則，賦予公司自行創設或發行不同決權之股份，還是如法國法基於特定政策目的，應加以研究。此外，複數表決權股除違反股份平等原則外，因公司仍係對外募集資金，此種不公平股份之發行，除保障公司之經營外，對於外部投資人之保護亦考量。

伍、複數表決權股之相關疑慮

　　我國僅於公司法第157條規定「公司發行特別股時，應就下列各款於章程中定之：四、複數表決權特別股或對於特定事項具否決權特別股。」關於複數表決權股之規定僅單純一條，其餘相關配套措施皆未加以規範。

　　參考本條修正理由：「為提供非公開發行股票公司之特別股更多樣化及允許企業充足之自治空間」參酌閉鎖性公司規定放寬對特別股之限制，惟「考量放寬特別股限制，少數持有複數表決權或否決權之股東，可能凌駕或否決多數股東之意思」、「為保障所有股東權益，並避免濫用特別股衍生萬年董事或監察人之情形」、「亞洲大多數國家對於發行複數表決權或否決權之特別股仍採較嚴謹之規範」，公開發行公司仍不予適用。是以從修正理由觀察，我國公司法雖放寬措施，卻僅將其限制於非公開公司適用，並認為複數表決權股份之發行，對於非公開公司而言係屬有利而無害之情事。

　　然而對於現行複數表決權股之疑慮，主要在於修正時並未同時規範相關配套措施，致使產生股東及外部投資人資訊保障不足等疑慮。由於現行法對於章程中定訂複數表決權股之發行並未有任何限制，尤其對於複數表決權股之發行比例、表決權數之差異等，皆屬公司內部自治事項，因此公司可藉由此種特別股之持有，表決權之多數而侵害一般普通股股東之權

益。

　　然有學者認為，過度強調雙層股權結構所帶來的弊病而易忽略其優點，例如所謂「凌駕多數股東之意思」，依現行公司法，無論是否為公開發行公司，皆可利用無表決權股或限制表決權之特別股而為雙層股權結構，此種狀態下產生的負面效果較複數表決權股強烈，故單純限制複數表決權股之發行似無正當性[5]。

　　再者，現今科技產業發達，科技產業、新創產業多藉此種股權結構幫助公司之萌芽、成長。此種公司高度依賴管理階層之特殊知識或市場經驗，由原創辦團隊繼續管理公司，有助於公司未來發展，對股東亦為益事，故採用此方式引進資金，亦可同時達到原創辦團隊繼續經營管理公司，對雙方皆有利。故只要加以規範相關配套措施（即公開資訊），則可保障股東及投資人之權益。

　　現行法之下，我國公司法第179條賦予非公開公司可發行複數表決權股及特定事項具否決權特別股，又參照經濟部函示[6]，依舉重以明輕之法理，公司法並未限制發行就特定事項具複數表決權，或排除特定事項具複數表決權之特別股，是以公司可以發行對特定事項具否決權之複數表決權股，進而使特定人持有此種具壓倒性、高掌控力之特別股。

　　然而，雖現行法將複數表決權股僅限制於非公開發行公司，雖為有效監督公司營運，限制該複數表決權之行使，於監察人選舉時回歸與普通股股東相同之表決權，認為在監察人選任上仍可保有中立之監察人產生，以達到避免濫用表決權影響公司之可能。又對於複數表決權股份之轉讓，我國並未有明文規範，我國僅規定非公開公司得以「發行」，並未規範不得轉讓或是轉讓限制，是以其轉讓後之表決權數係如同英美法般，經轉讓即回歸為普通股，亦或是仍維持複數表決權股，尚有疑慮。

　　另外，因現行法僅限於非公開公司得以發行，但若公司需轉為公開發行股票公司，原本複數表決權股票應當然轉為普通股而無複數表決權，就

---

[5]　朱德芳，雙層股權結構之分析——以上市櫃公司為核心，月旦法學雜誌，2018年3月，頁160。

[6]　參照經濟部109年8月13日經商字第10902421340號函。

此點未來是否放寬至公司轉為公開發行股票公司後，原於非公開發行股票期間所發行之複數表決權股仍有保有複數表決權，似有討論空間。

再者，從平等原則角度出發，過去在一股一權原則之下，公司雖可發行無表決權及限制表決權股，然為維持公平原則，此種特別股股東在盈餘分派時之順序優於普通股股東，即其在表決權所受之差別待遇，在盈餘分派的時候給予補償。然對於複數表決權股東而言，其已在表決權方面享有優於普通股股東，享受較高之優惠卻無其他受限制，與平等原則似有所違。

此外，我國對於複數表決權之行使場合，除監察人選任外，並無任何限制，換言之，除了監察人選任外之任何股東會得以決議事項，皆可行使複數表決權股。然而此種無限制之行使，似有侵害股公司之可能，尤其是關於公司法第185條攸關公司重大營運事項，或是財務報表之承認、變更章程等事項。是以參考外國立法例，有認為在會計師任命或涉及財務相關事項（例如年度財務報表、薪酬發言權投票）等情況下，須回歸普通表決權而不得行使複數表決權來影響介入[7]。對此我國在複數表決權之行使場合上，是否須進一步限制可行使表決之內容，似有討論之必要。

陸、結論

在股份制度中，股份所彰顯的是股東的股東權。公司採取股份制後，所有權利的行使均依賴於「股份」，包括表決權、紅利請求權等各項股東權利。股份制在設立時，基於公平原則，賦予每一股股份相同的權利，這是一種普遍適用的基本法理。如果對某些股份的權利進行限制（但非剝奪），則會在其他方面（如股利分紅等）進行補償。然而，英美法系

---

[7] Multiple-voting shares in Europe -A comparative law and economic analysis, *Posted by Klaus J. Hopt (Max Planck Institute) and Susanne Kalss (Vienna University of Economics and Business), on Wednesday, July 31, 2024, Harvard Law School Forum on Corporate Governance.*

下所創設的複數表決權制度,與「股份制」的公平原則相矛盾。這種制度不僅為某些特別股份賦予複數表決權,其他股東的權利並未因此受到限制,導致特別股與普通股之間的待遇迥異,形成了極為不對等的局面。

由於複數表決權制度的設計與股份制中公平原則相悖,因此在公司法中將其立法規範存在相當之困難,尤其是在上市公司層面的實施。複數表決權制度的主要目的在於賦予經營者或創業者保有公司控制權的能力,但此目的與保障一般股東公平權益的原則相比,似乎存有不足之處。是以本文認為,複數表決權股份與股份制的基本原則存在本質上的背離,而我國公司法將此納入之方式,較像是法國法或德國法中,基於特定政策考量所進行的特別立法規範。

在國際公司法修正趨勢下,尤其是歐盟於2024年通過之相關指令,促使原本屬於大陸法系的德國放寬對非公開公司發行複數表決權股份之限制。同時,法國、義大利等國家,這些原本已有複數表決權股份規範的國家,也進一步放寬政策,允許發行此類股份的公司進行上市。儘管我國已經開放非公開公司發行複數表決權股份,然就相關規範而言,仍有必要重新思考其定位,並深入探討是否應設立適當的上市條件及相關配套措施。

既然我國所增訂的複數表決權股份制度,係為因應特定政策目的而設立,在相關配套措施之安排上,必須充分考量如何保護現有股東的權益,尤其是在表決權與所有權差距過大,或是雙層股權結構在公司發行(或未來允許其上市)後持續過長期間之情況下,可能會導致公司內部代理成本逐漸上升。對此本文建議,未來我國在修訂公司法中複數表決權之相關規範時,可參考歐盟於2024年所通過的相關指令,以及德國和其他歐陸國家在納入複數表決權制度後所設立的配套措施。具體而言,應設計複數表決權股的落日條款,並要求涉及公司關鍵事項或核心治理問題時,必須回歸一股一權的表決方式。此外,應課予公司一定程度之資訊揭露義務,並對此類公司上市設置一定的限制條件。

8

淺論有限公司之閉鎖性

莊曜隸

壹、前言

　　我國企業組織型態，一般分為「獨資商號」、「合夥」、「有限合夥」、「公司」，而公司分為無限公司、兩合公司、有限公司、股份有限公司，無限公司與股份有限公司分別為人合公司及資合公司之典型，可謂光譜之兩端，而人合公司一般具有合夥性濃、股東地位移轉困難、企業所有與經營合一之特徵，資合公司則一般具有法人性濃、股東地位移轉容易、企業所有與經營分離之特徵；有限公司對外之信用基礎著重於資本，其出資種類有現金、對公司所有之貨幣債權、公司所需之財產或技術（公司法第99-1條規定參照），不包含信用出資，且股東係以其出資額為限負有限責任（公司法第99條第1項規定參照），故法人性濃，屬於資合公司之類型，但其出資額轉讓必須得其他股東過半數或三分之二以上同意始得為之（公司法第111條第1、2項規定參照），可認為股東地位移轉並非容易，且其董事資格必以具備股東身分為前提（公司法第108條第1項規定參照），故**有限公司一般被認為係帶有人合色彩之資合公司，具有閉鎖性，著重於維持股東相互間密切且信賴關係**，本文以出資額轉讓之限制、出資額轉讓之優先購買權、出資額之拋棄，以及增資加入新股東等議題為探討有限公司之閉鎖性，並兼論**出資額轉讓之僵局及解決**。

貳、出資額轉讓之限制

一、非董事之一般股東

依照公司法第111條第1項規定：「股東非得其他股東表決權過半數之同意，不得以其出資之全部或一部，轉讓於他人。」非董事之一般股東轉讓其出資額時，必須得其他股東表決權過半數同意，始得轉讓。

二、董事

依照公司法第111條第2項規定：「董事非得其他股東表決權三分之二以上之同意，不得以其出資之全部或一部，轉讓於他人。」董事轉讓其出資額時，必須得其他股東表決權三分之二以上同意，始得轉讓。

三、是否有例外情況

(一) 法院依強制執行程序將股東出資額轉讓他人

公司法第111條第4項規定：「法院依強制執行程序，將股東之出資轉讓於他人時，應通知公司及其他股東，於二十日內，依第一項或第二項之方式，指定受讓人；逾期未指定或指定之受讓人不依同一條件受讓時，視為同意轉讓，並同意修改章程有關股東及其出資額事項。」

(二) 轉讓給原有股東是否仍應受限制？

最高法院112年度台上字第695號民事判決探否定說，認為公司法第111條第1、2項規定之立法目的在於有限公司之閉鎖性，應維持股東間之和諧與信賴，而股東間相互轉讓出資額並不會破壞其閉鎖性，且同屬人合性質之合夥，合夥人轉讓出資額亦無須得其他合夥人同意，又基於保障人民財產自由轉讓之財產權，應目的性限縮公司法第111條第1、2項所稱「他人」之解釋應為「有限公司之原有股東以外之人」，故股東間相互轉

讓出資額並不受公司法第111條第1、2項規定限制，此一見解值得肯定[1]。

(三) 繼承所生之出資額轉讓是否受限制？

1. 肯定說：其認為本條所稱「轉讓」應包含所有有償、無償之權利移轉行為，由出資轉讓限制目的在於維持股東間和諧信賴關係，原股東之繼承人或遺贈之相對人，未必為其他股東信賴，故採肯定見解[2]。

2. 否定說：繼承是基於法律規定所生效力之移轉，解釋上應不受此項轉讓之限制，且有限公司股東於出資時，應被視為已有此繼承之預見，結果尚稱合理，無難以預防之情事[3]。另外，經濟部亦同採否定說[4]。本文亦

---

[1] 最高法院112年度台上字第695號民事判決：有限公司具有閉鎖性之特質，為維持股東間和諧及信賴關係，於系爭出資轉讓行為時之公司法（即69年5月9日修正之公司法，下稱修正前公司法）第111條第1項、第2項前段明定：「股東非得其他全體股東過半數之同意，不得以其出資之全部或一部，轉讓於他人；前項轉讓不同意之股東有優先受讓權」。嗣公司法雖於107年8月1日修正第111條規定，然僅將修正前公司法同條第1項之「其他全體股東過半數」修正為「其他股東表決權過半數」，以符同法第102條關於有限公司股東行使同意權之規定，並將原第2項移列為第3項，僅為文字及項次之微調，首揭立法目的並無不同。本諸憲法第15條保障人民財產權之旨意，除有其他更應受保護之法益外，應確保人民就其財產有自由使用、收益及處分之權能，不能任意限制。參以同具人合團體性質，著重成員間相互信賴之合夥，其合夥人間之股份轉讓，毋需經他合夥人全體之同意，此觀民法第683條規定自明。而有限公司股東間出資額之讓與，既未違背有限公司之閉鎖性，亦不影響原有股東間之信賴關係，又可適度補救有限公司無退股制度之缺陷，即無予以限制之理。是修正前公司法第111條第1項規定，就受讓人為公司股東之情形，未設有除外規定，存有隱藏之法律漏洞，而應加以目的性限縮，將該條項所謂之「他人」，解為係指該有限公司原有股東以外之人。故有限公司之股東將其出資轉讓於公司之其他股東時，自不受限制，而得自由為之。

[2] 林國全，現行有限公司法制解析，政大法學評論，第73期，2003年3月，頁67-68，轉引自劉連煜，現代公司法，2018年9月，頁704。

[3] 劉連煜，前揭註2。

[4] △有關有限公司股東死亡，公司申請繼承登記期限應自何日起算逾期疑義。
（註：107年修法後，公司法第387條第6項修正移列至同條第4項。）
按公司之股東死亡時，依民法規定為繼承之開始，所有被繼承人財產上之一切權利義務，均由繼承人承受。惟基於繼承人之財產繼承登記須經較長之程序方為確定，為利公司及死亡股東之繼承人辦理出資額變更登記事宜，有關股東死亡之出資額變更登記事項可於取得遺產稅證明書起15日內向公司登記主管機關申請為變更登

認為繼承本不涉及轉讓，當然不受限制。

(四)遺贈所生之出資額轉讓仍受限制

理由為其法律性質似難與繼承同等看待[5]。

(五)終止借名登記後所生之出資額轉讓不受限制

理由為其與合意轉讓之情況有別[6]，經濟部亦同此見解[7]。

記，逾期則有公司法第387條第6項規定情事。至死亡股東如另擔任董事（長）者，其董事（長）之解任登記應於其死亡之次日起15日內向公司登記主管機關申請之。本部80年9月5日商222268號函不符部分不再援用。（經濟部91年1月24日經商字第09002284740號函）

[5] 劉連煜，前揭註2。

[6] 劉連煜，前揭註2，頁704-705。

[7] △經法院判決確定，雙方當事人間之借名登記法律關係已終止，應將登記之系爭出資額移轉登記，並偕同辦理出資額變更登記，則與公司法第111條第1、2項規定合意轉讓之情形有別，應無該條之適用。公司自得持上開確定判決向登記機關申請辦理相關變更登記。
　一、按公司法第111條第1、2項規定：「股東非得其他全體股東過半數之同意，不得以其出資之全部或一部，轉讓於他人。」、「前項轉讓，不同意之股東有優先受讓權，如不承受，視爲同意轉讓，並同意修改章程股東及其出資額事項。」。是以，有限公司股東之出資轉讓，應經其他全體股東過半數之同意，乃屬附有條件始得轉讓。惟上開規定，係就股東出資額合意轉讓所爲規定；如該出資額本即無轉讓之事實，自與此一規定情形有別，合先敘明。
　二、爰依本案卷附臺灣臺北地方法院105年度訴字第880號民事判決略以：「按借名登記，乃當事人約定一方將自己之財產以他方名義登記，仍由自己管理、使用、處分，他方允就該財產爲出名登記之契約……。」是以，本案經法院判決確定，雙方當事人間之借名登記法律關係已終止，蔡○玲應將登記爲其名義之系爭出資額移轉登記予蔡○宏，並偕同辦理出資額變更登記，則與上開公司法第111條第1、2項規定合意轉讓之情形有別，應無該條之適用。公司自得持上開確定判決向登記機關申請辦理相關變更登記。
（經濟部106年4月17日經商字第10602016280號函）

參、出資額轉讓之優先受讓權

一、法律依據

公司法第111條第1至3項規定：「股東非得其他股東表決權過半數之同意，不得以其出資之全部或一部，轉讓於他人。」、「董事非得其他股東表決權三分之二以上之同意，不得以其出資之全部或一部，轉讓於他人。」、「前二項轉讓，不同意之股東有優先受讓權；如不承受，視為同意轉讓，並同意修改章程有關股東及其出資額事項。」，故有限公司股東轉讓出資額時，除應得其他股東過半數或三分之二以上同意始生效力外，不同意轉讓之股東並享有優先受讓權。其目的在於維持有限公司之閉鎖性，避免他人任意進入以影響股東間之和諧信賴。

二、倘若有限公司股東轉讓出資額與原股東之一，則不同意股東是否有優先受讓權？

試舉例說明，A有限公司有股東甲、乙、丙三人，今甲轉讓其在A公司之出資額給乙，丙得否享有公司法第111條第1、2項之優先受讓權？

採肯定說者之理由為，依公司法第111條第1、2項所稱「他人」之文義解釋，應該是指出讓出資者以外之人，當然包含原股東。

採否定說者則是認為公司法第111條第3項優先受讓權之立法目的在於維持公司閉鎖性，股東間相互轉讓出資額之情況並不會破壞公司閉鎖性，自無賦予股東優先受讓權之必要，故公司法第111條第1、2項「他人」是專指原股東以外之人。

本人亦認為參酌上開最高法院112年度台上字第695號民事判決，既然股東間相互轉讓出資額並非公司法第111條第1、2項轉讓「他人」之情形，自然也就不符合同法條第3項所稱「前兩項轉讓」之情況，不同意股東自然也就沒有優先受讓權可言，宜採否定說。

故本案例，股東甲轉讓出資額給股東乙，並無破壞公司閉鎖性之問

題，無庸賦予股東丙優先受讓權，丙自不得主張其有優先受讓權。

三、公司法第111條第3項優先受讓權是否以第1、2項股東過半數或三分之二以上同意爲必要？

試舉例說明，A有限公司有股東甲、乙、丙、丁、戊，董事爲戊，今甲欲轉讓出資額給原股東以外之人己，除甲以外，並未有人同意，則不同意之股東可否行使優先購買權？

採否定說者認爲本法條之優先受讓權之行使，係以出資額轉讓已生效（即已經其他股東過半數或三分之二以上同意）爲前提（此有最高法院110年台上字第2816號民事判決[8]、臺灣高等法院臺中分院93年上字第352

---

[8] 最高法院110年台上字第2816號民事判決：按有限公司具有閉鎖性，爲維持股東間相互密切及信賴關係，公司法第111條第1項、第3項分別規定：「股東非得其他股東表決權過半數之同意，不得以其出資之全部或一部，轉讓於他人」、「前二項轉讓，不同意之股東有優先受讓權；如不承受，視爲同意轉讓，並同意修改章程有關股東及其出資額事項」，以限制股東對於其出資額不能完全自由轉讓。其中第3項前段所謂「不同意之股東有優先受讓權」，就非董事之一般股東出資額轉讓，係指其轉讓經其他全體股東表決權過半數之同意後，如有不同意之股東，方有本項之適用。倘若股東之出資額轉讓未得其他全體股東表決權過半數同意，即無本項之適用。又第3項後段「如不承受，視爲同意轉讓，並同意修改章程有關股東及其出資額事項」之規定，係爲解決股東出資轉讓之股東同意與公司變更章程時之股東同意，異其要件所可能產生之齟齬而設。蓋股東姓名及其出資額爲有限公司章程之絕對必要記載事項（公司法第101條第1項第3款、第4款），則股東轉讓其出資時，勢必導致章程之變更；惟公司章程之變更，須經股東表決權三分之二以上之同意（公司法第113條第1項），此與股東轉讓出資所規定同意之股東表決權數互有出入，造成出資額轉讓後，可能因少數股東反對致無法修正章程之難題（公司法第111條立法理由參照）。原審本此論斷鍾國興轉讓出資額因未經被上訴人之同意而不生效力，無公司法第111條第3項規定之適用，更不能以被上訴人未優先受讓出資額，即認其已同意鍾國興將出資額轉讓予鍾嘉興等3人，進而以上述理由爲上訴人不利之判決，依上說明，於法並無違背。上訴論旨，徒以原審取捨證據、認定事實之職權行使暨其他贅述而與判決基礎無涉之理由，指摘原判決違背法令，求予廢棄，非有理由。末查，上訴人並未舉出本院就公司法第111條關於股東出資轉讓見解歧異之裁判，其以統一歧異見解爲由，聲請提案予民事大法庭，經核與法院組織法第51-4條規定之要件不符，附此敘明。

號民事判決可資參照）。[9] 除了甲以外，並未有人同意轉讓出資額，轉讓不生效力，當無庸賦予不同意股東優先受讓權。

　　採肯定說者，則認為**依照公司法第111條第3項「如不承受，視為同意轉讓」之文字，應認為本法條之優先受讓權之行使，不以出資額轉讓已生效（即已經其他股東過半數或三分之二以上同意）為前提，否則法條即無須規定「視為同意轉讓」，該段文字即無意義。**

　　上開最高法院採否定說之見解固非無見，但如此解釋，將發生當一位股東不欲繼續參與、轉讓出資又未能獲得其他股東過半數同意之情況下，又因不能退股而使出資額轉讓陷入僵局；而採肯定說見解，**縱使在股東轉讓出資額未獲其他股東過半數或三分之二同意之情況下賦予不同意股東優先受讓權，仍然可以保障有限公司維持其閉鎖性**，故本文認為應以肯定說較為可採。

　　故本案例，股東甲欲轉讓其出資額給己，乙、丙、丁、戊不同意，仍得行使優先受讓權，如不行使優先受讓權，則依法視為同意轉讓，甲即得轉讓出資額與己，可避免出資額轉讓陷入僵局。

肆、出資額之拋棄

　　當有限公司股東不欲繼續持有出資額，轉讓出資額又無法得到其他股東過半數之同意，又因有限公司並無退股制度，試問**該股東能否自由拋棄其出資額？**此一問題向有爭議。

　　依照臺灣高等法院100年度上字第309號民事判決係認為拋棄出資額與轉讓出資額相同的是股東不再持有出資額，本於相類事實應為相同處理

---

[9] 臺灣高等法院臺中分院93年上字第352號民事判決：按有限公司因具有閉鎖性，是公司法第111條之規定，有限公司股東出資額之轉讓，應得其餘全體股東過半數之同意，方可為之，以維持股東相互間密切及信賴關係。故有限公司股東出資之轉讓不能完全自由，須獲得其他股東之同意，此為有限公司股東轉讓出資之生效要件。除此之外，如未具備公司法第一百十一條之生效要件，即無同條第二項不同意股東優先受讓之問題。

之法理，**應類推適用公司法第111條第1、2項規定**[10]，**亦即依現行法應得其他股東過半數或三分之二以上同意。**

另外，臺灣高等法院102年上字第958號民事判決則認為**股東為出資額之拋棄者，因拋棄之出資額不得解為有限公司取得，應屬公司資本之縮減，自應適用公司法第106條第4項有限公司減資規定，即需經全體（現行法為過半數）股東同意後始得生效。**[11]

學者則認為**拋棄出資額，公司資產並未有所下降，似不應與減資作相同處理，且拋棄出資額亦不涉及新股東加入，與維持公司閉鎖性無關，似應承認股東可單方面拋棄出資額，不須任何限制**[12]。

然而，若肯認出資額拋棄制度，其所拋棄之出資額歸屬將是個問

---

[10] 臺灣高等法院100年度上字第309號民事判決：有限公司股東拋棄其出資額者，公司法無明文限制或禁止規定，惟因有限公司具閉鎖性，有維持股東相互間密切且信賴關係之必要，且參酌公司法第111條第1項規定，股東非得其他全體股東過半數之同意，不得以其出資之全部或一部，轉讓於他人。故股東拋棄出資額，與轉讓出資額之情形，二者固然不盡相同；但就股東不再持有出資額之情形而言，則屬於相類似事實，且依「資本確定、資本維持及資本不變原則」之同一規範目的，即應為相同之處理，故應類推適用公司法第111條第1項規定，認為股東出資額之拋棄不能完全自由，必須獲得其他全體股東過半數之同意。是上訴人主張其拋棄出資額，並不影響被上訴人公司之資本云云，即不足採。

[11] 臺灣高等法院102年上字第958號民事判決：又按有限公司者，乃由1人以上股東所組織，就其出資額為限，對公司負其責任之公司（公司法第2條第1項第2款參照），有限公司固因具有閉鎖性，有維持股東間相互密切及信賴關係之必要，其股東出資額於轉讓上不能完全自由而無所限制（公司法第111條參照），惟有限公司經濟活動之信用基礎，仍在於公司本身之財產，是以此類公司在屬性上應屬資合公司，換言之，在此類公司之治理上亦應恪遵資本確定、資本維持及資本不變等資本三原則。而有限公司之股東將其出資額為拋棄，於公司法上固無明文限制或禁止規定，惟基於資合公司不得取得自己出資之法理，有限公司股東將其出資額為拋棄後，該出資額既不得解為有限公司取得，則此部分出資之歸屬即有研求餘地，考諸公司資本係表示公司純財產額中應保留於公司，藉以擔保公司債務之一定金額，為公司會計之基準，並為公司信用之基礎，今若有股東為出資額之拋棄者，應屬公司資本之縮減，是以公司股東為出資額拋棄時，自應適用公司法第106條第4項有限公司減資規定，即需經全體股東同意後始得生效（臺灣高等法院暨所屬法院97年法律座談會民事類提案第19號討論結果、本院100年度上字第309號判決參照）。

[12] 劉連煜，前揭註2，頁705。

題，吾人想得到的有兩種解釋，其一，「公司同意減少資本額」，但如果一位股東退出，公司隨之減少出資額，這應該是退股的概念而非拋棄，但因有限公司係著重於資本之資合公司，本質上不允許退股，此一解釋應不可採；其二，「公司維持資本額，拋棄之出資額登記於公司」，但這應該是轉讓之概念（公司買回出資額或受贈），亦非拋棄。因此，**肯認出資額拋棄制度，其被拋棄之出資額歸屬無論如何解釋都不通。故本文對於出資額得否拋棄之問題，傾向採否定說，亦即出資額不得拋棄。**

伍、公司法第106條第2項增資加入新股東之規定，仍應以原有股東未認足增資出資額為前提

試舉例說明之，A有限公司有股東甲、乙、丙、丁、戊，戊為董事，今甲、乙、丙欲改推董事為甲，以爭奪A公司經營權，但因僅3席股東改推董事尚未達三分之二，渠等得否先以公司法第106條第2項過半數同意增資加入新股東X、Y、Z，再以甲、乙、丙、X、Y、Z同意改推董事為甲之方式，爭奪公司經營權？

依照公司法第106條第1、2項固然規定：「公司增資，應經股東表決權過半數之同意。但股東雖同意增資，仍無按原出資數比例出資之義務。」、「**有前項但書情形時，得經股東表決權過半數之同意，由新股東參加。**」，然所稱「前項但書情形」究何所指？依照**經濟部112年3月29日召開之研商公司法適用疑義會議結論**略以：「經綜整與會多數意見如下：依公司法第106條規定經股東表決權過半數之同意增資者，**不論股東是否同意增資，均有按原出資比例參與增資之權利，倘不按原出資比例參與增資者，須經股東全體同意。又倘股東不參與增資者，未認足部分，可由其他股東依原有比例增加其參與增資之比例。至如仍有股東未認足部分，得再經股東表決權過半數之同意，由新股東參加。**」，本文認為基於有限公司閉鎖性維持之一貫立場，加入新股東必以增資之出資額未經原有股東認

足為必要，或是應經全體股東同意始足當之，否則掌握過半數表決權之股東即可以公司法第106條第2項規定任意增加新股東，立法卻未賦予不同意股東如同公司法第111條第3項之優先受讓權，明顯破壞公司閉鎖性；且加入新股東後再透過人數優勢改推董事，將規避現行法改推董事應經股東表決權三分之二以上同意之法定門檻，恐為立法上之一大破口，故經濟部此結論值得贊同。[13]

故本案例，甲、乙、丙以過半數同意增資加入新股東之方式，必須原股東無人願意認足之情況下，才有加入新股東X、Y、Z之可能。

陸、結論

不同企業組織型態所適用之法令規範不同，權利義務也不相同，故

---

[13] △有限公司增資，其股東按比例參與增資之權利

（註記：有關有限公司增資，原股東有無按出資比例參與增資之權利疑義，經本部112年3月29日召開之研商公司法適用疑義會議結論略以：「經綜整與會多數意見如下：依公司法第106條規定經股東表決權過半數之同意增資者，不論股東是否同意增資，均有按原出資比例參與增資之權利，倘不按原出資比例參與增資者，須經股東全體同意。又倘股東不參與增資者，未認足部分，可由其他股東依原有比例增加其參與增資之比例。至如仍有股東未認足部分，得再經股東表決權過半數之同意，由新股東參加。」。）

一、按有限公司增資，應經股東表決權過半數之同意。但股東雖同意增資，仍無按原出資數比例出資之義務。有前項但書情形時，得經股東表決權過半數之同意，由新股東參加（公司法第106條第1項、第2項規定參照）。前開所稱之「股東表決權」係指以未增資前已記載於公司章程之股東，並依本法第102條第1項規定計算之表決權而言（本部110年3月11日經商字第11002406620號函參照）。是以，所稱「新股東」自不包括未增資前已記載於公司章程之原股東。

二、次按有限公司股東對於公司之責任，以其出資額為限（公司法第99條第1項規定參照）。有限公司增資時，股東之出資比例係委由公司內部股東自行協議決定（即不採類如公司法第267條第3項就股份有限公司「按照原有股份比例儘先分認」之立法），爰前開第1項但書明定股東雖同意增資，仍無按原出資數比例出資之義務。準此，有限公司增資應由公司內部股東自行協議決定。所詢事宜，請依前開規定辦理。

（經濟部112年2月20日經商字第11204706360號函）

企業經營者創業時，或股東投資時應就自身責任型態、出資內容、出資轉讓、內部管理等作通盤考慮；而有限公司為維持股東間相互之信賴與和諧，具有閉鎖性之特性，相關規定即出資額轉讓之限制、出資額轉讓之優先購買權之目的均在維持其閉鎖性；而如前述，有限公司股東不能退股，亦不能拋棄出資額，而最高法院110年台上字第2816號民事判決卻認為公司法第111條第3項優先受讓權之適用以第1、2項其他股東過半數或三分之二以上同意為前提，將使得股東轉讓出資額必須得其他股東過半數或三分之二以上同意，否則絕無可能轉讓其出資額，此將陷於轉讓出資額之僵局，是否妥適值得深思。

9

公司股東會減資、增資決議後之公司法第245條第1項之少數股東權保護

游聖佳

游聖佳

壹、前言

　　近年來，我國公司實務不乏出現股份有限公司之經營派聯合控制股東，藉以「為公司彌補虧損」為由，召開股東臨時會，以同時為減資後增資之決議方式（下簡稱減增資），削弱少數股東之持股比例達甚不足公司法定最低少數股東持股比例，而以此減增資方式為逐出少數股東，亦或進行公司經營權爭奪，致損害公司少數股東權益甚鉅。

　　然而，就減資規定我國公司法對於少數股東之保障，實付之闕如。民國（下同）107年公司法第172條第5項臨時動議條款修訂，鑒於公司減資涉及股東權益甚鉅；又授權資本制下，股份可分次發行，減資大多係減實收資本額，故通常不涉及變更章程，爰增列「減資」屬應於股東會召集通知列舉，而不得以臨時動議提出之事由，以保障股東權益；又由於「減資」之決議事由是屬重大事項，明定股東會召集通知除記載事由外，亦應說明其主要內容，並考量說明主要內容，可能資料甚多，爰明定主要內容得置於證券主管機關指定之網站（例如公開資訊觀測站）或公司指定之網站，並明定公司應將載有主要內容之網址載明於開會通知，以利股東依循網址進入網站查閱[1]。然而，此條項增訂僅限於股東會開會時決議事由之主要內容告知義務，致保障公司股東對於減資之資訊權，無涉嗣後減資決議後少數股東之程序保障；且既然107年修訂立法理由認為減資程序是為公司重大決議事項，則其決議程序究竟是應以普通決議又或特別決議，公

---

[1] 公司法第172條第5項2018年8月1日修正立法理由。

司法現今仍無明文,而為實務見解歧異,見解仍有諸多爭論。令減增資決通過,到公司實際為減增資程序完成,期間少數股東之股權比例將會發生巨幅波動,惟少數股東權於公司法之發動,於司法實務操作上,竟會出現公司法少數股東權保護之保護程序歧異,實令人費解。

作者於此特提出實務相關案例[2],探討公司法減增資程序暨其對於少數股東權益保護之議題,還望先進不吝指正。

貳、實務案例

一、案例事實

桃○紙業股份有限公司(下簡稱桃○公司)資本總額新臺幣(下同)4,560萬元,每股金額10,000元,已發行股份總數為4,560股。股東X、Y、Z等3人自民國70年起即均為桃○公司股東,各分別持有桃○公司341股,各持有已發行股份總數比例7.48%,合計持股占已發行股份總數22.44%。

民國109年桃○公司廠房遭付祝融,嗣桃○公司以彌補109年度火災損失為由,欲於111年1月17日召開股東臨時會議決「變更章程」、「減資99%」以及「增資5億元」等三項議案,但召集通知上僅記載其股東臨時會之目的乃為「議決變更章程,並為彌補109年火災虧損為減資減資99%以及增資5億元」等語,經股東X、Y、Z委託律師發函予桃○公司表示:桃○公司自70年起即未通知過伊等參加過股東會,伊曾於108年間要求桃○公司提供財務報告,皆未獲置理,致伊等無從得知桃○公司之業務、帳目及財產等營運情形;此次桃○公司以彌補109年度火災損失之虧損為由召集股東臨時會欲決議「變更章程」、「減資99%」及「增資5億元」等

2　臺灣士林地方法院111年度訴字第970號撤銷股東會決議訴訟事件暨111年度司字第7號聲請檢查人事件;嗣後前者兩造和解撤回起訴,後者檢查人聲請駁回,經臺灣士林地方法院112年度抗字第159號民事裁定駁回抗告定讞。該二案之一審部分,均係由臺灣士林地方法院同一法官審理。

議案，但從未提出過任何火災損失資料給股東知悉，亦不曾向股東報告過後來之火災理賠情況；亦據股東X、Y、Z等人所知悉，公司之資產情形，實足敷支應該109年火災損失之處理應變，是此股東X、Y、Z等3人認有桃○公司有違股東資訊權之保護，有侵害股東重大權益之虞，該次股東臨時會有召集程序、決議方法及內容違反法令等情，應暫停召開；並股東X、Y、Z即以此為由向法院聲請選任公司檢查人欲檢查相關帳務以釐清何以桃○公司僅因109年火災即致公司有重大虧損等情（以下就該聲請檢查人事件，簡稱系爭非訟事件）。

然111年1月17日桃○公司仍執意召開系爭股東臨時會，該三項議案即於股東X、Y、Z等3人之在場聲明異議中，遭到桃○公司經營派控制股東共計77%股權優勢比例強行決議通過，並變更章程之每股金額為10元。股東X、Y、Z等3人遂於111年1月19日向法院提出確認股東會決議無效暨撤銷股東會決議之訴。而股東X、Y、Z之持股也因該次股東臨時會減增資決議而遭到稀釋，經桃○公司旋於111年1月底分次發行新股增資1億餘元經通知各股東按原持股比例認股後，增資發行後之實收資本額為1億1千萬元，已發行股份總數為1,100萬股，股東X、Y、Z持有股份數各為3,410股、持股比例為0.031%。系爭非訟事件遂以股東X、Y、Z於法院裁定前，並未始終持有桃○公司已發行股份總數1%以上，欠缺權利保護要件，核與公司法第245條第1項規定尚有未合，其聲請選派檢查人，無從准許，裁定駁回；經股東X、Y、Z提出抗告仍維持駁回結果。惟此時系爭訴訟事件仍繼續實質審理程序進行中。

二、系爭非訟事件駁回理由

(一) 觀系爭非訟事件原審駁回理由略以

於此整理略以[3]：公司法245條第1項於107年修法前，少數股東之要件為「繼續一年以上，持有已發行股份總數百分之三以上之股東」；107年修法後則為「繼續六個月以上，持有已發行股份總數百分之一以上之股

---

[3] 臺灣士林地方法院111年度司字第7號民事裁定。

東」。次按我國公司法關於少數股東向法院聲請選派檢查人之規定，僅設有聲請人必須繼續一定期間以上持有該公司已發行股份總數定數比例以上之限制，惟關於法院裁定時股東已持股不足法定定數比例即持有不足已發行股份總數1%者，法院是否仍應准許選派檢查人之聲請，目前並無明文規範。然為顧及檢查權對公司經營所造成之影響，與少數股東權益保障間之平衡，在判斷聲請人是否合於前開少數股東之要件，自須聲請人自提起聲請時起迄法院裁定日為止，仍具有繼續6年以上持有公司已發行股份總數1%之股東身分，始與本條所定得聲請法院選派檢查人之少數股東要件相符，乃屬當然。再者，檢查人之報酬乃公司所支付，檢查必有相當成本之支出，基於成本效益之原則，必須股東持股達到一定比例，公司經營之良窳所關涉之股東權益達到一定經濟規模時，支出相當成本檢查公司帳務，不會違反手段目的之比例，方予股東聲請檢查之權。是此要件，爰臺灣高等法院暨所屬法院106年法律座談會民事類提案第13號審查意見及研討結果見解，應認屬少數股東聲請檢查公司帳務之權利保護要件，自應於裁定時仍具備。是以，107年修正後之公司法第245條第1項「繼續6個月以上持有該公司已發行股份總數1%以上」既為股東向法院聲請選派檢查人之權利保護要件，自聲請時至法院裁定日止，須始終具備，否則即應以欠缺權利保護要件予以駁回。上開要件，縱於公司經股東會決議辦理減資、增資後，導致股東持有股份總數及比例變動之情形，亦應有所適用，且前開權利保護要件應自起訴或聲請時至原法院裁判時均予具備，乃為公司法第245條第1項規定所內涵之民事訴訟法原則，並非增加法條所無之限制，亦未違反起訴恆定原則[4]。

　　聲請人（即股東X、Y、Z）雖於聲請時持有已發行股份總數尚合乎公司法之前揭規定，然聲請人亦自承係有收到增資認股暨繳款通知書，因認減資程序違法且無法籌措資金等情無辦理增資認股，顯見在此減增資過程中已給予其保障並維持自己股權比例之機會。另爰前揭106年法律座談

---

[4] 臺灣高等法院111年度非抗字第51號、107年度非抗字第64號、106年度非抗字第152號裁定意旨。

會民事類提案第13號審查意見及研討結果所採理由，參酌公司法前揭法條之修法歷程，已將持股定數比例、持股期間均為放寬，雖係出於保障小股東權益，然為避免小股東率爾向法院提出聲請，致公司須支付選派檢查人費用，進而增加公司營運成本，或增加營運麻煩，解釋公司法第245條第1項規定要件時，仍應以法院「裁定時」仍具備該條項規定之聲請資格者，方符合「要小股東且真正是股東才予以保障」之立法者原意，聲請人目前所持有相對人股權總數，既已未達前揭法定最低門檻，權衡聲請人之股東權益與相對人之公司營運利益，應認聲請人已無聲請選派檢查人之權利保護必要等云云。

(二) 系爭非訟事件抗告審補充原審之駁回理由

於此整理略以[5]：民國107年公司法第245條第1項修訂，放寬少數股東資格門檻限制，考其修正理由略為：為強化公司治理、投資人保護機制及提高股東蒐集不法證據與關係人交易利益輸送蒐證之能力，擴大檢查人檢查客體之範圍及於公司內部特定文件，另參酌證券交易法第38-1條第2項立法例，股東聲請法院選派檢查人時，須檢附理由、事證及說明其必要性，以避免浮濫。可知該次修法，併考量強化少數股東之權益，防杜少數股東因公司經營階層之獨斷專行，為不合營業常規或不利益公司之經營，而影響其投資利益，同時兼顧公司經營之穩定性，而決定降低聲請門檻，並放寬可聲請檢查之範圍，然亦將「檢附理由、事證及說明其必要性」、「於必要範圍內」明文化列入聲請要件。是可知修正後規定於107年修法研議時，已考量審酌在符合一定之持股條件下賦予少數股東得聲請法院選派檢查人，以檢查公司經營狀況之權利，並以具一定必要性為要件。若不論股東持股多寡，均仍應保障其「股東資訊權」及「股東監督權」，則不論修正前規定、修正後規定均無限制股東持股比例之必要，是顯違背法律規定之文義及立法意旨，故關於股東持股期間與持股比例之要件，應屬少數股東依公司法第245條第1項規定聲請檢查公司帳務之權利保護要件，於

---

[5] 臺灣士林地方法院112年度抗字第159號民事裁定。

聲請選派及法院裁定時均須具備。本件抗告人（即股東X、Y、Z）於原審裁定時既已不具修正後規定所定少數股東資格，於卷內事證已勘認定，依前述說明，已欠缺該條之權利保護要件，其聲請應予駁回。

抗告人雖提出最高法院86年度台抗字第108號、89年度台抗字第660號裁定見解，主張公司法第245條規定除須具備繼續期間以上持有特定已發行股份總數比例之股東之要件外，別無其他資格之限制，並主張公司法第245條第1項規定不論立法時、歷次修法過程中，均無討論或設立須維持股權比例至法院裁判時之限制，可見該條持股比例之要件，僅為聲請時之發動要件，於聲請時具備即受起訴恆定之保護云云。然前揭86年、89年最高法院裁定係在前述107年修法前所作成，107年修法時既已衡酌少數股東與公司之利益而為前述修正，自不得再執先前之最高法院裁定對修正後規定為解釋；且107年修法時之立法理由，已可見係衡平少數股東及公司之利益，而做條文所定之要件限制，已如前述，是股東持股期間與持股比例之要件，當屬於聲請選派及法院裁定時均須具備之權利保護要件。至抗告人所稱起訴恆定原則則係為保障程序安定性，就審判權、管轄權、訴訟標的價額及當事人恆定等程序事項所設之規範（參民事訴訟法第27條、第31條之1、第77條之1及第254條第1項等規定），顯與權利保護要件不同。抗告人此部分主張亦不可採。是以原審裁定時，抗告人已非繼續6個月以上，持有相對人已發行股份總數1%以上之股東，欠缺權利保護要件，原審所為駁回抗告人選派檢查人聲請之裁定，並無不當。抗告無理由應予駁回。

參、問題爭點

公司法第245條第1項少數股東權之發動，其「股東持股比例」究竟是否屬公司檢查人非訟事件中之程序要件？

肆、解析

一、聲請時股東持股係達法定定數比例，惟嗣至裁判時股東已持股不足法定定數比例時之法律效果，法無明文

　　觀107年修正前之公司法第245條第1項規定：「繼續一年以上，持有已發行股份總數百分之三以上之股東，得聲請法院選派檢查人，檢查公司業務帳目及財產情形。」107年修訂公司法第245條第1項規定為：「繼續六個月以上，持有已發行股份總數百分之一以上之股東，得檢附理由、事證及說明其必要性，聲請法院選派檢查人，於必要範圍內，檢查公司業務帳目、財產情形、特定事項、特定交易文件及紀錄。」核其107年修訂理由謂：「為強化公司治理、投資人保護機制及提高股東蒐集不法證據與關係人交易利益輸送蒐證之能力，爰修正第一項，擴大檢查人檢查客體之範圍及於公司內部特定文件。所謂特定事項、特定交易文件及紀錄，例如關係人交易及其文件紀錄等。另參酌證券交易法第三十八條之一第二項立法例，股東聲請法院選派檢查人時，須檢附理由、事證及說明其必要性，以避免浮濫。」併同次修法理由經濟部立法說明謂：「一、修正第一項。（一）為強化少數股東之保護，參照修正條文第二百十四條第一項修正意旨，將持股期間及持股數，調降為六個月及百分之一。（二）為強化公司治理、投資人保護機制及提高股東蒐集不法證據與關係人交易利益輸送蒐證之能力，爰擴大檢查人檢查客體之範圍及於公司內部特定文件。所謂特定事項、特定交易文件及紀錄，例如關係人交易及其文件紀錄等。另參酌證券交易法第三十八條之一第二項立法例，股東聲請法院選派檢查人時，須檢附理由、事證及說明其必要性，以避免浮濫。」另併參101年新增訂之證券交易法第38-1條第2項規定：「繼續一年以上，持有股票已在證券交易所上市或於證券商營業處所買賣之公司已發行股份總數百分之三以上股份之股東，對特定事項認有重大損害公司股東權益時，得檢附理由、事證及說明其必要性，申請主管機關就發行人之特定事項或有關書表、帳冊

進行檢查，主管機關認有必要時，依前項規定辦理。」暨其101年增訂之立法理由：「二、為保護少數股東，參考公司法第二百四十五條規定，增訂第二項繼續一年以上，持有股票已在證券交易所上市或於證券商營業處所買賣之公司已發行股份總數百分之三以上股份之股東，，對特定事項認有重大損害公司股東權益時，得檢附、事證及說明其必要性，申請主管機關檢查發行人之特定事項或有關書表、帳冊，另為免少數股東濫用本項規定干擾公司之正常營運，其申請須經主管機關審酌認有必要時，始依第一項規定委託相關人員進行檢查，檢查費用仍由被檢查人負擔。」

觀107年修訂之公司法第245條第1項暨其修訂理由可知，公司法對於聲請時股東持股係達法定定數比例、嗣至裁判時股東已持股不足法定定數比例時之效果，確實法無明文。而觀107年修法理由暨經濟部說明亦可知，公司法第245條第1項修正放寬少數股東權發動門檻以保護少數股東，並擴大得檢查之客體範圍及於公司內部特定文件。惟避免少數股東恣意聲請公司檢查以避免浮濫，公司法第245條第1項修法理由謂，於股東聲請選派檢查人時，需檢附理由、事證及其必要性，以避免浮濫。顯見無論是法律規定本身，亦或立法理由，皆無明言法院為裁判時，繫屬之少數股東仍須持有達法定定數比例之持股。

另再由公司法第245條第1項之立法過程以觀，本條文於35年4月12日所修正之公司法，係列於第235條第1項，條文文句原為：「有股份總數二十分之一以上之股東，得聲請法院選派檢查員，檢查公司業務帳目及財產情形。」嗣55年7月19日修正公司法時，將條號改列為第245條第1項，條文文字改為：「繼續一年以上，持有已發行股份總數百分之三以上之股東，得聲請法院選派檢查人，檢查公司業務帳目及財產情形。」僅將少數股東之持股比例由聲請時之二十分之一（即5%），降為3%。嗣公司法第245條第1項於72年12月7日、86年6月25日、90年11月12日經數次修法，惟本條項之文句仍維持民國55年修法版本法條文字均無變動，亦無增加該少數股東之持股比例或者持股期間，或增加需維持至法院為裁判時之限制，亦不見其立法理由有為說明。復檢視公司法第245條第1項於55年修正時之立法院審查會議紀錄，針對本條文發言討論之諸位立法委員均無人提及須

增列「法院為裁判時,該少數股東仍需持有已發行股份總數之法定定數比例」之要件[6]。換言之,從立法例而言,觀諸整個立法歷程以及歷次法條明文,實並無法得出少數股東向法院聲請選派檢查人時,除於聲請時需持有已發行股份總數法定定數比例以上者外,另於法院為裁判之時點,亦需持股該法定定數比例以上之結論[7]。

二、公司法第245條第1項適用之見解歧異

由於聲請時股東持股係達法定定數比例、嗣至裁判時股東已持股不足法定定數比例時之效果,法無明文,已如前述。則法院適用公司法第245條第1項時即發生此問題應如何之疑義。於早期見解上,肯否二說見解分歧。

肯定說認為,如前立法歷程觀之,公司法第245條第1項所定選派檢查人之規定,除具備繼續一定期間以上持有已發行股份總數法定定數比例之股東之要件外,別無其他資格之限制[8]。且條文解釋上該要件僅需於聲請時,聲請人確實具備即可,縱原聲請之股東已因持股轉讓之結果,導致其持股比例低於公司已發行股份總數法定定數比例,仍無礙於其聲請合法要件具備與否之判斷,法院自無不許聲請人聲請選派檢查人之理。況且公司法選派檢查人事件是屬非訟事件,非訟事件法中並無言詞辯論之規定,亦無準用民事訴訟法中有關事實審言詞辯論終結等之明文,是關於股東持有被檢查公司已發行股份總數法定定數比例之資格審查,要非權利保護要件,自無以所謂「事實審言詞辯論終結時」為審理依據之理[9]。且倘原聲請之股東已因持股轉讓或公司增資之結果,導致其持股比例低於公司已發行股份總數法定定數比例時,將使部分權利已遭侵害之少數股東,無法藉

---

[6] 立法院公報,54卷第36期6冊,頁22-24,1965年11月30日。

[7] 臺灣高等法院104年度非抗字第78號民事裁定。

[8] 最高法院86年度台抗字第108號、89年度台抗字第660號、臺灣臺北地方法院95年度抗字第10號等民事裁定。

[9] 臺灣士林地方法院91年度司字第121號、臺灣新北地方法院95年度抗字第205號民事裁定。

此程序取得證據,進而向公司負責人求償或為其他權利之行使,則此時應認無礙於其聲請合法要件具備與否之判斷,而無不許股東聲請選派檢查人之理[10]。再者,我國公司法第245條第1項並未如同德國股份法第142條第2項明文規定聲請股東直到法院裁定時,都須持有符合聲請資格規定的股份[11],是以解釋我國公司法規定時,既是條文規定不同,自不宜採相同見解。故如欲採相同見解,宜透過立法者修法解決此問題[12][13]。

否定說則認為:雖此問題目前公司法無明文,但「少數股東權」之法律上定義,應係指股東持有股份比例達到公司已發行股份總數壹定比利時,始得行使之權利,乃要求須持有股份達一定之比例始得行使[14]。而為

---

[10] 臺灣臺北地方法院102年度抗字第281號、臺灣高等法院95年度非抗字第26號、臺灣高等法院106年度非抗字第73號民事裁定。

[11] Art. 142 Abs. 2 AktG, 'Bestellung der Sonderprüfer (2) Lehnt die Hauptversammlung einen Antrag auf Bestellung von Sonderprüfern zur Prüfung eines Vorgangs bei der Gründung oder eines nicht über fünf Jahre zurückliegenden Vorgangs bei der Geschäftsführung ab, so hat das Gericht auf Antrag von Aktionären, deren Anteile bei Antragstellung zusammen den hundertsten Teil des Grundkapitals oder einen anteiligen Betrag von 100 000 Euro erreichen, Sonderprüfer zu bestellen, wenn Tatsachen vorliegen, die den Verdacht rechtfertigen, dass bei dem Vorgang Unredlichkeiten oder grobe Verletzungen des Gesetzes oder der Satzung vorgekommen sind; dies gilt auch für nicht über zehn Jahre zurückliegende Vorgänge, sofern die Gesellschaft zur Zeit des Vorgangs börsennotiert war. Die Antragsteller haben nachzuweisen, dass sie seit mindestens drei Monaten vor dem Tag der Hauptversammlung Inhaber der Aktien sind und dass sie die Aktien bis zur Entscheidung über den Antrag halten.' https://www.gesetze-im-internet.de/aktg/ (23/10/2024)
德國股份法第142條第2項:「股東會拒絕選派檢查人以檢查成立過程中事項,或檢查經營過程中五年內事項,且其事實有足以懷疑存在不誠實或嚴重違反法律或章程之行為時,法院應依持有公司股份且合計持股達到公司已發行股份總數1%或持有股份金額100,000歐元之股東聲請,選派檢查人:公開發行之上市公司者,得審查十年內事項。聲請人需為自該次股東會前至少三個月繼續持有該股分,並於聲請程序中持續持股。……」

[12] 洪秀芬,公司法第245條檢查人規範之探討—兼論德國股份法股東聲請選派檢查人之規定,月旦法學雜誌,第171期,2009年8月,頁40-41。

[13] 臺灣高等法院暨所屬法院106年法律座談會民事類提案第13號法律問題座談(會議日期:2017年1月8日),討論意見:甲說。

[14] 劉連煜,現代公司法,14版,新學林,2019年9月,頁291。

顧及檢查權對公司經營所造成之影響，與少數股東權益保障間之平衡，在判斷聲請人是否合於前開少數股東之要件，自須聲請人自提起聲請時起迄法院裁定日為止，仍具有繼續一定期間以上持有公司已發行股份總數法定定數比例之股東身分，始與本條所定得聲請法院選派檢查人之少數股東要件相符，乃屬當然[15]，日本亦有見解認為該持股資格要件應維持至選派檢查人裁判確定時始足當之[16]。其次，檢查人之報酬乃公司所支付，檢查必有相當成本之支出，基於成本效益之原則，必須股東持股達到一定比例，公司經營之良窳所關涉之股東權益達到一定經濟規模時，支出相當成本檢查公司帳務，不會違反手段目的之比例，方予股東聲請檢查之權。是此要件，應屬少數股東聲請檢查公司帳務之權利保護要件，自應於裁定時仍具備[17]。再者，肯定說援引公司法第245條第1項55年修法時，立法院公報第36會期第6期審查會議紀錄，主張該時逐條討論立法委員均無人提及須增列「法院為裁判時，該少數股東仍需持有已發行股份總數之法定定數比例」，然而55年公司法第245條第1項修正放寬少數股東門檻自5%降至3%，雖係出於保障小股東權益，然為避免小股東率爾向法院提出聲請，致公司須支付選派檢查人費用，進而增加公司營運成本，或增加營運麻煩，當時參與修法之立法委員於二讀會逐條討論過程中，時任立法委員魏惜言提及：「要小股東且真正是股東才予以保障」，嗣並獲得與會委員支持[18]。是則，解釋公司法第245條第1項規定要件時，宜衡酌該次修法過程，亦即應以法院「裁定時」仍具該條項規定之聲請資格（要件）者，方符合「要小股東且真正是股東才予以保障」之立法者原意；反之，聲請時雖具備該條項之聲請要件，惟於法院裁定前即將其部分持股份轉讓而低於法定定數比例者，應可推認已不合於該條項規定應予保障之願意繼續長期

---

[15] 臺灣高等法院104年度非抗字第111號、臺灣士林地方法院105年度司字第12號民事裁定。

[16] 臺灣士林地方法院105年度抗字第178號民事裁定。

[17] 同前揭註16。

[18] 同前揭註6，頁24。

持有公司股份之股東[19]。另有見解認為，公司法中之少數股東權規定，係基於持有一定期間或／暨持股一定比例而來，若欠缺法定持股比例，即當然其權利不存在，而自應於聲請時至裁判時均保持其法定持股比例，使其少數股東權利接續完整[20]。

另有折衷說認為，公司法第245條第1項規定，已兼及少數股東權之保障及公司經營之穩定性，而就少數股東權之保障設有持股比例及持股期間之限制。符合該限制之股東自得依上開規定聲請法院選派檢查人，而無其他限制。至該持股比例之限制，是否應至法院裁定時仍符合，非可一概而論，當視該股東聲請選派檢查人所檢查之公司業務帳目及財產情形之期間，其持股比例是否符合公司法第245條第1項所定之限制，再視該股東持股比例降低之原因，究係因其自行轉讓，或因公司增資後稀釋持股比例之其他原因所致，以定是否仍有公司法第245條第1項所定保障「少數股東權」之必要。如該股東於聲請法院選任檢查人後，係自行將其持股轉讓予第三人，致其持股比例不足公司已發行股份總數3%，就其後之期間，自無必要再予保障其「少數股東權」，使其仍得聲請法院選任檢查人檢查該期間公司之帳冊、財產情形，始符公司法第245條第1項規定之立法意旨[21]。

上開分歧見解，嗣106年11月8日臺灣高等法院暨所屬法院106年法律座談會民事類提案第13號法律問題座談，初步研討結果、審查意見均採否定說，最終研討結果多數採審查意見，採認否定說，而成為現今實務較多數派採行見解（前開臺灣高等法院法律問題座談採否定說結論，以下簡稱高院106年研討結果）。

---

[19] 同前揭註13，討論意見：乙說。

[20] 黃清溪，清溪公司法研究會意見，高雄：國立高雄大學法學院，2024年9月29日。

[21] 臺灣高等法院106年度非抗字第73號民事裁定。

三、現今司法實務多數採行高院106年研討結果之疑義？

今司法實務多數裁決仍援引高院106年研討結果，謂公司法第245條第1項「繼續6個月以上持有該公司已發行股份總數1%以上」為股東向法院聲請選派檢查人之權利保護要件，縱然聲請人之股東於向法院聲請選派檢查人時，業已符合公司法第245條第1項之「已發行股份總數1%以上」之比例持股，然於裁定時持有被檢查公司已發行股份總數低於1%時，應認本件欠缺權利保護必要逕予駁回等云云。但吾人細鐸高院106年研討結果之乙說通篇全文，就聲請股東於聲請檢查人事件裁判時已持股不足法定定數比例時之效果於法無明文之情況下，如何「推導出」其持股比例應於聲請時至裁判時均須具備之「當然結論」，實無任何論理脈絡，則如何而來之「當然」，吾人實有疑惑。而在公司法第245條第1項修法歷程之法條文句、修訂理由乃至立法院修訂時之逐條審查會議紀錄，皆不見有針對「法院為裁判時，該少數股東仍需持有已發行股份總數法定定數比例」之要件之增列討論。更進步言，107年公司法修法時，亦不見立委諸公有將「法院為裁判時應持續持有已發行股份總數1%」之要件列於公司法內[22]。嗣觀107年公司法第245條之107年6月29日會議紀錄之二讀廣泛討論可知，立委賴士葆提案要旨謂修法目的為「放寬股東聲請法院選派檢察人」[23]，立委李彥秀提案要旨謂修法目的為「放寬聲請人之限制後，對於聲請事由則宜賦予法院審查權力」[24]，併立法院法制局對於公司法聲請選派檢查人之問題，於107年8月所提出之研究研析亦認為「對於少數股東聲請選派檢查人之權利行使要件，除具備繼續1年以上，持有已發行股份總數3%之股東之要件外，別無其他資格之限制。」[25]，足徵立法者對於107

---

[22] 立法院公司法修法一讀委員會審查會議紀錄，立法院公報，107卷第49期，2018年4月19日。

[23] 立法院公司法修法二讀委員會討論院會紀錄，立法院公報，107卷第75期，2018年6月29日。

[24] 同前揭註23，審查報告。

[25] 林素惠，立法院法制局研究成果議題研析「少數股東聲請法院選派檢查人資格要

年11月1日修法施行之公司法第245條之立法、修法目的，實為著重於「少數股東權益之保護」，至臻顯明。倘聲請檢查人事件之股東於聲請時持有法定要求之持股比例，嗣因公司減增資等不可歸責之情事致裁定時持股比例不足，此時如認聲請股東欠缺權利保護要件而認應駁回，顯然是屬增加法所無之限制，並以法無明文之要件限制其股東權，此舉無疑於變相鼓勵公司得以此方式規避檢查，當非公司法檢查人制度設立之本意，更與立法者欲保護少數股東權益之目的相悖，顯見高院106年研討結果採行否定說見解應已是有違107年公司法第245條第1項修法後之立法者保護少數股東意旨甚明。

其次，縱然高院106年研討結果援引55年公司法第245條第1項修法逐條討論過程中立法委員魏惜言之發言提及：「要小股東且真正是股東才予以保障」，而論認聲請股東應於聲請時至裁定時均應保持其持股比例等云。然觀諸魏惜言立委該次發言全文連續紀錄係載：「魏委員惜言：『主席、各位委員，關於保障小股東政策，這是尺度問題，現行法規定是百分之五，行政修正案改為百分之三，減少百分之二，是稍為放寬，然並非漫無標準，現行法規定百分之五是不附帶任何條件，但是行政院修正案和審查案規定新股東雖持有百分之五股票，仍不能聲請查賬，而必須繼續持有一年以上即要老股東才可以。又要繼續持有百分之三股票一年以上這不是容易的，要小股東且真正是股東才予保障，所以我覺得由百分之五減為百分之三，假使不加這條件，可能有毛病，但是，加這條件後，如股數不減，那比現行法更壓迫小股東，我認為本條規定是很適當的，希望二位委員能同意通過。』主席：『各位對第二百四十五條有無異議？（無）無異議，通過。上午已至休息時間，宣布休息，下午三時繼續開會。』」[26]，由其連續全文可知，魏惜言立委之所以認為「要小股東且真正是股東才予保障」之原因，係因公司法第245條第1項規定於55年修訂前之公司法第235條第1項：「有股份總數二十分一以上之股東。得聲請法院選派檢查

件之研析」，2018年8月，https://www.ly.gov.tw/Pages/Detail.aspx?nodeid=6590&pid=172993。

[26] 同前揭註18。

員。檢查公司業務賬目及財產情形。」檢查人聲請之發動要件，僅需股東持有5%持股，而不要求股東持股期間。55年修訂少數股東聲請檢查人條款放寬少數股東持股比例限制，但「發動前提」，必須其係為持有一定期間之持股比例股東「始」可為「聲請」；否則，若無該「繼續」持股一年之要件限制，則少數股東故意為檢查公司而短暫持股藉以濫行發動聲請檢查，當非公司法規定之目的，方要求必須「繼續持有一定期間」持股比例之股東方可為發動聲請公司檢查人，因為已經繼續持有一年以上、法定定數比例股份之股東，應可認其就是為了公司經營健全所為之公司檢查人聲請，此要與聲請後至裁定時其持股比例縮減至不達法定定數比例持股之效果實為無涉，只是限制少數股東是否得為濫行發動之要件而已。更況且，觀魏惜言立委為前揭發言後，後續亦表示：「加這條件後（即繼續持有股份一定期間），如股數不減，那比現行法更壓迫小股東，我認為本條規定是很適當的」，嗣55年修訂後之公司法第245條第1項：「繼續一年以上，持有已發行股份總數百分之三以上之股東，得聲請法院選派檢查人，檢查公司業務帳目及財產情形。」規定修訂通過，而仍無將「裁判時股東持股仍須達聲請時之法定定數比例」列入條文作為要件，更甚之就連在立法院修訂逐條審查中亦無提及，則如何可僅以「立法委員逐條審查時之發言」即作為增加少數股東法所無明文之限制要件之依據？更何況，魏惜言立委55年逐條審查時稱：「要小股東且真正是股東才予保障」乙言係針對「降低聲請要件之持股比例後應增加繼續持有一定期間要件」之問題，以避免少數股東一持股及濫行聲請選派檢查人情事發生，要與「裁判時股東持股是否仍須維持聲請時之法定定數比例」乙情無涉，高院106年研討結果援引魏惜言立委立院逐條審查時之發言紀錄作為否定說依據，實可謂斷章取義也。

再者，權利保護要件中，關於訴訟標的之法律關係之要件與關於當事人適格之要件不同。前者，屬於實體上權利保護要件，即原告所主張之法律關係存否之問題；後者，屬於訴訟上權利保護要件，即就原告所主張之法律關係有無為訴訟之權能之問題。是以當事人是否適格，應依原告起訴

時所主張之事實定之,而非依審判之結果定之[27]。縱然公司法第245條第1項聲請公司檢查人事件之非訟程序事件究竟有無適用訴訟法上之權利保護要件原則?更甚至如若適用,則非訟事件程序究竟是應為全程度適用亦或者部分程度適用?該等問題吾人暫且不論。核高院106年研討結果謂公司法第245條第1項「繼續6個月以上持有該公司已發行股份總數1%以上」既為股東向法院聲請選派檢查人之權利保護要件,聲請股東於裁定時持有被檢查公司已發行股份總數低於1%,而認其聲請應屬欠缺權利保護必要逕予駁回等云,然此高院106年研討結果實甚是忽略公司法第245條第1項之訂立目的。基於檢查人制度之設置乃公司法考量監察人不善監督之責而與董事狼狽為奸,故於法定、常設之監督機關外於特定情形下設立檢查人以補足監察人之不足,屬公司治理之一環。依公司法規定,檢查人可由股份有限公司之創立會(公司法第146條第2項)、股東會(公司法第173條第3項、第184條第2項、第331條第2項)選任之,亦得聲請法院選派。復由法院選派檢查人之情形有三,包含少數股東請求(公司法第245條、第110條)、公司重整裁定前(公司法第285條第1項)以及公司特別清算前(公司法第352條第2項)。衡諸公司法第245條立法目的,係基於公司財務狀況,股東多半僅能被動接受董事會所編造之財務報表,故為保障股東投資權益,公司法賦予請求權限,透過檢查人檢查公司財務狀況後,使無參與公司經營之股東藉此保障公司以及自身之股東權益,即立法理由所謂之「強化公司治理、投資人保護機制以及提高股東蒐集不法證據與關係人交易利益輸送蒐證之能力」、「強化少數股東之保護」[28]。換言之,公司法第245條第1項所為請求保障之「權利」者,乃為「股東資訊權」以及「股東監督權」,此為公司法股東固有權,無論持股多寡,其權利均有之,不因其持股多寡即可謂此監督、資訊權利之有無,而為公司法第245條第1項之權利保護標的。併另考量避免少數股東濫行聲請檢查人,因而以持股比例以及持股期間作為聲請法院之發動要件,而於公司股東「聲請時」持有

---

[27] 最高法院95年度台上字第1834號民事判決。

[28] 公司法第245條第1項2018年修法理由。

法定定數比例之持股，即為已足，當不因嗣後聲請股東減少持股比例而影響聲請繫屬有效性。倘若今公司股東就請求選任檢查人程序聲請繫屬後，因可歸責於己之股份轉讓等因素，至其「完全」喪失公司股東身分，此時因不具備股東身分，至喪失其「股東權利」即股東資訊權、監督權之保護必要，欲論其欠缺缺權利保護必要而欲予駁回，尚屬合理[29]。惟將「持股比例」作為「股東資訊權」以及「股東監督權」之固有權利存在之先決條件，認若無持股其比例者，其股東資訊權以及股東資訊權即不存在，即無保護之必要而逕予駁回聲請股東之聲請，就顯已逾越公司法對於股東固有權之保護，過甚剝奪。

　　退步言之，其聲請後至裁定時持股比例不足公司法定數比例情形，亦應考量是否為可歸責於聲請股東之事由所致之減缺，而非當然於裁定時不足其法定定數比例持股即可逕謂駁回。否則，高院106年研討結果無疑是為公司負責人大開方便之門，於被檢查公司得於知悉少數股東依公司法第245條發動選任檢查人聲請程序後，即可藉由99%減資後大額增資之手段，極大幅削弱少數股東權之持股比例，造成聲請股東持股比例不達公司法定持股比例，遽遭駁回聲請，規避公司法所應受調查之義務，有悖公司法第245條保障少數股東立法目的。故此時仍應考量少數股東係為公司持股弱勢之情況，審酌持股比例之減少，是否可歸責於少數股東[30]。如若少數股東於裁定時之持股比例減少，係因可歸責於少數股東即聲請股東自己（例如聲請後逕自出售轉讓或贈與他人等），致裁定時不達公司法定定數比例持股時，始方有否准其選派空間。但若少數股東於裁定時之持股比例減少，係不可歸責於少數股東時（例如少數股東死亡後之繼承人無為非訟事件程序承受等[31]），基於立法者就公司法制度設計保護少數股東權之立法精神，仍應認聲請選任檢查人之少數股東於聲請時已具有公司法第245條第1項之持股比例要件，而為審酌、准許選任檢查人。斷非所有持股

---

[29] 臺灣臺北地方法院111年度訴字第5904號民事判決。

[30] 同前揭註21，即參酌折衷說。

[31] 臺灣高等法院臺南分院110年度非抗字第7號民事裁定。

比例減少之情況，即當然都認屬裁定時持股比例要件不合而逕予駁回，如此應非公司法少數股東制度之立法目的，亦不符合公司法所預設之少數股東以及公司間之權利衡平關係。

　　惟聲請股東之持股比例若遭公司增減資後稀釋，而於公司增資發行新股時，無為公司法第267條第3項規定優先認購以增加其持股比例，致裁判時聲請股東之持股比例數少於公司法第245條第1項規定之法定定數比例持股時，其不為優先認購增資新股，是否屬於可歸責於聲請股東之事由？即有疑義。系爭非訟事件之原審認為，於桃○公司減增資決議後，亦有將增資認股暨繳款通知書發予聲請股東，雖聲請股東以減資程序違法且無法籌措龐大資金為由未辦理股東增資認股，然公司業已於該減增資過程中給予其保障並維持自己股權比例之機會，而似欲論其公司減增資後，聲請股東未依公司法第267條第3項規定為增資認股致自己於裁定時無法繼續維持聲請時之法訂定數持股比例，係屬可歸責於聲請股東等云。然而此見解有疑義者是，公司法第267條第3項發行新股原股東儘先分認之增資新股認購權，係為原股東之「權利」，要非「義務」，權利未行使者，應僅能發生權利不生效力之效果，要難謂權利不行使即當然應由權利人負擔不利結果之結論；如若其權利不行使當使權利人負擔法律上不利益效果時，此應有明文規定，如公司法第267條第3項股東新股認購權規定逾期不認購者，原股東喪失其權利；亦或如民法第125條規定，請求權因15年不行使而消滅。則股東於公司增資發行新股時不行使其新股認購權利，亦可能有種種原因，據此不認購新股即要謂聲請股東未維持法定定數比例持股於裁判時之責任，認此減少股份持股比例乃可歸責於聲請股東等云，此實嫌偏頗，亦混淆其權利與義務之不同法律概念，應認減增資後所造成之聲請股東持股比例減少致裁定時不達法定定數比例持股乙情為不可歸責於股東[32]。且承如本文前述，股東資訊權保障依據法理上，實係不論持股多寡，大小股東實均應受保障，惟因未免濫行公司股東聲請法院選派檢查人，故而將聲請發動條件為一持股比例以及持股期間之門檻加以限縮，另107年修法

---

[32] 臺灣高等法院106年度非抗字第34號民事裁定。

前，公司法第245條第1項並無要求少數股東於聲請法院選派檢查人時，需檢附理由、事證及說明其必要性，惟107年修法時參酌證券交易法第38條之1第2項規定既其修法理由，認為聲請股東對特定事項認有重大損害公司股東權益時，得檢附、事證及說明其必要性，申請主管機關檢查發行人之特定事項或有關書表、帳冊，為免少數股東濫用本項規定干擾公司之正常營運，其申請須經主管機關審酌認有必要時，始依證券交易法規定委託相關人員進行檢查，並檢查費用由被檢查人負擔。換言之，於聲請時已經符合公司法第245條第1項聲請條件之情況下，是否應准予聲請選派檢查人，理應係就其所聲請之理由暨其事證是否合乎檢查必要性，如若其事證客觀判斷上已顯勘可認公司是有檢查必要性，但僅因非訟事件審理期間，聲請股東之持股因無行使公司法第267條第3項新股認購權導致裁判時持股比例不達公司法第245條第1項規定之法定定數比例持股時，此時即要以聲請股東裁判時持股比例不達公司法法定定數比例而逕予駁回，此實有顛覆公司法第245條第1項為保障公司少數股東權益之立法目的，反而是本末倒置，難認可採。

伍、結論

　　觀公司法第245條第1項於107年前、後之整個立法歷程，實無法得出少數股東向法院聲請選派檢查人時，除於聲請時需持有法定定數比例持股之要件者外，需另於法院為裁判時亦需繼續持有法定定數持股比例之結論。此外，從法條立法精神亦可知，立法者從未將「聲請股東應自聲請時至裁定時均應持有法定定數比例持股」乙節納入考量，更遑論能從公司法第245條中解釋出有「裁定時應仍持有法定持股比例」要件存在，足徵高院106年研討結果已增加法明文所無之限制，逕自造法，實有不妥。為確保全體股東權益，考量公司檢查人選派制度具有外部監督功能，亦得促進公司會計健全以及公司負責人能合法執行業務，其聲請股東持股比例之認定時點，仍應回歸以法明文之「聲請時」為判斷，方符合立法者對於少數

股東權保護之本意。由公司法第245條第1項歷年修法歷程以及法律規定條文文字，至107年公司法修法後，應是無維持高院106年研討結果採行否定說之空間。然而目前司法實務見解仍多以高院106年研討結果之否定說為強力多數說，雖高院106年研討結果後，實務亦有少數採行「聲請時」之肯定說見解[33]，但由司法實務於高院106年研討結果後仍有肯否裁判見解歧異之情況以觀，併高院106年研討結果之法律位階，實仍無以拘束司法實務為統一否定說見解。是以，現行公司法第245條第1項規定之法條文字究竟能否認論「裁判時聲請股東仍應維持公司法第245條第1項之法定定數比例持股」要件存在乙情，仍需端賴立法者研議說明，更甚至應為明文確立。

---

[33] 臺灣高等法院110年度非抗字第30號、108年度非抗字第20號、臺灣高等法院臺南分院110年度非抗字第7號等民事裁定。

10

經營判斷法則在刑事背信罪之適用

詹秉達

壹、前言

　　司法判決經常引用英美上之經營判斷法則作為判決之依據，惟適用依據為何，尚有探究之空間。蓋我國雖訂有商業事件審理細則第37條規定，惟該條文是否能成為司法判決直接適用經營判斷法則之依據，解釋上是否有另尋他徑之空間，值得探究。本文首先介紹我國民事法院判決適用經營判斷法則之情形，惟民事相關案例已累積相當多件，因此僅擇要介紹與討論。

　　本文之重點在於經營判斷法則是否適用於刑事體系，鑑於當公司因董事與經營階層之決策致發生虧損，容易對於董事與經營階層是否有違背職務產生重大懷疑，加上考量司法實務上以刑逼民之風氣盛行，若公司一旦發生虧損情形，恐使公司董事與經營階層需頻繁應訴，因此討論刑事案件是否有經營判斷法則之適用即有重大實益。惟於刑事案件並非均有經營判斷法則之適用，如詐欺、竊盜罪等，因不涉及公司業務之執行且與經營判斷無關，自無經營判斷法則之適用；另觀察我國刑事司法實務有關適用經營判斷法則之論述，亦多涉及刑事背信罪或特別背信罪，即限於與公司經營有關事項範圍方有經營判斷法則之適用。

貳、經營判斷法則之定義與功能

一、經營判斷法則的特點是，先假定公司負責人在做出經營判斷時，是在經充分告知之基礎上、善意並真誠地相信其行為係符合公司最佳利

益並出自於合理商業目的，法院不會以其事後判斷來取代董事會當時之決策，縱然公司受有損害，公司負責人不負損害賠償責任，除非原告可以舉證推翻公司負責人不符合以下要件：1.經營決定（a business decision）；2.不具個人利害關係且具有獨立性（disinterested and independence）；3.充足資訊（informed）；4.善意（good faith）；5.未濫用裁量權（no abuse of discretion）[1]。

二、經營判斷法則主要內容為法院得以檢視公司負責人行為是否符合受任人義務[2]，並給予公司負責人最大範圍內享有經營判斷權限。假設公司董事與經營高層在做出商業決策時，是在知情的基礎上、真誠地行事，並真誠地相信所採取的行動符合公司的最佳利益，且不濫用自由裁量權，法院將尊重該判決[3]。

三、另根據我國司法實務判決[4]，在實務運作上經營判斷法則之適用範圍已逐漸擴及經理人及其他從業人員[5]。

---

[1]　參閱臺灣臺北地方法院93年度重訴字第144號判決（中工電訊公司案，裁判日期：2005年4月20日）。

[2]　同前揭註。

[3]　Aronson v. Harry Lewis,473 A.2d 805,813（Del. 1984），節錄原文：「The business judgement rule is an acknowledgement of the managerial prerogatives of Delaware directors under Section 141(a). It is a presumption that in making a business decision the directors of a corporation act on informed basis, in good faith, and in the honest belief that the action taken was in the best of the company. Absent an abuse of discretion, that judgment will be respected by courts. The burden is on the party challenging the decision to establish facts rebutting the presumption.」。

[4]　臺灣高等法院高雄分院96年度金上重訴字第1號刑事判決（高雄企銀案，裁判日期：2007年6月8日）。

[5]　同前揭註4。另參考Kaplan v. Centex Corp.,284 A.2d 119, 124（Del.ch.1971）；Kelly v. Bell, 254 A.2d 62, 75（Del. Ch. 1696）；另有不同見解，如在Platt v. Richardon乙案，則認為商業判斷法則僅適用於董事，職員並無適用之餘地，轉引自陳錦龍，美國法上「商業判斷原則」之概說，收錄於商業判斷原則與企業經營責任，施茂林等作，新學林，2011年12月，頁66。

參、我國法院適用經營判斷法則之依據

一、民事法理適用

民法第1條規定：「民事，法律所未規定者，依習慣，無習慣者，依法理。」依司法實務見解，所謂法理係指「……雖制定法中未揭示，惟可由法律根本精神演繹之法律一般原則，**為事務本然或應然之理**，以公平正義進行調和社會生活相對立的各種利益為任務；經由法理的補充功能得以適用包括制定法內之法律續造（如基於平等原則所作之類推適用）及**制定法外之法律續造**（如超越法律計畫外所創設之法律規範）。」，此有最高法院103年度臺上字第736號判決意旨、最高法院108年度臺上字第106號判決意旨可資參照。

經營判斷法則是英美上相關調和公司負責人責任及尊重經營判斷之規則，已行之有年且具有清楚之審查脈絡。以金融機構為例，考量我國金融機構董事在監管密度及其力道越來越強的情形，尚須承擔高度之經營決策風險以保持競爭力，因此若沒有相關配套措施平衡金融機構董事責任，恐有寒蟬效應產生，因此確有引進經營判斷法則以調和公司負責人責任之必要。

二、商業事件審理細則

商業事件審理細則第37條規定：「法院審理商業事件，得審酌下列各款情事，以判斷公司負責人是否忠實執行業務並盡善良管理人注意義務：一、其行為是否本於善意且符合誠信。二、有無充分資訊為基礎供其為判斷。三、有無利益衝突、欠缺獨立性判斷或具迴避事由。四、有無濫用裁量權。五、有無對公司營運進行必要之監督。」有論者認為本條已是英美法之經營判斷法則在我國的明文規定[6]，另有論者梳理該條規定與美國德

---

[6] 陳春山，商業法院對董事會運作及董事執行職務之影響，萬國法律，第237期，2021年6月，頁2-7。

拉瓦州之經營判斷法則後，認兩者內容仍有差異，且該條僅明訂法院審理商業事件時得參酌事項，尚無實質拘束法院效力[7]。

固然，從商業事件審理法審理細則第37條規定立法理由觀察：**「……惟忠實義務、善良管理人注意義務之具體內涵為何，並無客觀判斷標準，為求明確，爰設本條」**，該細則雖有具體化忠實義務及善良管理人之內容，似具經營判斷法則之精神，**惟該細則規定並無如同經營判斷法則有推定董事與經營階層已善盡注意義務及忠實義務之效果**，且要件內容與英美法下之經營判斷尚有若干差異，惟法院仍得參考該細則之內容與精神，在具體個案中予以調整適用。

比較經營判斷法則與商業事件審理細則第37條內容如下：

表10-1　經營判斷法則與商業事件審理細則第37條對照表

經營判斷法則	商業事件審理法審理細則第37條	兩者是否對應
善意。	一、其行為是否本於善意且符合誠信。	是
取得充分資訊（Duty to make informed business judgement）	二、有無充分資訊為基礎供其為判斷。	是
不具個人利害關係且獨立判斷。	三、有無利益衝突、欠缺獨立性判斷或具迴避事由。	是
未濫用裁量權。	四、有無濫用裁量權。	是
注意義務（duty of care）	五、有無對公司營運進行必要之監督，僅限於注意義務下之監督，態樣似有限縮。	部分對應，蓋監督義務（duty to monitor），僅屬之下位概念。
限於商業經營決定（a business decision）	商業事件方有適用該細則。	是
須由原告主張被告不符合上述要件內容	未有舉證責任分配的規定	否

來源：為作者自製。

---

[7] 林佳儀，經營判斷法則於民事案件之實務運作與股東事證蒐集之研究，國立政治大學法律學系碩士，2022年，頁151-155。

肆、經營判斷法則適用於民事判決

　　由於我國民事法院判決適用經營判斷法則之案例已累積相當多件，因此本文僅擇要介紹與討論。

一、朝陽人壽案

　　臺灣臺中地方法院106年度重訴字第72號民事判決[8]：「……**當公司負責人之行為，與其經營判斷事項無利害關係，並已取得經營判斷事項所需之相關資訊，且合理相信其經營判斷符合公司最佳利益之情況下，而基於善意作出經營判斷時，應認其已滿足應負之注意義務**，換言之，此注意義務係指一般審慎之人於同樣地位及類似情況下，被合理期待行使之注意義務，基於司法對於商業經營行為之知識經驗，並不當然比董事及專業經理人豐富，故司法對於商業決定應給予尊重，應**參考英美法上『經營判斷原則』**，當公司負責人在經營公司，**已經盡善良管理人之注意義務時，縱有錯誤或結果未如預期，事後公司雖然發生損失，仍不可反推公司負責人未盡其善良管理人之注意義務。**」

　　本件判決值得注意之處在於，其肯認公司負責人若符合「經營判斷事項無利害關係」、「取得相關資訊」及「善意」之要件，應**參考英美法上經營判斷法則，認為公司負責人已盡善良管理人注意義務，已直接承認我國有經營判斷法則之適用**。

二、中興電工案

　　本件為智慧財產及商業法院之民事判決，原告為財團法人證券投資人

8　節錄臺灣臺中地方法院104年度訴字第1905號民事判決（朝陽人壽案，裁判日期：2015年9月12日），雖本判決結論嗣經最高法院110年度臺上字第117號判決（裁判日期：2021年6月23日）廢棄發回，並經臺灣高等法院臺中分院110年度重上更一字第64號判決（裁判日期：2023年2月15日）判決確定推翻第一審結論，惟該第一審判決之論述仍具參考價值，因此加以引用。

及期貨交易人保護中心，其認中興電工辦理我國國軍雲豹八輪甲車採購案時，有不實合約及使用中國製零組件等諸多違法行為等，且情節重大，客觀上該公司負責人已不適任董事職務，主張依投保法第10-1條第1項第2款規定，訴請裁判解任擔任中興公司之前董事職務。

本件判決依商業事件審理細則第37條規定及其立法理由所載：「依公司法第23條第1項、企業併購法第5條第1項規定，公司負責人應忠實執行業務並盡善良管理人之注意義務，如有違反致公司受有損害者，應負損害賠償責任。惟忠實義務、善良管理人注意義務之具體內涵為何，並無客觀判斷標準，為求明確，爰設本條」，認為「法律已明定審理商業事件時，**『判斷』董事等公司負責人是否忠實執行業務與盡善良管理人注意義務之審酌事項**。惟董事守法義務，為其執行業務需絕對遵守之界限，此義務之履行不涉及**商業經營判斷**，故董事執行業務未守法，即應認違反公司法第23條第1項所定善良管理人之注意義務，**無援引商業事件審理細則第37條各款情事審酌判斷之必要[9]。**」

從上述判決之脈絡觀察，商業法院似已肯認該細則37條為經營判斷法則之審酌事項，只是本件判決裁判解任對象所為之業務內容已違背法令，因此無經營判斷法則之保護，進而無須再檢視該細則第37條之規定。

伍、經營判斷法則在刑事背信案件之適用

一、經營判斷法則是否得適用於刑事判決

有學者從舉證責任不同、民事體系下之經營判斷法則，未必可「直接」合於刑事案件在實體上及程序法上規定等理由[10]，認為經營判斷法則

---

[9]　智慧財產及商業法院111年度商訴字第4號判決（中興電工裁判解任董事案，裁判日期：2023年4月7日）。

[10]　蔡昌憲、溫祖德，論商業判斷法則於背信罪之適用妥當性──評高雄高分院96年度金上重訴字第1號判決；同前揭註6，頁348。

在明確修法前，適用於刑事案件有所不當[11]，惟司法刑事判決多肯認有其適用[12]。

當公司因董事與經營階層之決策而發生虧損，依一般社會通念恐容易對於董事與經營階層是否有違背職務產生重大懷疑；加上國內仍有以刑逼民之風氣，若公司一旦發生虧損情事，公司董事與經營階層頻繁應訴，事後恐不再敢冒商業經營上固有風險，不利公司競爭。為適度平衡董事與經營階層之責任[13]，本文贊同經營判斷法則在刑事訴訟活動上有其實質意義，蓋商業活動變化萬千，身為經營階層亦不可能透徹地瞭解每種具體商業行為模式，刑事法院透過經營判斷法則之要件，具體化經營公司之注意義務與忠實義務內涵，並讓相對而言較不瞭解商業經營實務之司法裁判者能夠在一定條件下，能夠藉由經營判斷法則以衡量經營者是否有違反背信罪中之受任人義務，亦可調和董事與決策人員之責任。

至於經營判斷法則具體在刑事案件中扮演之角色，具體操作上，如行為人係因背信罪之犯罪嫌疑遭檢察官提起公訴，經營判斷在刑事訴訟程序之角色主要在於，被告可以憑藉經營判斷法則主張自己做成商業決定時係基於資訊充足之情狀下所為，係屬善意，非出於自己利益所為之行為[14]。

二、高雄企銀案

本案事實為高雄企銀某筆貸款因客戶無法清償而轉銷呆帳，檢察官以審核貸款相關人員未確實徵信，並違反該行擔保品處理要點為違法鑑估，且有違反利害關係人授信規定為由，提起公訴[15]。

---

[11] 同前揭註10。

[12] 如臺灣高等法院98年度上易字第3084號刑事判決臺灣高等法院105年度金上訴字第40號刑事判決（富味鄉案，裁判日期：2017年12月10日）、高雄企銀案、合庫銀行員工授信案等。

[13] 郭大維，經營判斷法則與背信，收錄於公司治理重要判決解讀——董事責任參考指引，第六章，社團法人中華公司治理協會，初版，2022年3月，頁162。

[14] 邵慶平，商業判斷原則的角色與適用——聯電案的延伸思考，科技法學評論，8卷1期，2011年6月，頁103。

[15] 高雄高分院96年度金上重訴字第1號判決（高雄企銀案，裁判日期：2007年6月8日）。

　　本判決先就經營判斷法則先做闡述，並認為經營判斷法則亦適用於公司經理人及從業人員：「按所謂『商業判斷法則』（The Business Judgement Rule），係英美法上為緩和董事之忠實義務與注意義務而發展出來之理論，以避免董事動輒因商業交易失利而應對公司負賠償責任，經多年理論與實務之發展，**在實務運作上適用範圍已逐漸擴及經理人及從業人員**[16]。」

　　該判決認定**授信決策確實屬於經營判斷法則中之「經營判斷事項」**，此部分見解值得肯定[17]：「**金融機構從事授信貸放款業務之相關人員，於執行業務之過程中，就借款人提供擔保品之價值多寡、授信金額是否應為擔保品之一定成數、以及決定是否授信貸款等問題，均屬專業判斷事項**，相同借款人、相同擔保品，對不同金融機構而言，或因對景氣之判斷不同，或因對借款人之信用優劣之認定有異，或因市場競爭強弱，**當因金融市場上各種財務性或非財務性因素，而產生不同之估價、授信標準及結論。金融業相關授信人員在商場上隨時須作商事判斷，其判斷之優劣，反映出市場競爭之一面，有競爭必有成敗風險。**」

　　另有關本案擔保品鑑價之部分，雖確有本案檢察官所指出之「**未舉出同地段最近交易實例**」，惟此並非謂「該土地價格之計算即須以公告現值扣除應計土地增值稅為放款值」才能算是合法，若「**鑑估人員於實地調查、勘查後認列可能成交之價格。**」，且授信人員已依內規獲取重要且以合理之手段獲取土地估值，亦已符合經營判斷法則中之「**充足資訊**」、「**善意**」及「**無濫用裁量權**」之要件。有關此部分，該判決[18]進一步認為：「**法院祇問是否在規則內競爭，其所為商事判斷是否符合公司內部控制制度之規定，法院不應也不宜以市場結果之後見之明，論斷相關授信人員原先所為商事判斷是否錯誤，甚而認失敗之商業判斷係故意或過失侵害公司，即論經營者或經理人以背信罪責。在此情形下，即有上開『商業判**

---

[16] 同前揭註15。

[17] 邵慶平，前揭註14。

[18] 邵慶平，前揭註14。

斷法則』之適用，倘無積極證據證明授信人員於授信過程中故意違背其任務及公司內部控制之規定（按：此指注意義務），且有為自己或第三人不法利益之意圖（按：此指忠實義務），尚不得僅以該授信案件成為呆帳無法收回，即謂金融人員有何違背信託義務之行為，亦不能以背信罪責論處……。」

由該判決上述脈絡可知，若辦理授信相關人員已遵守其公司內部程序或規定（如本案雖未舉出同地段擔保品價格，惟鑑估人員已實地調查、勘查後認列可能成交之價格，即已踐行相關正當程序，符合資訊充足及善意之要件），則可主張受有經營判斷法則之保護，縱使事後該筆授信案件成為呆帳而使公司受有損失，授信人員亦不負損害賠償責任。

高雄企銀案			
姓名（本案被告）	職稱	被告職務內容	案例事實[19]套入（其他職務因判決內容未提及，因此僅以判決所談及內容檢視）經營判斷法則下之行為標準審視：
丁	常務董事兼任潮州分行經理。	1. 綜理該分行業務。 2. 審議高雄企銀大宗與超過分行經理授權限額，及6,000萬元以上之貸款案核放額度等董事會業務。	1. 分行端： █在資訊充分下審閱文件，並本於善意即為公司最大利益做決策： 丁已知悉孟郡公司「目前房地產處於低迷狀況，致該業之存貨銷售不易，營業收益性偏低，應加注意」及「負責人有退補紀錄」之情事。 2. 總行端（常務董事身分）： 丁雖未參與該授信案之投票，惟丁有參與授審會。 丁同時身為分行經理，對本件授信案比其他董事了解更為深入，其注意義務應為兼採主觀注意義務，其在會議中說明、討論責任應予強化，惟此部分判決未予論述。

---

[19] 同前揭註15。

高雄企銀案			
姓名（本案被告）	職稱	被告職務內容	案例事實[19]套入（其他職務因判決內容未提及，因此僅以判決所談及內容檢視）經營判斷法則下之行為標準審視：
己	董事	審議超過常董會授權限額貸款案件業務之董事會成員。	■檢視授信案件與徵信人員本身是否有直接或間接實質利害關係，若有應該揭露並予以迴避。 該董事並未參董事會投票表決。
丙	審查部經理	綜理審查部審核貸款業務。	■在資訊充分下審閱授信文件，並本於善意即為公司最大利益做決策： 被告丙○○係以總行審查部經理身分，採納審查部襄理蔡○○所為之估價（已完整踐行相關估價程序），簽載應酌予核減房地面積及放款值為8,000萬元為宜之意見，並將擔保品價值下修，降低核貸金額並報請董事會核議。 ■是否有遵守法令（授信利關人規範）： 本件屬於利害關係人授信，被告丙○○董事會中，已本其職責列席說明本案依銀行法第33條規定，需有三分之二董事之出席，出席董事四分之三之同意方能通過等情，已善盡利關人之查詢及報告責任。
戊	潮州分行副理	徵信與貸放等業務。	■並本於善意即為公司最大利益做決策戊已審閱並向上呈核該乙所製作之「潮州分行徵信報告表」。 其他兩要件基於判決未提供資訊，因此予以略過。
甲	潮州分行徵信課長	負責徵信與鑑估	判決將此二人行為合併論述： ■在資訊充分下撰擬或審閱文件，並本於善意即為公司最大利益製作文件： 1. 如實揭露該案擔保土地是否位於「科學園區特定區」或「第一期開發區」及貸放金額；

高雄企銀案			
姓名（本案被告）	職稱	被告職務內容	案例事實[19]套入（其他職務因判決內容未提及，因此僅以判決所談及內容檢視）經營判斷法則下之行為標準審視：
乙	潮州分行徵信調查員	負責徵信與鑑估	2. 探知並如實揭露孟郡公司「目前房地產處於低迷狀況，致該業之存貨銷售不易，營業收益性偏低，應加注意」及「負責人有退補紀錄」之情事。 ■遵守法令 有關擔保品鑑價，前往現場勘查，已符合高雄企銀「當時」之授信規範及作業規定，且專業判斷加以估價，與當時客觀情事相符。

■檢核結果：

1. 以經營判斷法則檢視判決內容後，有助於釐清及審視個案中授信人員之行為與經營判斷下授信指引之關聯性，並有利於判斷於其責任範圍內是否符合受任人義務。
2. 根據法院判決內容，乙、甲、戊、丁、丙，以本經營判斷法則之檢核後，均於其責任範圍內符合受任人義務。

三、合庫銀行員工放貸案

　　本件事實為合庫銀行某分行經理、襄理及員工共三人，明知客戶買賣房地是以人頭戶方式為之並向銀行申請此授信案，仍違反禁止放貸予人頭戶之公司規定、高估擔保品之市價，在相關徵信、授信方面予以放水通過，且在擔保品之房地價值評估程序，亦未能基於其他客觀透明之地段、屋齡、坪數、屬性（公寓、華廈或電梯大樓等）、樓層、有無車位等相關資訊而合理評估是否符合市場行情，被告雖主張此屬經營判斷法則範圍為抗辯，皆未被歷審法院採納，經上訴最高法院後駁回被告上訴。最高法院雖不認同被告行為有經營判斷法則的適用，**但肯認經營判斷法則適用刑事之特別背信罪[20]**。

---

[20] 最高法院109年度臺上字第4806號刑事判決（合庫銀行案，裁判日期：2020年11月26日）。

　　本判決值得討論之處在於，審理授信個案時，法院固然不能就「行為人所為決定是否正確」或「行為人應作如何的決定」等涉及經營判斷等專業內容為事後審查，以免干預授信市場機制，惟仍應審認刑事背信罪中之被告作成該決定時，**有無以審慎之態度審查決策內容（注意義務）及真心相信其決定係置於一個合理的基礎上（忠實義務）**加以綜合判斷，並強調股東之利益非係受任人義務的唯一考量，尚包含決策過程中的程序正義等整體內容[21]，**似就刑事案件中之經營判斷內容提出臺灣刑事版之經營判斷審查標準。**

四、經營判斷法則在我國刑事判決上之角色及功能

（一）臺灣特色之審查標準

　　經營判斷法則在我國刑事判決中已有建立起「臺灣特色」之審查標準，此得從在臺灣臺北地方法院97年度金訴字第1號、97年度金重訴字第2號刑事判決內容可明顯觀察出來：「在經營判斷法則下，董事等注意義務之滿足，並不以其判斷結果或內容實際上是否對公司帶來最佳利益為依據，而是**1.董事等在無利益衝突的情況下；2.取得為做出經營判斷事項所需之適切資訊；3.並於其所認為符合公司最佳利益的情況下，做出經營判斷即可。**縱令其後，此一經營判斷結果對公司帶來虧損，亦不能謂董事違反其注意義務。因此，**經營判斷法則所強調者，並非經營判斷之內容或結果，而在判斷過程中，董事是否滿足一定之程序要件，只要履踐上開合理三款的意思決定程序要件，縱令事後發現判斷之內容或結果，並不符合公司利益，亦不得追究相關董事責任。」**

　　依上述刑事判決之脈絡，在刑事案件中之被告，若能積極說服刑事法院已善盡上開三要件，即可援引經營判斷原則而免責；反之，檢察官若能舉證被告（一）有利益衝突；（二）未取得為做出經營判斷事項所需之適

---

[21] 採取股東之利益非係信託義務的唯一考量，尚包含決策過程中的程序正義等整體內容之判決，有臺灣高等法院105年度金上訴字第40號刑事判決（富味鄉案，裁判日期：2017年12月10日）及臺灣高等法院102年上訴字第1797號刑事判決（漢陽空運案，裁判日期：2013年12月11日）。

切資訊；或（三）認為經營判斷不符合公司最佳利益的情況下，三者其中之一者，被告恐難以援引經營判斷法則之內容，惟檢察官仍須主張被告有該當起訴法條罪名之構成要件，自不待言。

由此可知，刑事判決與民事經營判斷法則「先假定公司負責人在做出商業判斷時，是在經充分告知之基礎上、善意並真誠地相信其行為係符合公司最佳利益並出自於合理商業目的，法院不會以其事後判斷來取代董事會當時之決策，縱然公司受有損害，也不訴追公司負責人之責任」，已有相當不同之發展方向。

（二）經營判斷法則適用範圍應不限於委任關係

經營判斷法則原係屬受任人義務架構下之審查規則[22]，審查內容為公司負責人與決策者行為時有無遵循相關行為規則如善良管理人注意義務與忠實義務內容。惟經營判斷法則既為一個客觀判斷方法跟審查標準（如判斷經營決策人員之行為是否盡到善管義務及忠實義務），因此審查範圍不僅限於委任關係下之行為規則，蓋受僱人員於僱傭契約之工作範圍有判斷權限時，亦須遵守善良管理人注意義務及忠實義務[23]。

陸、結論

經營判斷法則是英美上相關調和公司負責人責任及尊重經營判斷之規則，行之有年且具有清楚之審查脈絡，且已多為我國司法實務引用在案，因此確有引進該法則以調和公司經營決策階層責任之必要。

引用之依據在於，經營判斷法則在我國雖無明文，惟鑒於該法則已

---

[22] 黃朝琮，公司出售時之受託義務與程序機制，收錄於受託義務之理論與應用，3版，新學林，2021年1月，頁97。

[23] 最高法院110年度台上字第40號民事判決：「按勞動契約存續時，勞工對雇主負有忠實義務，其中包括競業禁止義務。此義務乃勞動契約本質上既具有，本無待法律之明文或契約特別約定。」

在英美行之有年，**係屬可由法律基本精神演繹之法律一般原則，並可平衡我國董事之責任，且商業事件審理細則第37條內容已涵蓋經營判斷法則相關內容及精神，因此**，本文認為經營判斷法則在臺灣已屬於可被踐行之法理，而可引用於我國司法實務。另商業法院則該細則第37條為經營判斷法則之審酌事項，惟強調若經營業務內容已違背法令，則無經營判斷法則之保護，進而無須再檢視該細則第37條之規定。

　　合庫銀行案之判決明白表示經營判斷法則包含善管義務與忠實義務，並將經營判斷法則與刑法背信罪之信託義務內容相連結，該經營判斷之標準在於，行為人之授信行為有無違背其職務，**應以該行為人作成授信決定時「是否以審慎之態度審查決策內容」及「是否認知該決定具備合理性」為標準**；又本文以為該合理性應非指純粹之主觀認定，而必須是基於在資訊充足下所作之決定，並經通盤討論後，始足當之。另考量我國仍有以刑逼民之風氣，若公司一旦發生虧損情形，恐使公司董事與經營階層須頻繁應訴，因此討論刑事案件引進經營判斷法則之適用即有重大實益。惟值得注意者，經觀察我國法院適用經營判斷法則於刑事案件之論點後，刑事案件判決適用經營判斷法則之方式，顯然與英美法中僅適用於民事事件之處理方式，已有所不同。

11

公司法修正後，能否解決股東會臨時動議之問題

魯忠軒

壹、前言

　　我國公司法第172條第5項有關股東會臨時動議之規定，於民國（下同）107年11月1日修正後，增列減資、申請停止公開發行、董事競業許可、盈餘轉增資、公積轉增資等事項，應在召集事由中列舉並說明其主要內容，不得以臨時動議提出。

　　107年11月1日修正之公司法第172條第5項似乎初見成效，在近期實務判決中有多數臨時動議遭撤銷之案例，然而因我國對於臨時動議缺乏立論基礎，甚至認為與股東提案權僅提出時點不相同，提案範圍並沒有差異。造成股東對於提案有自由選擇的空間，相較於門檻較高的股東提案權，臨時動議既無持有股票期間及股數之限制，又可以突襲對手，故在公司經營權爭奪中，臨時動議被使用的淋漓盡致。本次修法雖將容易達成經營權爭奪之減資、增資等事項，限制不得以臨時動議提出，但仍然無從解釋限縮臨時動議的範圍以及理由為何，近似頭痛醫頭、腳痛醫腳之修法內容，仍無從自本質上解決問題。是以本文從臨時動議在我國的沿革，以及修法後實務判決的立場開始討論，並借鑒與我國相近之日本法，討論如何限縮臨時動議之範圍。

貳、我國臨時動議發展沿革及性質

一、我國臨時動議發展沿革

公司法於55年修正公布之第172條第4項，規定臨時動議得列舉於召集事由中，但就改選董事、監察人、變更章程、公司解散或合併事項，應於召集事由中列舉，不得以臨時動議提出。此規定為我國公司法第一次明文承認股東之臨時動議提出權。

77年證券交易法增訂第26-1條，將公開發行公司臨時動議的範圍予以限縮，理由如同公司法第172條第4項，避免對公司有重大影響的事項，股東迫於當場表決的時間壓力倉促做決定。規範將公司許可董事競業禁止行為、盈餘轉增資與公積轉增資列入禁止提出臨時動議範圍。90年，公司法第172條第4項改列第5項，禁止提出臨時動議範圍增設公司分割與公司法第185條公司重大經營事項。91年，證券交易法第43-6條增訂公司私募事項，並禁止股東以臨時動議提出私募。

107年11月1日修正後，增列減資、申請停止公開發行、董事競業許可、盈餘轉增資、公積轉增資等事項，應在召集事由中列舉並說明其主要內容，不得以臨時動議提出。

公開發行公司臨時動議規範，散見於公司法與證券交易法中，並以列舉方式明文規範臨時動議的禁止範圍。故原則上股東對公司任何事項皆有股東會當場的提案權，只有公司法或證券交易法中被認為對公司影響「重大」的事項，必須以股東會事前提案權提出。

二、臨時動議之性質

按經濟部之見解[1]，臨時動議屬於股東之固有權，股東會進行中，股東有依法提出臨時動議之權利，公司不得以章程或股東會議事規則加以限制。公司法與證券交易法對於臨時動議的限制，僅在於重大影響公司事項

---

[1] 經濟部87年1月23日商字第87202158號函釋。

不得提出，故只有臨時動議的範圍受到規範；至於臨時動議的要件與方式則不受限制，縱然股東僅持有一股，仍得提出臨時動議，立法上採取相當寬鬆的態度。

又依內政部頒布之「會議規則」[2]第30條[3]，「動議」可分為「主動議」、「附屬動議」、「偶發動議」。所謂主動議，指動議不附屬於任何議案，而能獨立存在者；故以臨時動議提出召集事由中未列舉之議案，性質上應為主動議。又附屬動議係指對原有議案提出程序或是實質上的提案，而必須附隨於原有議案，無法單獨存在。偶發動議則為針對整體會議程序所為之提案。

觀察所有臨時動議相關規定，都沒有對臨時動議進行定義，也沒有探討其類型。有學者[4]認為，臨時動議性質上股東對議事進行中偶發運作事件的提案。在思考上，股東於股東會中進行偶發性的提案，提案的目的可能針對議事運作的程序事項，也可能針對股東會實際議案的討論。所謂偶發的運作事件，應該能夠包含程序動議與實質動議，蓋臨時動議存在的目的，是為了討論在股東會前，股東無法預測所有可能的突發狀況，或是在股東討論之後產生新的想法，這些都仰賴臨時動議的彈性，所以無論是偶發的議事程序或實質動議，都應該包含在臨時動議的意義中。

---

[2] 內政部會議規則第2條：「本規範於左列會議均適用之：（一）議事在尋求多數意見並以整個會議名義而為決議者，如各級議事機關之會議，各級行政機關之會議，各種人民團體之會議，各種企業組織之股東大會及理監事會議等。……」

[3] 內政部會議規則第30條：「動議之種類如左：（一）主動議一動議不附屬於任何動議而能獨立存在者，屬之。其種類如左：(1)一般主動議：凡提出新事件於議場，經附議成立，由主席宣付討論及表決者，屬之；(2)特別主動議：動議雖非實質問題而有獨立存在之性質者，屬之。（二）附屬動議一動議附屬於他動議，而以改變其內容或處理方式為目的者，屬之。其種類如左：(1)散會動議（休息動議）；(2)擱置動議；(3)停止討論動議；(4)延期討論動議；(5)付委動議；(6)修正動議；(7)無期延期動議。（三）偶發動議：議事進行中偶然發生之問題，得提出偶發動議，其種類如左：(1)權宜問題；(2)秩序問題；(3)會議詢問；(4)收回動議；(5)分開動議；(6)申訴動議；(7)變更議程動議；(8)暫時停止實施議事規則一部之動議；(9)討論方式動議；(10)表決方式動議。

[4] 王志誠，股東之一般提案權、特別提案權及臨時動議權—最高法院96年度台上字第2000號判決之評釋，月旦法學雜誌，第185期，頁221。

參、107年11月1日修法後，仍未能徹底解決突襲股東之問題

一、臨時動議未於召集通知載明討論事項，以及未說明討論事項之主要內容，多則實務判決認定應撤銷臨時動議決議

　　我國在臨時動議所面臨的問題，即臨時動議對股東的突襲性，如大毅國巨案中[5]，大毅公司派股東提出臨時動議，將董監事選舉方式改為全額連記法，類似以臨時動議突襲其他股東的案例層出不窮，目的不外乎公司經營權爭奪或利益剝削。鑒於上開以臨時動議突襲股東之方式，107年11月1日公司法第172條第4項修法後，增列減資、申請停止公開發行、董事競業許可、盈餘轉增資、公積轉增資等事項，應在召集事由中列舉並說明其主要內容，不得以臨時動議提出。並於修法理由[6]中甚至特別提出「減資」議案對股東權益影響。

　　修法後，針對未於股東會開會通知所記載之召集事由範圍內，以臨時動議提起減資，近期多數實務見解肯認撤銷股東會決議，整理如下：如**臺灣彰化地方法院111年度訴字第715號民事判決**：「本件依原告所提被告於111年股東會開會通知書記載，111年7月1日召開臨時股東會，會議主要內容：1.110年度營業狀況；2.修訂公司章程討論案；3.討論增資。議題為『資金不足討論增資事項』，並未記載減資事宜。而111年7月1日臨時股東會會議紀錄則記載『公司資本減資：經與會計師討論應先辦理減資，註冊股本原新台幣1500萬減資為600萬，原150萬股減為60萬股，每股10元，

5　呂玨陞、吳靜芳，今周刊，涉嫌炒股抵制收購，延燒小股東權益，大毅拒凱美購併沒說清楚的兩件事，2017年11月16日。https://www.businesstoday.com.tw/article/category/80392/post/201711150009/

6　107年11月1日公司法第172條第4項修法理由：鑒於公司減資涉及股東權益甚鉅；又授權資本制下，股份可分次發行，減資大多係減實收資本額，故通常不涉及變更章程，爰增列「減資」屬應於股東會召集通知列舉，而不得以臨時動議提出之事由，以保障股東權益。

股東同意通過！』，則被告未於開會通知記載減資議案，而於會議中臨時決議通過系爭減資決議，顯然違反公司法第172條第5項規定。又據被告所辯原告於111年7月1日當天出席，原告協成發公司法定代理人許文雄因提出之公司解散、清算動議，未獲置理而離席乙情，則原告既以透過離席方式表明不同意其他議案，堪認原告已當場表示異議。是原告依公司法第189條規定，起訴請求撤銷系爭決議，應屬有據。」

　　臺灣士林地方法院112年度訴字第251號民事判決：「是股份有限公司股東常會或臨時會之召集，如涉及減資之事項，應在召集事由中列舉並說明其主要內容，不得以臨時動議提出。其立法目的，在於前揭事項屬與公司關係重大之事項，為使股東事先知悉該項議案，以便於會前準備，故明定須於召集事由中列舉，不得以臨時動議提出，並應說明其主要內容，俾使股東在資訊充分之情況下出席行使表決權，對於不能親自出席股東，亦得考量是否為授權委託之決定。查本件股東會之開會通知書上記載『本公司訂於中華民國111年8月31日上午9時正，……召開111年股東常會，議程如下：（二）3.減資彌補虧損案』等語，僅說明當日開會議程包含『減資彌補虧損案』，但就具體之減資金額、股數、方式均未載明，且被告公司亦未舉證有將主要內容置於指定之網站以供股東查閱之事實。則原告主張系爭股東會之召集程序違反公司法第172條第5項規定，依同法第189條規定於開會後之30日內訴請撤銷系爭股東會決議，依前說明，即屬有據。」

　　臺灣高等法院臺中分院112年度上字第275號民事判決認為：「又系爭通知單僅記載召集事由，對於章程修改條文、董事席位增減、資本額增減等議案均未說明內容，亦未見被上訴人有將該召集事由之主要內容置於網站並於系爭通知單上載明其網址，上訴人並均未參與系爭股東會，自難認上訴人之股東權益受有保障。從而，上訴人主張系爭股東會之召集程序，違反公司法第172條第5項規定，依同法第189條規定於開會後之30日內提起本件訴訟訴請撤銷系爭決議，依前說明，即屬有據。」

二、修法後以股東會議事事項之「類型」限縮臨時動議範圍，未能解決突襲股東之問題，也影響股東會議事效率

我國對於臨時動議長期缺乏基本之定性，依經濟部之見解，僅認為屬於股東之固有權，股東會進行中，股東有依法提出臨時動議之權利，公司不得以章程或股東會議事規則加以限制。公司法第172條第5項規定經過修正後，仍然採取列舉禁止提起臨時動議之立法方式，似乎只要不在禁止提起臨時動議的範圍，就可以包山包海的提出，這也是為何107年11月1日修法前，公司派股東經常以臨時動議提起增資、減資等事項，配合股東名冊精算股權，達成鞏固經營權之目的。原先設想以臨時動議增強股東參與公司治理之美意，遂成為阻擋外部股東參與公司經營的高牆。107年11月1日修法後，實質上僅杜絕以臨時動議提出增資、減資藉以爭奪經營權之問題，然而對於臨時動議突襲其他股東之問題，卻沒有獲得解決。

股東並無出席股東會之義務，也沒有決議股東會事項的義務，是以股東會召集通知及主要內容之說明，成為股東是否出席股東會之關鍵。然而我國臨時動議範圍，容許未載明於召集通知之討論事由，然股東於事前根本無從知悉臨時動議的內容，此突襲性之問題則無從解決。此外，公司法第177-1條第1項及第177-2條規定，公司召開股東會時，採行書面或電子方式行使表決權者，其意思表示應於股東會開會二日前送達公司，是以股東以書面或電子方式行使表決權，係採行「事先投票制」。又公司法第177-1條第2項規定，以書面或電子方式行使表決權之股東，視為親自出席股東會。但就該次股東會之臨時動議及原議案之修正，視為棄權。是以股東以書面或電子方式行使表決權，仍無從參與臨時動議之表決。

除了臨時動議未限制於召集事由範圍，所產生之突襲性問題外，也另外產生在召集事由範圍內，對於股東並無突襲性之議案，卻無法以臨時動議提出討論，進而過度限縮議事範圍之問題。舉例而言，在我國公司法第172條第5項規定修正後，若股東會召集事由中載明討論事項為減資三成股本，則因公司法條文明定不得以臨時動議提出，縱然全體股東討論後認為減資一成即可，亦因無從以臨時動議提出減資一成之議案，造成議事效率

之低落。故我國立法以討論事項之「類型」限制臨時動議的範圍，一方面產生突襲性，另一方面也影響議事效率，應有再修正之必要。

肆、開會的基本原則：議題與議案的區別

會議是召集眾多成員，開啟討論並形成共識的程序。成員對於會議討論的內容，應該先有概括性的瞭解，藉此提高會議討論的效率。蓋會議聚集眾多成員，勢必付出一定成本，例如會場的費用、人員的支出、成員聚集成本……等。尤其公開發行公司股東會的召集，因股東人數眾多，召集成本相當龐大，更應該重視會議討論的效率。

又立於防止討論事項的突襲性的角度，若會議成員無法事前瞭解討論事項，到會議現場才知悉，無法期待能夠在充分思考下做成決定。修法前，按公司法第168條之規定，公司減少資本撤除股份，應該經過股東會普通決議。無特別規定下，公司減資得在股東會中以臨時動議提起。102年6月12日，曾以600股價成為台股股王的威盛公司，在當天股東會中以臨時動議通過減資5成股本的議案[7]，對公司影響重大的減資案卻以臨時動議方式提出，引發市場譁然。就減資案是否能以臨時動議提起，經濟部[8]認為公司法無規定減少資本應於召集事由中列舉，採肯定見解。威盛公司當時的股東，在股東會中才知道減資案的討論事項，無法事前做足準備而受到突襲，值得警惕。

為了讓會議成員對會議討論的事項有一定程度的瞭解，必須先將會議召開的目的通知成員，也就是會議討論的各個議題。議題代表開會的目的，必須記載於召集通知中，僅需要達到讓會議成員知悉討論事項，能夠自行蒐集相關資料的程度即可，並不需要鉅細靡遺的把所有可能的討論內容都列入召集通知當中。

---

[7] 陳永吉，大股東臨動突襲減資坑殺小股民，自由時報，2012年6月18日。

[8] 經濟部92年2月6日上字第0920205640號函。

　　議案則是會議當中實際討論的事項，是在議題的範圍內，所有可能被決議的結果。以公司召集股東會解任董事為例子[9]，開會的目的就是解任董事，只要將「解任董事」列在召集事由中作為議題，股東就能從議題當中得知開會的目的，並自行蒐集相關可能被解任董事的資料。至於實際上解任哪一位董事則為議案，是解任董事的開會目的中，具體可能被決議的結果。

伍、日本法中相關立法例

　　在日本公司法中（下稱会社法），議題的提案權與議案的提案權，分別規定於會社法第303條與第305條，將股東提案權的行使，分成議題提案與議案提案兩種。議題代表股東會之討論事項，議案則代表討論事項之具體提案。

一、議題提案權

　　依会社法第303條[10]，持有公開發行公司總計有表決權數超過1%或

---

[9]　近藤光男，最新株式会社法，第4版，東京：中央經濟社，2007年，頁166。

[10]　会社法第303條：「株主は、取締役に対し、一定の事項（当該株主が議決権を行使することができる事項に限る。次項において同じ。）を株主総会の目的とすることを請求することができる。2前項の規定にかかわらず、取締役会設置会社においては、総株主の議決権の百分の一（これを下回る割合を定款で定めた場合にあっては、その割合）以上の議決権又は三百個（これを下回る数を定款で定めた場合にあっては、その個数）以上の議決権を六箇月（これを下回る期間を定款で定めた場合にあっては、その期間）前から引き続き有する株主に限り、取締役に対し、一定の事項を株主総会の目的とすることを請求することができる。この場合において、その請求は、株主総会の日の八週間（これを下回る期間を定款で定めた場合にあっては、その期間）前までにしなければならない。3公開会社でない取締役会設置会社における前項の規定の適用については、同項中「六箇月（これを下回る期間を定款で定めた場合にあっては、その期間）前から引き続き有する」とあるのは、「有する」とする。4第二項の一定の事項について議決権を行使することができない株主が有する議決権の数は、同項の総株主の議決権の数に算入し

300股以上，並繼續持有達6個月期間；在股東會召集前八周，以符合公司股份處理規則之書面方式[11]，提出股東會依法律或章程得為表決之事項[12]。

又依会社法第309條第5項，股東會之討論事項，限於股東會召集通知所列事項，故股東會討論事項的範圍，不成超越議題之範圍。股東參加股東會前，只需要在議題的範圍內做準備，議題外的事項並不會在股東會中出現，造成突襲的現象。

二、議案提案權（事前及會議中的提案權）

議案提案權規定於会社法第305條與第304條，可分為兩種情形。一種是股東會召集前，例如召集通知書中的議案提案權，另一種是股東會當場提出之議案提案權。

事前的議案提案權形式要件上，依会社法第305條[13]提案股東必須繼續持有以發行有表決權股份總數1%或300股以上達6個月期間，並於股東會召集前8週期出於公司。實質要件上，提出之議案必須為股東會依法律或章程所得表決之事項，且符合實質同一案件之規定。

股東會中的議案提案權，也就是所謂的「動議提案權」依会社法第

ない。」

[11] 前田雅弘，株主提案権の課題，大証金融商品取引法研究会，2010年1月22日。轉引自許容慈，股東提案制度之檢討──以公開發行公司為討論對象，台灣大學法律研究所，2013年，頁88。

[12] 会社法第295條第2項。

[13] 会社法第305條：「株主は、取締役に対し、株主総会の日の八週間（これを下回る期間を定款で定めた場合にあっては、その期間）前までに、株主総会の目的である事項につき当該株主が提出しようとする議案の要領を株主に通知すること（第二百九十九条第二項又は第三項の通知をする場合にあっては、その通知に記載し、又は記録すること）を請求することができる。ただし、取締役会設置会社においては、総株主の議決権の百分の一（これを下回る割合を定款で定めた場合にあっては、その割合）以上の議決権又は三百個（これを下回る数を定款で定めた場合にあっては、その個数）以上の議決権を六箇月（これを下回る期間を定款で定めた場合にあっては、その期間）前から引き続き有する株主に限り、当該請求をすることができる。」

304條[14]，股東對就股東會之目的事項，得提起議案。也就是在議題的範圍內，股東得在股東會現場提出具體可表決的議案。與事前的議案提案權不同的是，因為並未被記載於召集通知當中而未增公司成本，且提出可供討論之議案為股東均有之權利，故在形式要件上只要求為股東會之成員即可。

三、動議提案權

動議提案權的規範目的[15]，本於股東參與股東會討論之目的，在股東會議事進行中，對於議題或議案程序時，於不違反法令或章程的範圍內，承認股東有質問與修正的權利。動議提案權在分類上，與我國法相似，分為對議事運作事項與議事內容本身兩種不同的種類。針對議事運作事項之動議稱為程序動議，例如会社法第317條延長或續行股東會之動議，或第316條股東會中選任檢查人之動議。值得注意的是，為了避免程序動議永無止盡的主張，故会社法第315條賦予股東會主席有議事整理權。

修正動議只能在議題的範圍內提出，所以如何確定議題的範圍至關重要。議題的目的是為了確定股東會討論的範圍，股東可以藉由議題知道這一次股東會可能作出甚麼樣的決定，事前股東會召開後對公司的影響性，進而考慮是否出席股東會，甚至是否繼續保有股東身分。也就是說議題必須確定股東會效果的最大值，從反面而言，股東若不出席股東會，則最嚴重的後果是什麼？最嚴重的後果必須被限制在股東會前已經提出的議案範圍內。所以對股東權益較原議案不利的補充或修正議案，雖然仍在議題的範圍內，但因為超越股東對於股東會不利效果的評估，故仍然被禁止於股東會現場提出。

---

[14] 会社法第304條：「株主は、株主総会において、株主総会の目的である事項（当該株主が議決権を行使することができる事項に限る。次条第一項において同じ。）につき議案を提出することができる。」

[15] 横田正雄，総会における動議提出権について，商事法務，第九八八號，1983年，頁30。轉引自杜怡靜，從日本之提案權制度反思我國股東提案權以及臨時動議提出權，中原財經法學，第33期，2014年12月，頁16。

陸、結論：臨時動議應限於議案提案權

一、我國臨時動議法律體系之混亂

　　我國臨時動議與一般提案權，被認為是股東參與公司經營所不可或缺的固有權，兩者關係並非互補，而係利於有利股東提出的立場，只要能夠提出議案參與公司經營，兩種手段可以自由選擇而不互斥。但這樣的立法精神卻遭到濫用，沒有臨時提出必要的議案，卻因為不願意讓對手有所準備，故意不以一般提案權在股東會前提出。

　　在大毅國巨案中[16]，國巨公司曾經主張「被告濫用股東之臨時提議權，透過突襲性之議事安排，以全額連記法取代累積投票制，顯係以侵害少數股東參與公司經營之權利為主要目的，其行為已構成權利之濫用，故系爭股東會決議違反民法第148條第1項之規定，有無效之事由」，該案件突顯出大毅公司以臨時動議方式通過全額連記法，取代原有之累計投票制，並取得多數之董事會席次。該臨時動議明明可以一般提案權方式先行提出，卻故意以具有突襲性的臨時動議的提案方式，剝奪其他股東對於議案的知情權益。

　　同案件中法院論述僅及於公司資訊公開的義務，惟公司資訊無論如何公開，若無股東事前的提案，其他股東仍然受臨時動議突襲的風險。提案股東對於希望提出於股東會討論之議案，有沒有事前通知其他股東的義務？倘若故意剝奪其他股東知情權益，是否構成權利濫用？法院並未詳加論述，似乎認為一般提案權與臨時動議，皆為公司法賦予股東的提案權，股東在兩者間得自由選擇行使哪一項權利，選擇權為公司法所容許，其他股東無法主張提案股東不選擇一般提案權構成權利濫用。

　　臨時動議範圍是否應該限縮於議題之範圍，以107年11月1日公司法第172條第4項修法來看，係採取限縮之立場，將增列減資、申請停止公開發行、董事競業許可、盈餘轉增資、公積轉增資等列為不得以臨時動議提出

---

[16] 最高法院98年度台上字第923號判決。

事項。然而，股東會特別決議事項均具重要性，為何僅減資、增資及申請停止公開發行等少數事項列入限縮範圍？難道股東會特別決議事項尚且區分「最重要」及「一般重要」？顯然修法理由並未提出為何以列舉方式修正，也造成公司法體系之混亂，這也是臨時動議範圍未限於議題範圍內，必然產生之問題。反觀對於公司非重大的事項，雖然完全禁止以臨時動議提出可能增加股東會開會成本，然而卻能藉此提醒股東重視股東會，在股東會前充分思考相關議案，是以臨時動議的範圍應該受到限縮。

二、臨時動議應限於議案提案權

　　臨時動議作為議事規則之一環，應儘量權衡突襲性及議事效率之平衡點。就我國以議事「類型」限縮臨時動議的立法而言，並沒有議題概念可以限縮開會範圍，法律也對臨時動議做最低度的限制，造成臨時動議在非公司法禁止事項上提案範圍非常廣泛，同時在公司法禁止事項上缺乏彈性，同時產生突襲性及影響議事效率之雙重問題。

　　臨時動議之範圍，基應該嚴守議題與議案區別的論點，應該使我國臨時動議的範圍限於議案的提案範圍，即與日本法修正動議權範圍劃上等號，也就是所謂的「議案提案權」。蓋議案限於議題之範圍內，議題於已載明於股東會召集通知，是以無論何種議案的臨時提出均無突襲性問題，在此範圍內，應鼓勵股東儘量提出議案或相關意見，使議題能夠充分討論，進而做出最符合股東利益之決策，兼顧議事效率，真正達成股東行動主義。

12

監察人依據公司法第213條規定代表公司對董事爲訴訟時，法院應否先行審查監察人是否有利益衝突？

鄭貴中

壹、最高法院民事大法庭109年度台抗大字第1196號[1]

本件裁定主文：

股份有限公司與董事間訴訟，於訴訟進行中，代表公司之監察人聲明承受訴訟者，法院毋庸審酌其與該董事間之利害關係。

一、本案基礎事實

原告A股份有限公司（下稱A公司）以董事長甲爲法定代理人，已卸任董事職位之乙爲被告，起訴請求賠償損害。乙於訴訟前進行之調解程序，委任律師丙爲代理人，丙並曾代乙發函A公司主張權利，但未於訴訟中代理乙。嗣於訴訟審理期間，乙、丙獲多數股東支持，分別補選爲A公司之董事及監察人，致該損害賠償訴訟之當事人爲公司與董事。丙遂依公司法第213條前段、民事訴訟法第176條規定，具狀聲明承受訴訟。經第一審法院裁定准許丙爲A公司董事長甲之承受訴訟人，續行訴訟。

二、本案法律爭議

就股份有限公司與董事間訴訟，除法律別有規定、公司股東會依公司法第213條規定另選代表公司爲訴訟之人，及少數股東依同法第214條第1

---

[1] 以下內容乃係整理大法庭裁定及提案庭之提案裁定。

項之書面請求外,法院於受理監察人依同法第213條規定,為代表公司而聲明承受訴訟之事件,須否審酌該監察人與他造董事間之利益關係?

三、裁判見解

(一) 本院先前裁判之見解(肯定說)

　　按股份有限公司由董事長擔任法定代理人,是為原則。公司法第213條規定,公司與董事間訴訟,除法律另有規定外,由監察人代表公司,股東會亦得另選代表公司為訴訟之人。考其立法目的,乃恐董事長代表公司與董事訴訟,難免有徇私之舉,損及公司利益,故有改由監察人或股東會另行選定之人代表公司之必要。故該規定之適用,不得違背上開規範目的,否則難謂正確適用法律(109年度台抗字第80號裁定)。

(二) 提案庭擬採之法律見解(否定說)

1. 按解釋法律應先依其文義,而後繼以論理解釋,必該規定存有漏洞,而須探求規範目的以為補充,不宜貿然逾越可能之文義,俾確保法規範之安定性及預見可能性,並符權力分立之憲法意旨。

2. 由公司法第213條規定可知,凡股份有限公司與董事間之訴訟,不論公司為原告抑或被告,除法律別有規定、股東會另選代表公司為訴訟之人,或少數股東依同法第214條第2項規定為公司提起訴訟外,即應由監察人代表公司起訴或應訴,文義上似無模糊缺漏之處。尚無慮慮可能有徇私之虞,而對公司法第213條規定為目的性限縮之必要。

3. 股份有限公司之監察人,乃基於企業民主之理念,在企業所有與經營分離模式下,為發揮企業經營與監督之制衡作用,而特別設置專司公司業務執行監督、會計查核及代表公司權限之常設、必要機關。其制度目的及組織運作,乃藉由公司自我監控理念,期能有效掌握公司之營業狀況,並防止違法失職之企業經營,俾維股東之權益。又股份有限公司董事及監察人之選任,依公司法第192條、第192-4條、第198條、第216條、第216-1條規定,有其法定之程序,由股東於股東會選舉之。既

經多數股東盱衡各情，依其自由意願選出可代表公司之董事及監察人
（公司法第8條參照），法院自應尊重公司治理及企業民主之結果，不
宜任意介入。

4. 監察人與公司間屬於委任關係，在執行職務時，負有一定之注意義
務，倘有違反，須負相關之民事、刑事及行政責任。故公司或股東如認
監察人執行職務損害公司或股東權益，自可依法追究其應負之責任，而
無限縮公司法第213條規定適用之必要。

5. 監察人欲代表公司而聲明承受訴訟時，與他造董事間是否親密而有利益
關係，尚非法院准駁時所得知悉。倘採肯定說見解，恐將增加法院審查
負擔，是否有其必要，宜深思之。

6. 本件法律問題之對應事實有三層次：
   (1) 通案：監察人就公司與董事間訴訟聲明承受時，法院應否審酌監察
       人與他造董事間之利益關係？
   (2) 本案事實：監察人就任前，曾代理他造與公司對立
       A.監察人非律師時，有無違反雙方代理規定致不得承受訴訟？
       B.監察人為律師時，有無違反雙方代理或律師法（律師倫理規範）
         規定致不得承受訴訟？若僅違反律師法（律師倫理規範），其代
         理而為之法律效果如何？
   (3) 本案事實：公司股東會已決議撤回對董事之訴訟，董事會或監察人
       得否置喙而不遵守？
   本庭認本件有消極歧異法律見解者，僅為上述(1)通案部分。至其餘問
   題，為本庭依法審理範圍，尚無提案必要。

四、裁定理由摘要

（一）股份有限公司之監察人，係基於企業民主之理念，在企業所有與
      經營分離模式下，為發揮企業經營與監督之制衡作用，而特別設
      置專司公司業務執行監督、會計查核及代表公司權限之常設、必要
      機關。其制度目的及組織運作，旨在藉由該必要機關之監控，以有
      效掌握公司之營業狀況，防止企業經營者之違法失職，俾維護股東

之權益。股份有限公司董事及監察人既經多數股東盱衡各情，依其自由意願選出，法院自應尊重公司治理及企業民主、私法自治之結果，不宜任意介入。

（二）監察人代表公司與董事間訴訟時，若對該董事有徇私之情，股東會可依法另選代表公司為訴訟之人，或解任該監察人，或由少數股東訴請法院裁判解任，事前或事中非無補救措施。另監察人與公司間屬於有償委任關係，倘監察人未盡善良管理人之注意義務忠實履行職務，致損害公司權益，應負相關之民事、刑事責任。益徵公司法相關規定，業已斟酌公司與董事間訴訟代表權之安排分配、弊端防制及救濟方式等問題，自不存在應排除與他造董事有利害關係之監察人代表公司訴訟而未予排除之隱藏性法律漏洞，考量訴訟程序之安定、司法運作之效能，尚無預慮其可能徇私之問題，而目的性限縮公司法第213條規定適用之餘地。故監察人代表公司而聲明承受訴訟時，不宜額外增列法文所無之限制。

（三）至監察人有無依法不得代表公司之情形，或其應否負前揭所指民、刑事責任，則屬別一法律問題，應視個案具體情節謀求解決。

（四）綜上，法院於受理股份有限公司監察人依公司法第213條規定，為代表該公司而聲明承受訴訟之事件，無須審酌該監察人與他造董事間之利害關係。

貳、問題分析

就本件系爭法律問題爭議所涉及爭點乃係關於監察人之代表權之問題，在我國傳統學說上將監察人之權限區分為監察權、公司代表權、股東會召集權等三項[2]。就我國公司法規定，董事長應有公司之當然代表

---

[2] 柯芳枝，公司法要義，6版，三民，頁204-208；廖大穎，公司法原論，5版，三民，頁225-226；王文宇，公司法論，5版，元照，頁461-463。

權[3]，董事長之代表公司權限乃屬法律規定，此部分董事長之權限獲得屬法定，不同於其他會議體之規定，會議體內之構成員均有代表會議體之權限[4]，且在公司法第213條時規定，將該當然代表權另透過法律規定之方式，由監察人取得代表權[5]。而此時產生最大的爭議點落在此種公司法特別規定由監察人取得代表權時，該監察人是否仍須考慮到利益衝突迴避之問題。

　　考慮公司法第213條之立法目的，不外乎在於擔心董事長代表公司與董事訴訟時，因為董事長與董事均是會議體成員，難以避免有徇私之舉，故例外尋求公司體制內之中立非該會議體成員之第三人來代表公司為訴訟，以免涉及徇私，若從此立法目的出發觀察的話，顯然在立法者之內心想法是，不論該董事長是否果真與該被訴之董事有相同利益而必然產生有迴護之舉，一律推定會有迴護之舉，所以我們需要在此種狀態時要求董事長一律需迴避，將其當然代表權轉由第三人行使，且在轉由第三人行使時，因為此時該會議體內之成員（即其餘董事）立場均與董事長相同，所以不宜由董事會成員內選擇，故由監察人來擔任，然此時該擔任之監察人是否就因此而免除利益迴避衝突之審查？就最高法院109年度台抗大字第1196號裁定見解認為，此時該監察人在得否擔任公司之代表人時，不應目的性限縮公司法第213條之適用，不宜增加法律所無之限制，因此在得否擔任代表訴訟人時，無須審查與他造董事間之利害關係，另本文嘗試分析大法庭之法律見解，大法庭此時並非認為在公司法第213條監察人代表公司對董事訴訟時，一律不需要審查代表人與董事間之利害關係，而是認為在監察人代表公司對董事訴訟之過程時，監察人若有徇私或者未盡善良管理人注意義務時，此時尚有其他公司法之相關規定保護，尚可依循該相

---

[3]　公司法第208條第3項：董事長對內為股東會、董事會及常務董事會主席，對外代表公司。

[4]　如民法第27條第2項，董事就法人之一切事務，對外代表法人。

[5]　公司法第213條：「公司與董事間訴訟，除法律另有規定外，由監察人代表公司，股東會亦得另選代表公司為訴訟之人。」；公司法第223條：「董事為自己或他人與公司為買賣、借貸或其他法律行為時，由監察人為公司之代表。」

關規定尋求保護,並非全然完全放棄審查利益衝突,換句話說,亦即本件最高法院之大法庭裁定認為,法院在審查監察人可否代表公司對董事為訴訟時,在准許可否時,不需要審查是否有利益衝突,但在進行相關訴訟行為時,監察人代表公司所為之各項行為,仍須依循公司法之相關規定審查是否有產生利益衝突之行為後,依循各相關規定進行事中、事後之責任追究。

參、公司法第213條規定是否屬監察人監察權之一環?

就公司法第213條規定,究係屬單純代表權,亦或者係屬代表權外亦屬監察權之一環,學說實務上容有爭議,從本件大法庭裁定見解及最高法院之見解[6],我們似可認定最高法院之解釋應為代表權之行使,行使監察權與對外代表公司係屬二事,此時應屬單純代表權之行使,因而無須考量行使監察權,因此而得出本次大法庭裁定見解之結論,認為在適用公司法第213條時,無須考量監察權之行使而有利益迴避審查之必要。而學說上,有認為監察人之代表權實乃居於監督職責而行使代表權限,即使董事與公司所進行之交易內容為董事會權限範圍,讓監察人對此交易因而有決策權,惟畢竟此類交易,仍須事先經董事會決議提出後再交由監察人為獨立判斷以為決策,監察人並不能在無董事會決議下即自行代表公司與董事交易,從而其代表權之取得及所屬之交易決策權,係源於監察權而

---

6 最高法院99台抗字第142號民事裁定:「公司對董事或清算人之訴訟,依公司法第二百十二、二百十三條規定,除有公司法第二百十四條所定情形外,尚須經股東會決議,監察人始得代表公司對董事提起訴訟,股東會並得另選代表公司為訴訟之人,監察人非得任意代表公司為訴訟行為。準此,於董事或清算人對公司提起之訴訟時,如監察人有二人以上,而未經股東會選任者,自應列全體監察人為公司之法定代理人,始為適法。又公司監察人依公司法第二百二十一條規定,固得單獨行使監察權,惟行使監察權與對外代表公司係屬二事,尚不得以監察人得單獨行使監察權,而謂董事或清算人對公司訴訟時,得任選一監察人為公司之法定代理人進行訴訟。」

來[7]。亦有認為監察人依公司法第223條規定取得之代表權，性質上仍屬監察權之一環[8]；又監察人依公司法第223條規定因董事為自己或他人與公司為買賣、借貸或其他法律行為而取得之代表權，性質上，仍屬監察權之一環[9]。此部分學說及行政機關函釋部分均是公司法第223條之規定所為之解釋，學說上及行政機關就公法第213條規定較無相關見解產生，惟本文認為，公司法第223條及213條之規定及立法目的均相似，就其法條解釋上應得類推適用同一法理，故應可認定同一解釋，認為就公司法第213條規定而言，其並非僅是單純代表權之行使，應屬於公司法上授予監察人之監察權一環。

肆、結論

　　承最高法院見解及學說上之爭論，顯見在最基礎性的問題爭點在於，公司法第213條之規定究係是單純公司之代表權，還是在此時公司法立法模式規定本條時，並非僅是單純尋找另一人取代董事長代表公司為訴訟行為，而是特意要求由監察人來擔任代表公司之行為，加強監察人在此種容易有利益衝突之行為時，讓監察人得直接參與其中強化監察權之行使，不用等待到事後利益受損時再透過損害賠償之方式尋求利益填補而有緩不濟急之危害，我們從最高法院之統一法律見解裁定可以看出來，在本案中最高法院見解認為，在公司法第213條之情況時，在涉及監察人代表公司對董事為訴訟時，此時公司法第213條之作用乃屬究係何人有資格代表公司對董事為訴訟的資格審查，至於監察人代表公司對董事為訴訟時如果有涉及利益衝突或者危害公司利益時，係屬另一法律問題，應尋其他法律相關規定解決，不應就其代表權額外附加法律所無之限定。然就學說上

---

[7] 洪秀芬，監察人對董事自我交易之代表權—最高法院一〇〇年度台上字第一六七二號民事判決評析，月旦裁判時報，30期，2014年12月，頁34。

[8] 內政部101年10月16日內授中辦地字第1016040193號函。

[9] 經濟部101年10月3日經商字第10102130450號函。

另有之見解認為，公司法第213條之規定並非單純僅是法定的代表權之授予，此時尚有隱含監察權之行使，亦即認為此時由監察人代替董事長代表公司為訴訟行為，乃係有意強調在此種狀況（即公司對董事訴訟時）特別容易有利益衝突等情狀產生，應由監察人直接涉入訴訟程序中就其整體過程加強行使監察權之意涵。本文見解認為，在公司對董事訴訟時，其實董事長並非當然均一定有與該被訴董事產生利益衝突或有迴護之情產生，此時公司法特別規定將監察人設定為公司之代表訴訟人，其中解釋意涵難謂無特別提醒監察人加強監察之意旨存在，最高法院統一裁定見解所謂之不應就代表權額外附加法律所無之限定，應係其就該法律問題之屬性認定為在此種情狀下應屬何人有「資格」之資格審查，只要該監察人符合擔任監察人之積極要件與不違反消極要件時，該監察人即可代表公司對董事為訴訟，至於利益衝突之審查乃係其事後擔任公司之法定代表為訴訟行為時才需要做審查。

本文進一步嘗試解析該見解，畢竟所謂利益衝突之注意義務，不論是公司之董事或者監察人，均屬其因為與公司間成立之委任關係而存在之委任人注意義務下之一環，而成立該利益衝突之注意義務時並不當然就因此而喪失該代表權，雖然在有利益衝突時，就一般人性觀察，自我利益可能會較容易比公司利益優先保護，然在公司法規定下，該公司利益之損失亦可透過損害賠償方式彌補，當事人並不一定就會優先保護自我利益，亦有可能在自我利益與公司利益損失衡量評估後，選擇放棄自我利益，而且就算當事人選擇優先保護自我利益，該當事人違反利益衝突之行為，就我國公司法上之規定來看，該行為仍屬有效，並不因此而喪失法律上效力，因此該監察人之代表權仍然存在，只是公司之損害可透過損害賠償途徑獲得填補，而在本件法律爭議上，若採取肯定說即法院應審查監察人之利益衝突，只要監察人有利益衝突存在可能性時，應禁止該監察人代表公司進行訴訟，乃是變相剝奪監察人之法定代表權限，而觀諸我國公司法並無存在類似董事或監察人與公司間有利益衝突時，其董事或監察人權限遭剝奪之相關類似規定存在，如依據我國公司法之規定，在所謂的董事與公司間利益衝突違反時，此時應依據公司法第23條規定負損害賠償責任，或者將該

利益歸入公司所得，並無產生剝奪權限之規定[10]。

　　而學說上亦有論者認為，依據本件最高法院之案例事實來看，會產生更嚴重之利益衝突，而本條規定其本質上乃係為避免利益衝突，且本條規定其本質上應屬監察權之行使[11]，而本文見解亦贊同公司法該條規定其性質上亦有強化監察權之性質存在，但本條規定之本質上應屬公司對董事訴訟之代表權法定授與，至於強化監察權之行使乃屬督促獲得代表權之監察人應即時行使監察權，而並非監察人因為本條文之規定額外獲取監察權或者有利益衝突之注意義務，關於監察權或者利益衝突之注意義務而應回歸到其他公司法之規定處理，因此在監察人依據本條文規定獲取法定代表權時，法院在監察人是否可代表公司對董事訴訟時，並無因此而有額外之注意義務產生，法院只需要審查該監察人之積極或消極監察人資格是否存在即可，至於監察人獲取資格開始從事訴訟行為時，該訴訟行為之行使才會有公司法對於代表公司為法律行為時之相關規定產生，才有利益衝突之注意義務審查之問題。

---

[10] 公司法第23條：「公司負責人應忠實執行業務並盡善良管理人之注意義務，如有違反致公司受有損害者，負損害賠償責任。公司負責人對於公司業務之執行，如有違反法令致他人受有損害時，對他人應與公司負連帶賠償之責。公司負責人對於違反第一項之規定，為自己或他人為該行為時，股東會得以決議，將該行為之所得視為公司之所得。但自所得產生後逾一年者，不在此限。」

[11] 邵慶平，監察人代表公司訴訟與利益衝突—最高法院109年度台抗大字第1196號民事裁定，台灣法律人，5期，2021年11月，頁175-183。

13

淺談證券交易法關於召集權之修法問題

鄭宇廷

壹、前言

我國公司法既然非採取雙層制經營機關之結構，在立法論上，是否應賦予監察人得於一定條件下自行召集股東會，本即為爭議問題。我國公司法第220條賦予公司監察人召開股東會之權限，以適時藉由股東會決議解決公司產生之問題或僵局。此外，2023年6月，立法院對證券交易法第14-4條第4項及第14-5條等相關規定完成三讀修法，將原本召開股東臨時會之權限由獨立董事職權劃分為審計委員會合議行使的範疇，以杜絕近期不斷發生的經營權爭奪或雙胞股東會的爭議，然而，透過此次修正也不失為一個重新檢視公司法第220條本質的契機，本文將以此觀點出發，從2023年6月證券交易法關於召集權之修法出發，進而討論公司法第220條的適用情狀及存廢問題檢討。

貳、公司法第220條召集股東會之認定標準

依據2023年證券交易法第14-4條第3項修正準用後，公司法第220條監察人的股東會召集權之權利，係交由審計委員會合議行使之。公司法第220條規定：「監察人除董事會不為召集或不能召集股東會外，得為公司利益，於必要時，召集股東會。」其要件討論如下：

一、「為公司利益，於必要時」

　　如何認定監察人是否「為公司之利益，於必要時」，而召集股東會，素有爭議；其認定標準，學說與實務容有不同，主要見解如下：

(一) 客觀認定說

　　應從客觀認定，倘可經由正常程序解決，或非類似於「董事會不為或不能召集股東會」之情形，即非屬「必要時」。否則，任由監察人憑一己之主觀意旨，隨時擅自行使此一補充召集之權，勢將影響公司之正常營運，有礙公司利益，自失立法原意[1]，換言之，公司法第220條「必要時」係從客觀情事判斷公司是否發生須由股東會決議之重要事項，或獨立董事可否透過正常程序解決公司不合宜之事項，若無法經正常程序為之，始得依法召開股東會[2]。依經濟部之解釋，認為為強化監察人權限，使其得即時合法召集股東會，監察人不再限於「董事會不為召集或不能召集股東會時」始得行使其股東會召集權。而於「必要時」如何認定，則屬具體個案認定之[3]。

---

[1] 最高法院107年度台上字第2174號民事判決參照。其他實務判決諸如：(1)臺灣高等法院99年度上字第488號民事判決認為所謂為公司利益，必要時，應係指公司發生重大事項，必須藉由為公司最高意思機關之股東會決定，始符公司利益者；(2)臺灣高等法院99年度上字第1166號民事判決認為公司法第220條所規定之「為公司利益，而有必要」，應採目的限縮，亦即監察人固有其監督之權，惟應否該召開股東臨時會，除法條列舉董事應召開而不召開之情形外，端視監察人可否透過正常程序，在董監事會議或股東會發聲表達意見；(3)最高法院101年度台上字第847號民事判決認為公司法第220條所謂「必要時」，應以監察人行使監察權時，基於公司利害關係審慎裁量，認為確有召集股東會必要之情形，始為相當，以符比例原則之要求。皆為客觀說之論點。

[2] 王志誠，企業併購攻防之新戰場——審計委員會之獨立董事成員召集股東會之爭議，月旦法學雜誌，第307期，2020年12月，頁14。

[3] 經濟部93年4月13日經商字第09302055200號函：「公司法第220條（90.11.12）要旨：監察人召集股東會規定全文 容：依90年11月12日修正公布之公司法第220條規定：『監察人除董事會不為召集或不能召集股東會外，得為公司利益，於必要時，召集股東會。』準此，監察人得行使股東會召集權之情形有二：其一，董事會不為召集或不能召集股東會時；其二，監察人為公司利益認為必要時。換言之，修法

有學者認為，應指公司發生重大事項，必須藉由為公司最高意思機關之股東會決定，始符公司利益者，尚非得任由監察人憑一己主觀意思擅自行使，否則勢將影響公司正常營運狀態，殊非立法原意[4]。亦有論者認為，必要性之判準可自股東權內涵與董事之忠實義務（Fiduciary Duty）面向切入。若公司董事無正當理由不為或不能召開或公司章程明文賦予股東會得行使股東會權限之事項而公司董事卻恣意杯葛股東會之召開，公司董事因而違反公司負責人對公司及股東之忠實義務，自應負公司法第23條損害賠償之責，亦即當監察人主動召集股東臨時會，其是否具有必要性之判準，可由董事有無違反忠實義務，造成公司損害之虞加以認定；倘股東臨時會召集與否，與董事忠實義務無涉，即欠缺由監察人主動召集股東臨時會之必要性，監察人便不得任憑一己主觀意思，擅自召集股東會[5]。

（二）主觀認定說

應從主觀的認定，亦即從強化監察人監督權限之角度而言，監察人主觀上認為有召集股東會之必要，為解決公司重大待解決之事項時，即得召集。換言之，是否符合「必要時」之要件應由監察人主觀認定，若其認有召集股東會之必要，即可為之[6]，且從公司治理之觀點出發，監察人

後，為強化監察人權限，使其得即時合法召集股東會，監察人不再限於『董事會不為召集或不能召集股東會時』始得行使其股東會召集權。至於『必要時』如何認定，允屬具體個案，如有爭議，請循司法途徑解決。」；經濟部98年12月17日經商字第09802168820號函：「一、按公司法第220條規定：『監察人除董事會不為召集或不能召集股東會外，得為公司利益，於必要時，召集股東會』，準此，監察人得為公司利益，於必要時，召集股東會，不以董事會不為召集或不能召集之情形為限。」

4　獨董召開股東臨時會「必要性」惹議，學者憂公司治理制度恐失靈，2019年4月9日，ETtoday財經新聞，https://www.ettoday.net/news/20190409/1418767.htm（最後瀏覽日：2023年2月11日）。相同見解：駱秉寬，限制獨立董事召集股東會的思辨與解析，當代法律，第5期，2022年5月，頁44-45。

5　公司法權威學者莊永丞不贊成獨董恣意召集臨時股東會，2019年4月12日，ETtoday財經新聞，https://www.ettoday.net/news/20190412/1420541.htm（最後瀏覽日：2024年9月2日）。

6　劉連煜，公司法理論與判決研究（三），新學林，2002年5月，頁231。

制度係在監督公司業務之正常營運,若其發覺公司業務出現不正常之警訊,監察人自應可自行召集股東會[7]。蓋現行法下對於監察人濫權召集股東會時,公司得向其主張違反忠實義務、善良管理人注意義務之損害賠償責任(公司法第23條)[8]。有學者認為,監察人制度設計之目的,顯然在於監督公司業務之正常營運,從而,監察人一旦發覺公司業務出現不正常警訊,自應容許監察人自動召集股東會,以謀求解決公司困境之道。易言之,必須採取此一正面積極之解釋,才得以發揮監察人監控公司之功能,去除監察人過去聊備一格的積習[9]。此外,公司法第220條立法理由已明示所謂「為公司利益,而有必要」之情形「由監察人認定」,法院應適度加以尊重,不應過度干涉[10]。

二、「為公司之利益,於必要時」與「董事會不能召集或不為 召集股東會」之關係

所謂董事會不為召集股東會,應指董事會依法令或章程應召集股東會,主觀上卻不為召集或怠於召集之情形;稱董事會不能召集股東會,應指董事會客觀上無法正常開會,據以依法令或章程召集股東會而言。例如董事會成員因死亡、收押、解任或其他事由,致全體董事均無法行使職權或得行使職權之董事少於二人,將導致董事會無法正常開會,進而作成召集股東會之決議[11]。

有學者認為公司法第220條概念應以「董事會不為召集或不能召集股

---

[7] 劉連煜,前揭註6,頁238。

[8] 臺灣高等法院臺南分院100年度上字第182號民事判決參照。

[9] 劉連煜,論監察人之股東會召集權限─最高法院88年度台上字第2886號判決及77年度台上字第2160號判例評釋,收錄自監察人,月旦匯豐專題系列,元照,2018年7月,頁103;劉連煜,現代公司法,第18版,新學林,2024年9月,頁666-667。相同見解:蔡英欣,2017年公司法與證券交易法回顧發展,台大法學論叢,第47卷特刊,2018年11月,頁1942。

[10] 臺灣高等法院台南分院100年度上字第182號民事判決亦採相同見解。

[11] 王志誠,前揭註2,頁11-12。

東會」為「為公司利益，有必要時」之例示規定，始為妥當[12]。亦有學者認為，本條規定，在立法技術上，應以「監察人於董事會不為召集或不能召集股東會（或更明確為『依法律或章程規定應召開股東會而不為召集或不能召集』）及其他為公司利益有必要時，得召集股東會。」之「例示概括」規定形式為之，方能免除現行「原則例外」規定形式所可能導致之錯誤解讀[13]。實務見解有認為，公司法第220條所謂「必要時」，應以董事會不能召開或不為召集股東會為前提[14]。

另參以經濟部見解：監察人得行使股東會召集權之情形有二：其一，董事會不為召集或不能召集股東會時；其二，監察人為公司利益認為必要時。換言之，為強化監察人權限，使其得即時合法召集股東會，監察人不再限於「董事會不為召集或不能召集股東會時」始得行使其股東會召集權[15]，亦即，經濟部見解下，「董事會不能或不為召集股東會」與「為公司之利益，於必要時」二者為擇一關係，符合其一即可合法召開股東會。

三、公司法第220條之詮釋

本文認為，公司法第220條之「不為」，應為限縮解釋，並非「董事會主觀任意不為」即可，解釋上應與公司法第173條第4項之「不為」相同，亦即公司法中法定賦予董事會應召集之事由，例如董事會依公司法第170條第1項第1款（股東常會）、第195條（董事任期屆滿）、第217條（監察人任期屆滿）、第201條（董事缺額達三分之一）、第217條之1（監察人全體均解任）等規定，應於法定期間內召集股東常會或股東臨時會，竟未依法令或章程召集股東會而言，董事會卻消極不作為而言，換言之，即「董事會依公司章程或法令應召開而主觀上卻不召開」之謂。

---

[12] 林國全，監察人自行召集股東會，月旦法學教室，第32期，2005年6月，頁37。

[13] 劉連煜，現代公司法，第18版，新學林，2024年9月，頁666-667。

[14] 臺灣高等法院104年度上字第454號民事判決參照。

[15] 經濟部見解，前揭註3。

　　而「必要時」要件，本文認為需監察人或審計委員會於召開股東會時所執之事由，客觀上是否確與公司利益相關，而其事由與決議事項間須有合理關聯性始可，以免監察人或獨立董事恣意提出股東會，此外，「為公司之利益」及「於必要時」為召集股東會之基本要件，但關於「審計委員會是否能擴權召開股東會」之判斷，仍有賴法院嚴格審查其構成要件是否該當及合理關聯性是否具備，才能杜絕氾濫。

　　綜合觀之，本文認為觀察公司法第220條的重點，應從「股東會召集權之本質」切入觀察，亦即，應觀察股東會召集權是誰的權利，抑或是誰的專屬權？依據公司法第171條規定，本文認為，股東會召集權原則上屬於「董事會之專屬權」，召集股東會即屬董事會執行公司業務之一部分，故認為原則須在「董事會不能或不為召集股東會」之情形下，其召集權才被取代，一旦符合此要件時，代表董事會已失去召集股東會之機能，因而於現行法上才由監察人或審計委員會行使董事會應行使之職權，此時，再行判斷「為公司之利益，於必要時」情形，從而，應先符合「董事會不能或不為召集股東會」要件，才會討論「為公司之利益，於必要時」要件，兩者間具有「先後」及「並存」的關係。

參、證券交易法關於召集股東會之修正與思辨

一、修法前之爭議問題

　　獨立董事召開股東臨時會之權限，於2023年6月修正前，依我國證券交易法第14-4條第4項準用公司法第220條規定，則審計委員會之獨立董事成員於「審計委員會之獨立董事成員除董事會不為召集或不能召集股東會外，得為公司利益，於必要時，召集股東會」、「法院對於檢查人之報告認為必要時，得命審計委員會之獨立董事成員召集股東會」情形，得自行召集股東會[16]。再依公司法第221條規定「監察人各得單獨行使監察

---

[16] 王文杰、王羽彤，獨立董事召開股東臨時會之權限—自近期實務出發，月旦法學雜

權」，故監察人得以自己名義單獨召集股東會，不因有其他監察人反對而受影響。

修法前存在「獨立董事究竟得否單獨召開股東臨時會」之問題，肯定獨立董事得單獨行使召集股東會之職權者，有認為既然證交法第14條之4第4項將具有監察權性質之規定，例如第218條第1、2項、第218-1條、第218-2條第2項、第220條等規定，明定對審計委員會之獨立董事成員準用之，應解為審計委員會之獨立董事成員自得單獨行使監察權，而非應以審計委員會之名義為之。且觀諸公開發行公司審計委員會行使職權辦法第5條第1項規定[17]，即明定除證交法第14-4條第4項之職權事項，屬於審計委員會之獨立董事成員得單獨行使外，應由審計委員會以會議形式決議行之。且依公開發行公司審計委員會行使職權辦法第5條第2項規定[18]，因此證券交易法第14-4條第4項規定之職權，應解為得由審計委員會之獨立董事成員得單獨行使證券交易法第14-4條第4項所規定之監察人職權[19]。此外，有認為依現行規定監察人一人即可行使股東會召集權，若認獨立董事應透過決議方式行使權力，似有弱化獨立董事監察權之疑慮。況獨立董事之「獨立性」要求較監察人為高，如此差別待遇似不具合理性[20]。經濟部之見解亦認為審計委員會之獨立董事一人即可行使召集權[21]；採否定說

誌，第346期，2024年3月，頁73。

[17] 公開發行公司審計委員會行使職權辦法第5條第1項：「本法、公司法及其他法律規定應由監察人行使之職權事項，除本法第14-4條第4項之職權事項外，由審計委員會行之，其決議應有審計委員會全體成員二分之一以上之同意；審計委員會之召集人對外代表審計委員會。」

[18] 公開發行公司審計委員會行使職權辦法第5條第2項規定：「本法第14-4條第4項關於公司法涉及監察人之行為或為公司代表之規定，於審計委員會之獨立董事成員準用之。」

[19] 王志誠，前揭註2，頁10-11。

[20] 周振鋒，論監察人、獨立董事之股東會召集權—自評析台灣高等法院台中分院108年度上字第448號民事判決出發，月旦法學雜誌，第318期，2021年11月，頁186。

[21] 經濟部100年3月1日經商字第10000533380號函：「依證券交易法第14-4條第3項規定，公司法對於監察人之規定於審計委員會準用之；同法第14條之4第4項規定公司法第220條對審計委員會之獨立董事成員準用之，是以，審計委員會或其獨立董事成

者，認為應回歸審計委員會之合議制，由於證券交易法第14-4條第4項之相關準用規定，並未準用公司法第221條監察人各得單獨行使監察權之規定，故審計委員會之獨立董事行使監察權限時，不得單獨行使[22]。

二、修法後獨立董事與審計委員會權限的消長

　　2023年修正後之證券交易法第14-4條第4項：「公司法第200條、第216條第1項、第3項、第4項、第218條第1項、第2項、第218-1條、第218-2條第2項、第224條至第226條及第245條第2項規定，對審計委員會之獨立董事成員準用之；對獨立董事提起訴訟準用公司法第214條、第215條及第227條但書規定。」參照立法理由：「（二）為配合我國上市櫃公司於111年度全面設置審計委員會取代監察人，並基於審計委員會採合議制，應透過會議方式集思廣益，以落實審計委員會監督職能之發揮，並兼顧少數股東權益之保障，且實務或有獨立董事個別成員濫權致影響公司正常營運引發社會大眾疑慮之情形，爰對於公司法監察人職權之行使方式應由審計委員會合議或獨立董事成員個別行使，容有檢討之必要。」及「（四）公司法第220條規定監察人之股東會召集權，依據現行規定，審計委員會之獨立董事得單獨召集股東會，惟近來實務上有發生同一公司數位獨立董事分別召開臨時股東會，引發多重股東會等情形，致使全體股東無所適從難以行使股東權利，影響公司正常營運。考量股東會之召集原則由董事會為之，例外由審計委員會者，應以合議方式審慎評估是否符合公司法第220條為公司利益而於必要時召集股東會，爰刪除準用公司法第220條有關獨立董事之股東會召集權，修正回歸審計委員會決議召集。」可知，立法者為因應國際趨勢、落實審計委員會之監督職能，並兼顧少數股東權益及公司穩定經營，因此刪除證券交易法第14-4條第4項準用公司法第220條之規定，原先屬於獨立董事召開股東臨時會之權限則依據證券交易法第14-4條第3項「公司設置審計委員會者，本法、公司法及其他法律

　　員準用前揭公司法規定。基此，有關審計委員會之獨立董事召集股東會議一節，依公司法對於監察人之規定辦理。」

[22] 同前揭註5。

對於監察人之規定，於審計委員會準用之。」規定，改為審計委員會之職權範圍，亦即，獨立董事應透過審計委員會之合議制方式決定是否召開股東臨時會，不得再單獨決定是否召集，以因應近年來發生之經營權爭奪爭議，避免獨立董事濫權經營權之爭議。

針對此修正，有學者認為將弱化獨立董事之獨立性，且股權分散之公開發行公司與上市、上櫃公司相對於未公開發行之公司，更應強化其公司治理、加強獨立董事職權，然而修正後之法規卻將權限劃分給審計委員會，退回到類似董事會經營權結構之審計委員會，反而不利於公司治理[23]。惟公司法第220條召開股東臨時會之職權究應劃分於審計委員會或獨立董事，考量的要素應權衡於公司治理的完善需求、監督機制之力度、少數股東權益之保護，以及維持公司經營權安定等因素，如何平衡各項因素之影響，係司法與立法者一同致力之方向[24]。本次修正將此股東臨時會召集權限劃分至審計委員會由合議制決定之，而非舊法下獨立董事個人得以單獨為之，此時，監察權之行使應由審計委員會透過「合議制」之方式決定，可見修法重心係為穩定公司經營權及避免不斷產生的經營權爭奪一再發生，故進而限縮了個別獨立董事之職權。

三、重新思考修法後之股東臨時會召集權

(一) 公司法第220條之存廢

2001年修法前，公司法第220條係規定：「監察人認為必要時，得召集股東會。」為積極發揮監察人之功能，參考德國股份法之立法例，認為監察人認定於「為公司利益，而有必要之情形」，得召集股東會，且參酌最高法院77年台上字第2160號判例，將公司法第220條修正為：「監察人除董事會不為召集或不能召集股東會外，得為公司利益，於必要時，召集股東會。」修法理由明確提到：「一、依最高法院判例，原條文所謂『必

---

[23] 郭土木，合理定位獨立董事與審計委員會之權責—以證券交易法修正案為中心，月旦民商法雜誌第80期，2023年6月，頁48-49。

[24] 王文杰、王羽彤，前揭註16，頁81。

要時』，應以『不能召開股東會，或應召集而不為召集股東會，基於公司利害關係有召集股東會必要之情形，始為相當。』爰予配合修正。二、除董事會不為或不能召集情形下，為積極發揮監察人功能，由監察人認定於『為公司利益，而有必要』之情形，亦得召集之。」[25]

有學者認為，在公司法第220條下監察人得行使股東會召集權之情狀，可分為二種：「董事之不能或不為召集時」以及「監察人認為必要時」，故監察人之股東會召集權不再是補充性權利，而是監察人之獨立權限，基本上，監察人係屬三權分立下之公司監察機關，為強化監察人之權限，使其於公司發生重大損害時，得即時合法召集股東會以避免損害之擴大，似無必要將公司法第220條過度限縮[26]。由上開見解可知，該學者認為公司法第220條關於監察人之股東會召集權是監察人的「獨立權限」，並非補充性權利。

惟本文認為，追根究柢，會發生前述「雙胞股東會」亂象的根本原因，不論是依舊法交由獨立董事單獨行使，抑或是現行新法由審計委員會合議決定，去準用公司法第220條的結果，充其量是對於「果」的討論，真正導致亂象叢生的「因」其實是「公司法第220條本質」的問題爭議。

(二) 現行法忽略獨立董事監督與監察人監察本質性的不同

「監察」，其任務在於「觀察、考核，並客觀公正評價」，我國公司法賦予監察人對於公司業務執行情形進行公正且客觀的調查、分析及評價，並將結果報告給股東會，其態樣為「事後」監察；而「監督」並非僅僅單純的督察，其包含強而有力的權限，是屬於委任關係下，委任事務執行過程中委任人為確保目標達成而交付下來強而有力的「督促、監視、糾正」權限，故其態樣為「事中」監督，獨立董事的職務執行即屬之，獨立董事不僅要有獨立性，亦是董事會成員，兼負業務執行的任務，並非外部

---

[25] 邵慶平，公司法第220條之「必要時」的解釋—最高法院111年度台上字第1632號民事判決評析，月旦裁判時報，第135期，2023年9月，頁52；劉連煜，同前揭註13，頁666。

[26] 王文宇，公司法論，第6版，元照，2018年10月，頁385。

的獨立機關，所進行的是內部監督自我管控措施。

　　監察人係行使其「監察權」，而全體獨立董事組成之審計委員會係行使其「監督權」，兼負「執行業務」工作，故監察人與審計委員會兩者設計目的上並不相同，現行新法刪除證券交易法第14-4條第4項準用公司法第220條之規定，原先屬於獨立董事召開股東臨時會之權限則依據證券交易法第14-4條第3項「公司設置審計委員會者，本法、公司法及其他法律對於監察人之規定，於審計委員會準用之。」規定，改為審計委員會之職權範圍，不論新舊法規定為何，皆是準用回公司法第220條之規定，立法理由並未區分及說明為何「監督權」準用回「監察權」之規定，殊為可惜。

　　此外，我國公司法不同於德國法是股由東會選出監察人，組成監察人會負責公司經營任務，監察會再選任董事並組成董事會實際執行公司之業務，此時監察人會接受所有公司權限，是經營最終負責人，其再將「監察人會中之業務執行部分」授權給董事執行業務，形成強而有力的「監督權」。而我國監察人是由股東透過股東會分別選任出董事與監察人，並負責執行公司業務經營與監察。股東會選出的監察人各自單獨行使監察權，各自都是獨立的監察個體，對公司業務執行情形進行公正且客觀、不偏頗的調查、分析及評價，並將結果報告給股東會，作為股東會對董事會經營的判斷，故我國公司法賦予監察人乃「監察權」，係用來分析、判斷，並評價結果提報股東會，監察人對公司經營事務並無任何處置權限，從而監察人應具備身分獨立性，始能確保監察結果的客觀性與公正性。

(三) 本文見解

　　關於公司法第220條之存廢，本文認為，股東會召集權原則上屬於董事會之「專屬權」已如前述，「召集股東會」即屬董事會執行公司業務之一部分，何來「監察人的獨立權限」之有？再者，監察人職權在於「監察」，應具備身分獨立性，並不應負業務執行之責任，監察人應該只有「監察權」，並不賦予其「執行業務權」，從而監察人根本不應擁有公司法第220條之股東會召集權利，更遑論獨立董事或審計委員會準用的問

題。換言之，基於我國監察人的定位，再如何不應也不能成為「董事會失能下的補救方案」進而「代行」董事會職權，使監察人不知不覺中形塑出部分業務執行的角色。

本文認為，要根治「雙胞股東會」亂象的釜底抽薪之道，是公司法根本不應該賦予監察人有股東會召集權的權限，即使是「補充性權利」也不可，證券交易法關於股東會召集權的權限，不論是舊法交由獨立董事單獨行使，抑或是現行新法由審計委員會合議決定，去準用公司法第220條的結果，不過是「治標不治本」的討論，並未針對公司法第220條存在本質問題根源深究解決，準此，本文建議，應刪除公司法第220條規定，使監察人無須負擔公司業務執行之責任，也才能落實監察人的「監察權」本質。

肆、結論

本次證券交易法第14-4條第4項修法重點之一，在於回應近期實務對於獨立董事濫用召開股東會的權限，甚至造成雙胞股東會的情形，公司經營權爭奪事件往往觸及公司經營者與股東之利益，本次修法或許解決了部分實務上的困境，卻也悖離了公司治理上的基本理念與制度設計的初衷。

獨立董事與審計委員會權限的消長，提供了全面檢視我國經營權爭奪事件革新的機會。是否刪除公司法第220條，涉及股東會召集權是否屬於何人之「專屬權」，及「監督權、監察權」之思辨，本文建議釜底抽薪之計乃應刪除公司法第220條規定，方使監察人無須負擔公司業務執行之責任，也才能落實監察人的「監察權」本質，如此將可以免除頻繁修法或掛一漏萬的困境，以期能建立一個公平透明、資金活絡、各取所需、權責相符的金融市場遊戲規則。

14

淺論台灣公司法有自身利害關係股東之表決權行使限制規範

謝孟良

壹、前言

在股東會議事進行中，股東對於議案的表決權行使，是公司內部意思形成之體現，股東就表決權行使與否及如何行使，股東本得自由判斷。然而，股東在「有自身利害關係」之議案中，因存在該股東本身與公司、其他股東間之利害衝突關係，依現行我國公司法第178條規定下，「有自身利害關係」之股東對於該議案不得加入表決，且不得代理他股東行使其表決權。看似符合公平公正之規定，卻在臺灣臺北地方法院91年度訴字第3521號案件中，因股東表決權行使迴避之適用，發生排除有自我利害關係之大股東之表決權行使，而由少數股東通過議案表決之結果，在當時引起學術界之熱烈討論。台灣公司法第178條構成要件之適用及立法存廢論頗具爭議，本文對於有自身利害關係之股東表決權行使限制規定，在適用上的問題點提出檢討並提出立法政策之建議。

不過，關於在董事會決議事項，有自身利害關係之董事行使表決權限制規定，我國公司法第206條第2項至第4項定有明文，並準用第178條規定。因董事對公司因係於委任關係負有善管注意義務與忠實義務，與股東對公司係為出資人地位有所不同，且面對不同會議體，須作不同考量之前提下，就有自身利害關係之董事行使表決權限制之問題，自不在本文討論範圍。

貳、有自身利害關係股東之表決權行使迴避制度

一、立法沿革

我國公司法於民國（下同）18年制定時，已存在股東對於股東會議事項有特別利害關係者，不得加入表決，亦不得代理其他股東為之之規範（18年公司法第131條參照）[1]。至35年公司法修正時，除條號變動外，並將「有特別利害關係者」修正為「有自身利害關係」，並追加「致有害於公司利益之虞」之要件（35年公司法第177條參照）[2]。直到55年，公司法再度修正，條文內容並未作實質變動，也僅僅作標點符號之調整（55年公司法第178條參照）[3]。之後一直到110年公司法修正時，該條文即無任何異動。

二、立法目的

我國公司法第178條規定「股東對於會議之事項，有自身利害關係致有害於公司利益之虞時，不得加入表決，並不得代理他股東行使其表決權。」一般認為[4]立法意旨乃因股東對於決議事項既有自身利害關係，若許其行使表決權，恐其因私利忘公益而不能為公正之判斷，為防患未然而設限制規定，故事前禁止有自身利害關係之股東行使表決權。亦即我國係採取事前限制方式之立法方式，也可謂之事前迴避。

在資本多數決原則下，考量有自身利害關係股東以多數決方式，以自

---

[1] 民國18年公司法第131條規定「股東對於會議之事項，有特別利害關係者，不得加入表決。亦不得代理他股東行使其表決權。」

[2] 民國35年公司法第177條規定「股東對於會議之事項有自身利害關係，致有害於公司利益之虞時，不得加入表決，亦不得代理他股東行使其表決權。」

[3] 民國55年公司法第178條規定「股東對於會議之事項，有自身利害關係致有害於公司利益之虞時，不得加入表決，並不得代理他股東行使其表決權。」

[4] 王文宇，公司法論，元照，2022年9月，頁396；廖大穎，公司法原論，三民，2019年8月，頁213。

己個人利益作優先考量，因而作出犧牲公司利益之決議結果，或者是說，相對地為保護少數股東利益，避免這種多數決濫用之情形發生。立法政策上選擇以事前禁止或排除有自身利害關係股東之表決權，對於股東會決議事項可在該議案表決時，即可獲得公正、公平的決議結果，同時也可防止公司利益或是少數股東利益遭到犧牲，所作出之立法決定。

　　立法意旨固然良善，但接踵而來的是，在本條文構成要件之解釋上，實務以及學說見解歧異之下，爭論不休。

三、學說及實務之爭論

　　「股東對於會議之事項，有自身利害關係致有害於公司利益之虞時」是本條設定限制或排除之要件。然而，何謂「有自身利害關係」？實務與學說見解向來分歧不一。

（一）實務見解

　　依實務見解認為股東於會議事項有特別（自身）利害關係者，乃因其事項之決議，該股東特別取得權利或負義務，又或喪失權利或新負義務之謂（大理院11年統字第1766號解釋意旨參照），亦為學者認同[5]。近期實務見解進一步解釋，於股東會決議作成時，將直接導致該特定股東具體、直接之權利義務發生變動，即因該決議事項作成後，該股東因此而取得權利、免除義務，或喪失權利、新負義務等情形，該特定股東始有迴避，不得加入表決之必要（最高法院107年度台上字第1666號民事判決參照[6]）。倘若股東會決議事項係為討論每年度之一般性事務，並未因該議案而有具體、直接之權利義務變動，自無須迴避（最高法院110年度台上字第319號

---

[5]　柯芳枝，公司法論（上），三民，2015年7月，頁227。

[6]　最高法院107年度台上字第1666號民事判決「……又同法第178條前段規定，股東對於會議之事項，有自身利害關係致有害於公司利益之虞時，不得加入表決。所稱有自身利害關係，係指特定股東將因該事項之決議取得權利、免除義務，或喪失權利、新負義務而言。倘無此情事，該特定股東對於該事項即非不得加入表決。」

民事判決參照[7]）。換言之，實務所謂「有自身利害關係者」，可謂係指具有法律上之利害關係[8]。

(二) 學說爭論

1. 有學者認為除了立即、直接導致該特定股東發生權利義務之變動外，解釋上，尚須加上「該股東具有公司外部的純粹個人利害關係」之判斷標準。在具體適用上，例如解任董事議案，因並非公司外部關係，不具有自身利害關係[9]。由此可見，此說相較於實務見解，更加限縮本條之適用範圍。

2. 另有學者認為「有自身利害關係」應理解為，對於股東會議案之決議，係因個人立場所滋生的利害關係。股東會的決議係屬社團關係事項，股東會決議結果對每位股東多少會有利害關係的產生，但除此股東立場之利害關係外，對於個人本身也有可能產生特別利害關係即謂之；既然股東是基於自身利益行使，有害於公司利益是必然結果，追加「致有害於公司利益」要件，實屬多餘[10]。

(三) 小結

從立法修正沿革來看，18年公司法制定的條文，強調在「特別」利害關係者之要件，當時尚無「致有害於公司利益之虞時」之要件。至35年

---

[7] 最高法院110年度台上字第319號民事判決「四、本院判斷：……（三）原審本於取捨證據、認定事實及適用法律之職權行使，綜合相關事證，並斟酌全辯論意旨，以上述理由認定：系爭股東會由有召集權人召集，甲公司之董事會合法指派A代表該公司出席系爭股東會，於加計甲公司持有股數後，系爭股東會有代表已發行股份總數過半數之股東出席，得為系爭決議；系爭議案，乃討論每年度之一般性事務，B等人未因該議案而有具體、直接之權利義務變動，毋須迴避表決，故上訴人請求確認系爭決議不成立、無效或撤銷系爭決議，均為無理由，……」

[8] 劉連煜，現代公司法，新學林，2022年9月，頁429。

[9] 劉連煜，股東及董事因自身利害關係迴避表決之研究－從台新金控併購彰化銀行談起，台灣法學雜誌，2008年9月，頁29。

[10] 黃清溪，公司法基礎理論─股東會篇，2版，五南，2020年11月，頁94-95。

修正公司法時則將「特別」利害關係者修正為「自身」利害關係，並追加「致有害於公司利益之虞」，明確做了大幅度的文字修改。但解釋適用上並未因此而明確。

對於自身利害關係之解讀，不外乎行使表決權之股東個人本身對於股東會決議事項有利害關係，然而，股東會決議事項或多或少與股東個人本身脫免不了關係，不論是直接關係或是間接關係均應包含，因此僅以文字上的解釋，恐將造成一般股東同受到本條之拘束，想當然爾這並非立法者之原意。因此由「特別利害關係」修正為「自身利害關係」，雖是文字上修改，看似有意強調「自身」的解釋，但恐怕產生一網打盡之預想外之效果。因而，本條解釋爭論依然回歸在行使表決權之股東與股東會決議事項之利害關係上的解釋。

從上述實務與學說立場觀之，本條「自身利害關係」在文義上解釋不易，範圍上係屬抽象且不明確，適用爭議在所難免。試舉在解任董事議案之案例，該董事得否基於股東身分行使表決權，依實務見解，解任董事議案是否成立，勢必直接對於該具有股東身分之董事與公司之委任關係上，造成喪失權利（不能領取董事報酬）等法律上之利害關係產生，不得行使表決權；若依學說2見解，上述議案係解任該董事既有之地位，對於該董事即當事人利害關係必然造成影響，當然屬於有自身利害關係之情形，結論同實務見解。相反地，依學說1見解推論，解任董事議案，屬於公司內部事項，並非公司外部關係，自不符合自身利害關係，結論上是不在本條之適用範圍，該具有股東身分之董事當然可以行使其表決權。據此，因解釋方法不同而有不同結果，爭論勢必難免。

至於「致有害於公司利益之虞」之要件，學說上似乎較少討論。因本條是以事前預防之立法例，不以公司因此造成實質上損害為必要，客觀上有損害公司利益之可能性存在即該當於本要件，理解上並非困難。然而，股東是公司出資者，必定有經濟上之利益考量而投資，而股東表決權之行使是屬共益權，自然要為公司利益作考量。在該股東對有自身利害關係之議案表決權行使時，對於該股東已產生個人利益與公司利益間之利害衝突。在該股東主觀上是否出於個人利益或是公司利益所為之表決，客觀上

是難以判斷，也很難期待該股東可以理性作出以公司利益優先之決定。又本條效果是不得行使表決權，即該股東不論對該議案是贊成或是反對，是沒有任何選擇之機會，一概排除，完全不考慮即使對該股東有自身利害關係下作出理性反對之情況，也就是立法者已有預設立場認為，該股東極有可能以個人利益優先之前提下作出決定，是相對於公司而言，已足以構成致有害於公司利益之虞之要件。是以，在「有自身利害關係」要件判斷該當同時，也會滿足「致有害於公司利益之虞」之要件。更遑論該議案是純粹個人利益所提之決議事項。由此可見，「致有害於公司利益之虞」之要件設定，似無強加之必要。

三、本條適用結果之困境

本條解釋之爭論如上所述，在實際運用結果上也發生極端之案例，曾因本條之適用發生排除占公司發行股份總數之百分之94.035持股比例之有自身利害關係之大股東的表決權之行使，而由占公司發行股份總數之百分之0.000136持股比例之少數股東通過議案表決之結果（臺灣臺北地方法院91年度訴字第3521號民事判決參照）。一般認為若能排除「有自身利害關係」股東的適用，該決議結果會是一個公正的決議。但是，將有自身利害關係的大股東表決權排除所得到之結果，反而變相由少數股東決定該議案之通過與否，顯然與資本多數決機制本身有所牴觸，且無異形成另一不當決議[11]。

再者，因「致有害於公司利益」要件之設定，於議案表決時，公司在基於公司意思自主之下，得自主決定是否禁止大股東之表決權行使，反而淪為專為保護公司利益，與原係在防止不公平、不公正之決議之立法目的背道而馳[12]。

另一方面，因「有自身利害關係」要件不明確，以事前限制作防範，在適用上會有高度不安定及不確定性。例如解任董事之議案，大股東

---

[11] 廖大穎，論股東行使表決權迴避之法理——兼評台北地院九十一年訴字第三五二一號民事判決，月旦法學雜誌，元照，2003年8月，頁243。

[12] 黃清溪，前揭註10，頁97。

若是與公司經營層是同一立場，公司恐不會將該大股東表決權排除，反之，大股東若是與公司經營層是對立立場，公司勢必將該大股東表決權排除。雖說屬於公司自治範疇，但也很難排除公司經營層恣意排除股東行使表決權行為之可能。

近期實務見解似有注意到本條適用上之問題，而將「有自身利害關係」之解釋限縮在「直接導致」該特定股東具體、直接之權利義務發生變動，藉由狹義的司法解釋與排除適用的技術，以維持公司法第178條的合理性。但延續這樣的解釋方法，隨之造成本條適用範圍的限縮，是否仍可以達到本條防止不公平、不公正之決議之立法目的，形成另一問題。

參、以日本事後救濟制爲借鏡

股東表決權之行使是屬共益權，必須以公司利益為出發點而行使，倘若係基於自身個人利益行使，必然將造成不公正的決議產生，因而犧牲公司之利益，無異於表決權濫用或多數決暴力之體現，是有立法規範之必要。

而我國公司法現行立法設計採用事前禁止方式，所產生之上述問題，與日本公司法於昭和56年改正前的商法第239條第5項規定所遭遇之問題如出一轍，且民國18年公司法制定時條文文字與舊商法之文字亦同以「特別利害關係」為要件[13]，實可以日本立法例作為參考。但在討論日本立法例前，因我國採行民商合一制度，無獨有偶，民法第52條第4項有明文規定「社員對於總會決議事項，因自身利害關係而有損害社團利益之虞時，該社員不得加入表決，亦不得代理他人行使表決權。」，即社員對有自身利害關係之決議事項，同樣有表決權限制之規範。兩者法理上是否有所衝突，亦造成學理上之困惑，是有釐清之必要。

---

[13] 日本昭和56年改正前商法第239條5項「改正前」総会ノ決議ニ付特別ノ利害関係ヲ有スル者ハ議決權ヲ行使スルコトヲ得ズ」；南保勝美，商法二四七条一項三号について，法律論叢，59卷4号，頁107。

一、公司法第178條（下稱本條）與民法第52條第4項之關係

公司本質為營利性社團法人（公司法第1條第1項），具有社團法人之性質，固不待言。而在一般社團法人之社員，其表決權屬共益權，係為完成社團法人所擔當的社會作用為目的，而參與其事業的權利[14]。依民法第52條第4項社員對有自身利害關係之決議事項，不得行使表決權，同樣考量社團公益性優先於社員個人利益，是順理成章。因此，看似公司法本條之規範援引民法上之社團法人之規範，在法理上出現衝突，因而出現民法一般社團法人之總則性規範，是否能套用在公司法上之適用之疑問[15]。本文認為在表決權行使限制上，本條不受民法之規範拘束，兩者應脫鉤處理，理由如下：

（一）觀察在立法先後時序上，55年公司法第178條規定已經存在，民法第52條4項係於70年始新增，立法時序上已足以排除公司法援引民法規範之可能。又立法理由明確記載係參考公司法第178條而制定[16]。據此，在法理上，足以排除公司法援引民法規範之可能，此問題並非係公司法援引民法之規範是否妥當，而是民法援引公司法之規範是否妥當之疑問。

（二）次者，股份有限公司所採行資本多數決（公司法第174條）以及一股一表決權（公司法第179條）制度，是以出資額來決定表決權

---

[14] 王澤鑑，民法總則，自版，2014年9月，頁216。

[15] 廖大穎，同前揭註4，頁214；在2018年公司法修正─公司法全盤修正修法委員會修法建議，第三部分修法建議，頁6-47「現行條文公司法第178條，股東對於會議之事項，有自身利害關係致有害於公司利益之虞時，不得加入表決，並不得代理他股東行使其表決權。（二）產生的問題，其一，就法理而言，第178條之立法顯係以民法第52條第4項社團法人與社員迴避行使表決規定為法理基礎，民法係基於非營利社團法人之觀點而建立「避免股東因私忘公」之理論模式，然此法理是否適用於資合色彩濃厚之股份有限公司制度，實有疑義」。

[16] 於民國70年民法第52條第4項新增理由「二、總會決議事項，因社員自身利害關係而有損害社團利益之虞時，該社員應無表決權，並應防止其與他社員勾串，以代理人名義行使表決權，爰增訂本條第4項（參考公司法第178條、韓國民法第74條、日本民法第66條、德國民法第34條、瑞士民法第68條）。」

數，與一般社團法人採行多數決（民法第52條第1項）以及一人一
表決權（民法第52條第2項）制度，是以人頭數來決定表決權數，
在制度設計上明顯有所區別。而身為股東之出資者，出資時必然有
經濟上之利益考量，與一般社員參與社團，多出於非營利性、公益
性之考量（民法第46條），在動機與目的上本有所不同。法理上做
不同考量，亦屬合理。

（三）再者，本條股東表決權行使限制之規定產生上述難題以及挑戰，而
有修法之聲浪，法理上既然是民法援引本條之規範，本條當然不受
民法拘束。至於民法上社員表決權限制之規範是否存續，或是會因
本條變動而失所附麗，自是民法上的問題，固不待言。

（四）況且，本條與民法適用關係上，既然公司法與民法對於有自身利害
關係之人均有表決權限制之規範，理應在法條適用上，各自以民法
與公司法作為依據適用，當然就不產生相互適用之問題。

（五）基於上述理由，本文認為本條與民法第52條第4項之關係，本條既
不受民法之規範拘束，且將來修法後因公司法為民法之特別法，適
用上自然是公司法優先適用。

二、日本立法例－由事前限制改為事後救濟

（一）日本公司法於昭和56年修正前的商法[17]第239條5項規定及學說爭論

我國公司法現行立法設計採用事前禁止方式，所產生之上述問題，
與日本於昭和56年修正前的商法第239條5項規定「對於股東會之決議，具
有特別利害關係之人不得行使表決權。」[18]近似。日本當時對於「特別利
害關係」之解釋，學說上主要有「特別利害關係說」、「法律上利害關係

---

[17] 日本商法為日本公司法之前身，日本公司法係於2005年（平成17年）制定。

[18] 原文請參照前揭註13，而制定當時受到日本民法第66條以及1897年德國商法第252條
第3項之影響，酒卷俊之，株主總会・取締役会における特別利害関係人（一），奈
良法学会雑誌，第13卷3、4号，2001年3月，頁264。與我國民法第52條第4項係參照
公司法第178條情形正好相反。

說」、「個人法說」之爭論。

1. 特別利害關係說

在相對於一般股東，不論是公司內部或外部關係，僅在特定股東對於決議事項具有特別個人利害關係之情況，即可謂具有特別利害關係[19]。

2. 法律上利害關係說

所謂特別利害關係人，從維持決議公正的觀點來看，若依決議事項產生取得權利、免除義務或是喪失權利、負擔義務等有權利義務得喪情形，具有法律上利害關係者，即屬之。此說也是多為昭和初期的判例所採[20]。

3. 個人法說

決議事項係脫離公司股東立場，乃基於公司外部的個人利害關係，始可謂具有特別利害關係。此說是站在事後救濟制較為妥當之立場，而極力限縮特別利害關係之範圍作為出發點。依據此說，在典型社團法上之行為，例如董監事選解任之議案，該決議事項因屬公司內部之關係，是不存在特別利害關係。此說也是昭和56年商法修正前的通說立場[21]。

由上述日本學說、判例可見，與我國對於「有自身利害關係」解釋之爭論內容不謀而合。

(二)昭和56年日本商法修正後，將事前禁止制廢除，改為事後救濟制

日本在修法歷程上，在昭和53年的商法修正試案階段曾嘗試將要件作具體設定，並非直接將事前禁止制度廢除，但因要件事實仍過於抽象，反而範圍更加不明確，因而採行事後救濟制[22]。

---

[19] 酒卷俊之，前揭註18，頁266；南保勝美，前揭註13，頁108。

[20] 酒卷俊之，前揭註18，頁266-267；南保勝美，前揭註13，頁108。

[21] 酒卷俊之，前揭註18，頁267。

[22] 昭和53年的商法修正試案原文參照「一部の株主が自己又はこれと特別の関係ある第三者に特に利益を与える目的で議決権を行使した結果、会社又は他の株主に著しい損害が生ずるとき」；南保勝美，前揭註13，頁112-113。

　　修法的主要理由：1.特別利害關係過為抽象，內容及範圍不明確；2.特別利害關係人在有特別利害關係的議案下行使表決權，結果必然形成不公正的決議，這是不當的假設說法；3.表決權一律排除與資本多數決政策不符[23]等理由，改採事後救濟制度。依昭和56年改正後商法247條1項3款規定，對於股東會的決議，因有特別利害關係股東行使表決權，致作出顯著不當決議時，可以透過訴訟請求撤銷該決議[24]。

(三) 改為事後救濟制，對於特別利害關係之解釋放寬

　　對於「特別利害關係」的解釋，原本修正前判例及學說採限縮解釋之立場，在改為事後救濟制後，在現行法下，因為原則上容許有特別利害關係人行使表決權，對於有特別利害關係之範圍解釋已認為沒有採取限縮解

---

[23] 南保勝美，前揭註13，頁115。

[24] 昭和56年改正後商法第247條第1項第3款原文參照，「1　左ノ場合ニ於テハ株主、取締役又ハ監査役ハ訴ヲ以テ總会ノ決議ノ取消ヲ請求スルコトヲ得…三、決議ニ付特別ノ利害關係ヲ有スル株主ガ議決權ヲ行使シタルコトニ因リテ著シク不当ナル決議ガ爲サレタルトキ」；現行日本公司法831條1項3款「次の各号に掲げる場合には、株主等（当該各号の株主総会等が創立総会又は種類創立総会である場合にあっては、株主等、設立時株主、設立時取締役又は設立時監査役）は、株主総会等の決議の日から三箇月以内に、訴えをもって当該決議の取消しを請求することができる。当該決議の取消しにより株主（当該決議が創立総会の決議である場合にあっては、設立時株主）又は取締役（監査等委員会設置会社にあっては、監査等委員である取締役又はそれ以外の取締役。以下この項において同じ。）、監査役若しくは清算人（当該決議が株主総会又は種類株主総会の決議である場合にあっては第三百四十六条第一項（第四百七十九条第四項において準用する場合を含む。）の規定により取締役、監査役又は清算人としての権利義務を有する者を含み、当該決議が創立総会又は種類創立総会の決議である場合にあっては設立時取締役（設立しようとする株式会社が監査等委員会設置会社である場合にあっては、設立時監査等委員である設立時取締役又はそれ以外の設立時取締役）又は設立時監査役を含む。）となる者も、同様とする。…三、株主総会等の決議について特別の利害関係を有する者が議決権を行使したことによって、著しく不当な決議がされたとき。」

釋之必要[25]，解釋上亦應放寬[26]。此外，日本修法前後在差異點上，在於提起救濟者之轉換。原修法前是由不得行使表決權，具有特別利害關係之股東對於不當決議提起救濟，在修法後則是由有特別利害關係股東以外之股東提出請求[27]。

（四）小結

本文認為，目前我國所採行的事前限制立法方式，存在前述的缺失及適用爭議，改採事後救濟制度會較事前限制制度較為妥適，理由如次：

1. 所有無符合有自身利害關係之要件判斷，在股東會議進行中，究竟是由公司主持會議之議長或主席來判斷？或是由有自身利害關係之股東或者反對股東來判斷？即使由公司方來判斷，不論對有自身利害關係之股東或是反對之少數股東而言，皆難信服，確實這個難題很難解決，終究還是要由法院來作判斷。既然在結果上都是要由法院來判斷，不如採行事後救濟制，直接由法院來認定。

2. 又，公司法性質上是營利為目的之社團法人，股東的投資目的也是要獲得經濟上之利益，在股東個人利益與公司利益立即顯現出利益衝突，但為避免將所有股東之表決權都被事前排除，股東決議無法通過之窘境下，不得不限縮自身利害關係之要件適用，也毫無標準可言。在「特別利害關係」要件不明確情形下，採取事前禁止立法模式，恐使大股東出資卻步。

3. 股東表決權行使是共益權，要以公司利益為前提而行使，縱使我國公司法下股東與公司之關係，並無忠實義務，表決權行使仍要以公司利益為考量。倘若有自身利害關係之股東是為公司利益而行使表決權，在不影響決議結果下，實無限制之必要；相反地，該股東是為個人利益而行使，就是不公正、不公平，但以事前禁止方式也很難定紛止爭，最後要

---

[25] 江頭 憲治郎，株式会社法，有斐閣，2021年4月，頁380。

[26] 神田 秀樹，会社法，弘文堂，2018年3月，頁200。

[27] 倉沢 康一郎，会社法改正の論理，成文堂，1994年9月，頁180。

以訴訟救濟也是在所難免。

4. 避免將有利害關係之大股東表決權排除，議案由少數股東決定的不合理現象產生，以緩和資本多數決與公司及少數股東利益保護之衝突。

5. 因「特別利害關係」要件不明確，大股東若因有無「特別利害關係」而遭公司排除表決權行使，該大股東提起股東會決議撤銷訴訟之誘因，相較於少數股東來得大。不妨先容許大股東行使表決權，如有不公平的決議結果出現，由少數股東提起股東會決議撤銷訴訟救濟，以降低提起訴訟之誘因。

6. 採事後救濟之立法，在「有自身利害關係」要件之解釋上，雖然仍存在不明確性，但為避免資本多數決濫用，反而是增加適用上之彈性。

7. 因要件上不明確、不確定，事前要確認、防止確實困難。因此，要排除表決權行使的可能性勢必增加，在此情況下，決議瑕疵的問題也只能以事後救濟來解決。另一方面，也因要件上不明確、不確定，錯誤地排除表決權行使的可能性也是會增加。這種情形仍然會在決議瑕疵的問題上作爭論。結論上，可以說比起事前防止，全盤以事後救濟的方式顯然更加有效解決。

肆、結論

有自身利害關係之股東，對於有自身利害關係之議案行使表決權，本於經濟因素考量，該股東將自身個人利益優先於公司或其他股東利益在所難免，此為我國公司法第178條立法所在。然而，現行採行事前防止的立法模式，因構成要件之不明確造成適用上的困難，也發生由少數股東決定議案之不合理結果。近期實務見解對於自身利害關係採取更限縮解釋之立場，使得本條適用範圍更加限制，以致無法真正發揮規範效果，難免產生是否脫逸本條立法意旨之疑慮。

本條有適用上的難題，是採行事前禁止之立法例所生。在立法政策的選擇上，可參考日本公司法採行事後救濟之立法，雖然在「有自身利害關

係」要件之解釋上仍有不明確，但有增加適用上之彈性，並可解決事前禁止之諸多不合理情況發生。我國學者持續有出現改採事後救濟制之聲浪，將來立法上有改採事後救濟之趨勢，事後救濟制度的設計將是我國公司法將來所要面對的課題。

　　至於本條與民法第52條第4項之法理適用上，本條應不受民法之規範拘束，將來採行事後救濟制，公司法為民法之特別法，公司法應優先適用，自不待言。

15

淺論日本公司法上確保業務適正性體制（內部控制系統）與董事監視‧監督義務、善管注意義務——以董事會設置公司為中心

林欣蓉

壹、前言

　　對現代企業經營而言「內部控制」一詞並不陌生，尤其我國證交法、銀行法等早已規定相關公司必須依法建構內部控制制度（證交法第14-1條、銀行法第45-1條等）。而吾人常提及的「內部控制」多半講的是參照美國、英國發展的制度[1]，但其實不僅限於美國，各國自古至今或多或少都有相類似的概念，例如鄰近的日本在「內部控制」也有著相當長時間的發展[2]，惟在討論日本的「內部控制」時必須特別注意，與美國或台灣制度下的「內部控制」並不完全相同[3]。而在討論日本法領域中的「內

---

[1] 內部控制制度是1920年代在美國提倡出來的新概念，當初是為確保財務報告之信賴性，黃清溪，公司法基礎理論—董事篇，2版，五南，2020年，頁46；張振山，企業內部控制—導論與應用，證基會，2023年）。

[2] 早在江戶時期以前日本就已經有所謂的「內部控制」的概念，當時是老闆為確認員工在處理帳務時是否有如實進行，也就是所謂上對下的監督查核機制，慶應義塾大學名譽教授山本為三郎課堂講述。

[3] 「內部控制」可說是全世界顯學，但雖然翻譯上名詞多使用「內部控制」，但在（法）制度上的規定與運用效果，可能是非常截然不同的。在日本最早有定義「內部控制」的可說是監察領域（特別是財務報告監察），後也陸續參考美國、英國制度但並不全然與美、英相同，參照小西一正，內部統制の理論，中央経済社，1996年。而監察領域的內部控制後續則影響了日本的金融商品交易法上的「內部控

部控制」時多半會討論到兩個法領域，一個是金融商品交易法[4]，一個則是公司法[5]，而本文欲論述之重點：「內部控制」與董事的監視監督義務

制」。

[4] 日本金融商交易法上所謂的「內部控制」並非是指所有業務適正性之體制，而是特別針對確保財務資訊適正性之體制。田中亘，会社法，4版，東京大學，2023年，頁293。以下簡單說明日本金融商品交易法中所提及的「內部控制」，日本金融商品交易法並未如台灣證交法規定上市公司有內部控制制度建構義務（證交法14-1條），其有關於「內部控制」的規定是規定了上市公司有義務提出確保製作財務報告適正性體制之「內部控制報告書」（日本金融商品交易法24-4-4條1項、內部統制府令3條），且該報告書必須經過公認會計師或監察法人的外部監察（日本金融商品交易法193-2條2項）。該法主要著重的是公司的開示制度（金融商品交易法1條），該報告書的目的則是為確保上市公司所提出的以財務報告為中心的開示資訊之正確性，以保護投資大眾。故日本金融商品交易法其實並未規定上市公司要建構「內部控制」，也未規定要建構何種內容的「內部控制」，然而如果公司為了因應外部監察的角度來看，則有「財務報告に係る内部統制の評価及び監査の基準（參考中譯：與財務報告有關之內部控制評價及監察基準）」作為參考基準，參考網站 https://www.fsa.go.jp/singi/singi_kigyou/kijun/20230407_naibutousei_kansa.pdf，最後瀏覽日：2024年8月18日），該指針實以COSO為基礎架構，但也僅限在於財務資訊報告的適用。故在日本，當要討論要不要建構「內部控制」？要建構什麼樣的「內部控制」？還是已建構的「內部控制」有沒有效（機能性）？原則上還是必須得回到公司法上，基於董事善管注意義務內容的討論。參照黑沼悦郎，金融商品取引法，2版，有斐閣，2020年，頁206、207。礙於篇幅，本文無法詳述金融商品交易法規定關於「內部控制」之討論，但確實這樣的立法使得上市公司相當著重於所謂確保財務報告適正性體制的建構（一部分也是為了因應外部監察），也強化了上市公司開示資訊的正確性。然而，「內部控制」當然不只為確保開示資訊的正確性，應該是說確保開示資訊的正確性體制本來就屬於「內部控制」的一環。另外，值得注意的是為了因應永續經營資訊開示，日本財務報告內容已經不局限於財務性的資訊，也包含ESG指標等非財務資訊，而其外部監察（保證制度）正在如火如荼的展開，參考サステナビリティ情報の開示に関する特集ページ（https://www.fsa.go.jp/policy/kaiji/sustainability-kaiji.html，最後瀏覽日：2024年8月18日）。

[5] 黃國川，論董事之內部控制建構義務與責任，社團法人清溪公司法研究會主編，清溪公司法研究會論文集I—黃清溪教授八秩大壽祝壽論文集，五南，2019年，頁87。有關於日本公司法上的確保業務適正性之體制，以及金融商品交易法上的確保財務資訊適正性兩體制間的性質，究竟是同質或異質曾有爭議，但從立法目的、實務操作來看，兩說皆有可能成立，惟此爭議事實上並無太大意義，黃清溪，会社法内部統制の法定化とその理論，経営管理研究，85号，2009年，頁21。會有這種爭議的原因，主要在於日本公司法與金融商品交易法上的「內部控制」在導入之時，相互間並未做制度上的調整，也因此兩者之間的關係事實上並不明確。而對日本上市

以及其與董事的善管注意義務，則屬日本公司法上的議題。惟日本公司法
並未使用所謂的「內部控制」一詞，而是使用了「確保業務適正性之體
制」（日本公司法362條4項6號），日本學者及實務則將其稱為「內部控
制系統」[6]。依據立法者所言該內部控制系統與美國COSO等制度並沒有直
接關係，而是為了確保董事會的監督機能手段[7]，以及具有確保監察機關
的業務監察實效性的機能[8]，由此可知此「內部控制系統」並不等同於美
國的「內部控制」制度[9]，也與台灣的「內部控制」制度不同，為了區別
以下在討論日本「內部控制」時，本文將使用「內部控制系統」一詞。

　　在日本設置董事會的公司中，董事會對於以代表董事為首的業務執行
董事（們）等有監督權限（日本公司法362條2項2號），身為董事會成員
的董事們則對業務執行董事負有監視義務，而業務執行董事亦負有內部控

公司而言，金融商品交易法上的「內部控制」之對應，對董事而言應當是屬於法令
遵循之一環（日本公司法355條），柿崎環，内部統制に関する民事責任第1節内部
統制の意義，河内隆史ほか編，金融商品取引法の理論・実務・判例，勁草書房，
2019年，頁176。而日本上市公司實務看法，也多是認爲日本公司法上的「内部控
制」範圍（確保業務適正性之體制），包含了金融商品交易法中的「内部控制」範
圍（確保財務報告適正性之體制）。

[6] 日本公司法362條4項6號：「取締役の職務の執行が法令及び定款に適合することを
確保するための体制その他株式会社の業務並びに当該株式会社及びその子会社か
ら成る企業集団の業務の適正を確保するために必要なものとして法務省令で定め
る体制の整備」。所謂「業務の適正を確保するために必要なも…体制の整備（中
文簡譯：確保業務適正性之體制整備）」，日本學說及實務多將該制度稱之爲「　部
統制システム」，本文將其翻譯爲「内部控制系統」，以下沿用之。

[7] 日本公司法上規定的内部控制系統整備項目，被認爲是基於董事會的業務執行權限
下的業務監督體制，也是董事履行監視義務的方法，山本爲三郎，会社法が内部統
制システム整備の法的位置付けをめぐって，慶應義塾創立150年記念法学部論文
集，2008年，頁253。

[8] 黃清溪，前揭註5，頁27以下。

[9] 黃清溪，前揭註5，頁28以下。美國制度下的「内部控制」，當初主要是著眼於發現
員工不正行爲的系統，後來才逐漸轉爲公司治理層級的體制，柿崎，前揭註5，頁
180。

制系統整備[10]的義務，這樣的論述已成為通說[11]。然而，從歷史發展沿革上來看，董事的監視監督義務，及所謂董事內部控制系統之整備及善管注意義務之間的關係其實是由學說、判例（裁判例）衍伸而來[12]，惟兩者之間最終卻能夠互相牽引進而實踐運用，判例、裁判例及學說的推進功不可沒。又其與平成17年日本公司法上所規定的內部控制系統有何關聯，亦有釐清之必要[13]。

　　以結論來說，內部控制系統在日本公司法上有兩大討論，第一個是公司法上公司治理體制的一環以及事業報告書開示內容（將於貳介紹）[14]，第二是討論關於董事的責任義務問題（將於參到伍介紹）。前者就實務上而言，可說是比較形式可達成的規定，而後者則是牽涉到董事的監視監督義務、任務懈怠責任之追究實則相當複雜，本文僅能做概論性的介紹，期待能帶給國內些許參考[15]。

---

[10] 整備包含建構及運用兩方面，山本，前揭註7，頁259。

[11] 雖然這樣的觀點被視為日本的通說，但事實上董事的監視監督義務和內部控制系統整備義務間的理論體系，尚未被完善的整理，藤田友敬，取締役会の監督機能と取締役の監視義務・内部統制システムの構築義務，尾崎安央＝川島いづみ＝若林泰伸編，上村達男先生古稀記念公開会社法と資本市場の法理，商事法務，2019年，頁357。

[12] 長畑周史，内部統制に関する取締役の義務—近時の裁判例と立法関係資料から—，法学政治論究，74号，2007年，頁248。關於董事的監視義務代表性判例是後述參之一昭和48年5月22日最高法院判例而來，而董事的內部控制系統整備義務之代表裁判例則是後述貳之三大和銀行事件。

[13] 結論而言，從立法資料上只能得出，董事（會）對內部控制系統有決定義務，另外才是從裁判例上所衍伸而出的作為董事善管注意義務的內部控制系統，以及履行對不正行為及法令遵循等監視義務，長畑，前揭註12，頁248。

[14] 實際上亦受到日本董事會制度變遷等諸多因素影響，藤田，前揭註11，頁383。

[15] 關於台灣法上的內部控制建構義務與董事責任請參考，黃國川，前揭註5，頁87。

貳、日本公司法上內部控制系統規定之沿革

本章將介紹日本公司法上內部控制系統法制度發展的沿革及規定。

一、平成14年（2002年）日本商法特例法修法（委員會等設置公司之新設）

日本公司法上首次的內部控制系統法制化之契機為平成14年日本商法特例法修法時，委員會等設置公司的制度設立[16]（現指名委員會設置公司，日本公司法2條12號）。在該制度下董事會被期待強化其監督功能（monitoring model）[17]，作為監督董事及執行役（officer）的監督機關[18]。該委員會等設置公司的董事會除了必須決定公司經營基本方針外，也包含決定「監察委員會在遂行其職務時由法務省所訂定必要事項」之方針[19]，而何謂「監察委員會遂行職務時必要的事項」指的即是所謂的內部控制系統之整備[20]。在平成14年修法之後，緊接著平成15年修正後的商法施行細則193條，則更明確規定了內部控制系統的內涵，即為確保執行役在執行業務時應遵循法令、章程，且能更有效率的體制。具體列舉出的體制有，監察委員會的職務輔助人之設置、確保前述輔助人與執行役間應有的獨立性、執行役及使用人必須向監察委員會報告的事項、執行役業務執

---

[16] 始關正光，平成14年改正商法の解說（Ｖ），商事法務，1641号，2002年，頁23；山本爲三郎，內部統制システムの整備と役員等の責任，法律時報，80卷3号，2008年，頁36。

[17] 此種董事會監督模式是繼受於美國機關制度。事實上日本公司法雖受到德國與美國的影響，但也並未完全移植該些制度，雖然透過不間斷的修法來進行調整，但仍有機關權責不明等問題，蔡英欣，論股份有限公司監督機關之設計—比較日本與台灣的繼受法制談起，臺北大學法學論叢，107期，2018年，頁171。

[18] 商法特例法，21の7條1項2號，山本，前揭註16，頁36。

[19] 山本，前揭註16，頁36。

[20] 始關，前揭註16，頁23；山本，前揭註16，頁36。

行時相關資訊的保存管理、公司的損失危險管理等[21]。而商法特例法為何要特別對委員會等設置公司要求整備內部控制系統之理由，主要原因為委員會等設置公司多為大型公司，且並無對監察委員會課予像監察人會設置公司需設置常勤監察人之義務，故實際的監察業務必須要透過內部控制系統的運作來實踐，來確保監察委員會監察實效性之體制[22]。

內部控制系統的整備本身為董事會業務執行的一環，必須在董事會權限下進行，亦為監察委員會業務監察的對象，而若監察委員會認為董事會所決議的內部控制系統的內容並不合適時，必須記載不合適之主旨及理由於監察報告書上[23]。

二、平成17年（2005年）日本公司法

前述日本內部控制系統整備法定化之背景，主要是因應委員會等設置公司制度之成立，便於監察委員會之監察實效性所設置制度，並未擴及所有股份有限公司。真正討論內部控制系統是否應該要適用於其他類型公司之時期，則是在2005年日本公司法立法審議委員會上。為何內部控制系統突然被重視？主要原因是在2004年秋季後[24]，日本企業界不正行為、舞弊事件不斷，特別是在財務報告製作上違反法令之重大事件層出不窮[25]。故2005年在法制審議會（現代化關係部會）將包含整備內部控制系統相關規

---

[21] 山本，前揭註16，頁36。

[22] 始關，前揭註16，頁23；山本，前揭註16，頁36；柿崎，前揭註5，頁174。

[23] 商法特例法21の9條2項2號，山本，前註16，頁36。

[24] 具體案例而言，例如當時佳麗寶經營階層，因不適切的會計處理方法所導致的財報造假問題，具體金額從2004年3月期開始後的5年間高達2000億日圓不正計算，長谷川俊明，新会社法が求める内部統制とその開示，2版，中央経済社，2006年，頁12。

[25] 實際上，在平成15年（2003年）10月22日，日本法制審議會公司法（現代化相關）部會公佈的「關於公司法制度現代化的綱要試案」中，並未包含有關內部控制系統整備的規定。其後，於平成16年（2004年）12月8日同部會決定的該綱要基本方針雖無改變，但由於當時企業不祥事件頻繁發生，故在綱要中增加了內部控制系統的整備決定及開示的規定，長谷川，前揭註24，頁2-3。

定的公司法案及公司法施行細則提交至國會[26]。而當時的國會在該法案的
附帶決議中亦提到，雖然原則上董事對於公司應以負過失責任為主，但必
須盡最大努力以防止公司財產流失，並保護股東和債權人權利及確保合適
的公司治理架構[27]。

　　在此背景下，原本在商法特例法中對委員會等設置公司所規定的內部
控制系統之適用，擴大到所有的股份有限公司[28]，以下以監察人（會）設
置公司為例，平成17年當時的規定概要如下[29][30]。

（一）內部控制系統為公司的重要業務執行事項，其決定權限在董事會設
　　　置公司為董事會，在非董事會設置公司則須經過半數以上的董事同
　　　意決議（日本公司法348條3項4號、第362條4項6號）。而大公司
　　　（日本公司法2條6項），必須決定是否要整備內部控制系統（日本
　　　公司法第348條4項、362條5項）。

（二）當大公司決定或決議要整備內部控制系統時，應在事業報告書中記
　　　載其內容及運用狀況的概要（日本公司法435條2項、日本公司法施
　　　行規則117條1號、118條2號）。

（三）監察人（會）在審查事業報告時，如果認為上述董事（會）的決定
　　　或決議內容不當，應作成包含該認定及理由的監察報告（日本公司
　　　法436條1項、2項2號、日本公司法施行規則117條2號、129條1項5
　　　號、130條2項2號）。

---

[26] 長谷川，前揭註24，頁3。

[27] 長谷川，前揭註24，頁6。

[28] 惟股份有限公司以外型態之公司適用尚有討論空間。此外，日本內部控制系統整備
討論也擴展到地方自治法，長畑周史，日本における内部統制制度の展開─地方自
治法改正を中心に─，横浜市立大学論叢，70卷1號，2019年，頁79以下。

[29] 森‧濱田松本法律事務所編，浜口厚子著＝鈴木克昌＝児島幸良著，内部統制：会
社法と金融商品取引法，中央経済社，2009年，頁2-3。

[30] 此處為平成17年當時的日本公司法規定。而平成26年日本公司法進行修法時，將內
部控制系統整備之範圍擴大到所謂集團企業（母子公司），但實際上僅是將平成17
年公司法施行細則中所規定的集團企業內部控制規定之位階提升至公司法位階，礙
於篇幅的關係本文將不進行該部分立法時的議論，惟該修法後所期待的效果與實際
成效尚有討論空間。

　　而關於內部控制系統整備之體制，除了公司法中規定的確保董事及執行役職務執行符合法令和章程的體制外，其他的體制則規定在公司法施行細則中，以監察人（會）設置公司為例，包含如保存及管理董事職務執行相關訊息的體制、風險管理體制、確保董事職務執行有效率的體制、確保員工職務執行符合法令和章程的體制，及集團企業業務適正性確保體制（日本公司法施行細則98條1項、100條1項）、監察人對內部控制系統監察體制之整備（日本公司法施行細則98條3項、100條3項）[31]。然而，公司法（公司法施行細則）中所列出的項目體制，是一般在討論業務監督體制建構時，多會被列舉出的項目而已，並非為具體必須的義務[32]，故也可能因為董事會的決定而有所增減。而依據這樣的列舉方式來決定具體內部控制系統的整備，比較容易將資訊開示內容定型化，以便股東理解，也可作為監察實務上的指針[33]。

　　對經營權和所有權分離制度下的股份有限公司而言，監督、監察體制之整備是必然必須正視的問題。內部控制系統不僅作為業務執行機關在業務執行時的自我監督系統，其整備當然為董事須盡善管注意義務的對象，且在整備該系統時亦須考慮相對於業務執行機關，即監察機關的監察體制整備[34]。

　　綜上，日本公司法上規定的內部控制系統規定重點可整理為以下三點：1.內部控制系統整備的權限及責任所在隸屬於董事（會）；2.該整備內容為監察人等機關的監察對象；3.應記載於事業報告書上向股東開示，並透過這樣的開示方式以促進內部控制系統的整備及改善[35]，故內部控制系統整備應涵蓋到公司所有機關，不局限於業務執行機關之董事（會），

[31] 未設置監察人公司之董事會，則必須向股東會直接報告內部控制系統的整備體制（日本公司法施行細則98條2項、100條2項）。

[32] 山本，前揭註7，頁254。此外，實際上，在作為公司法前身的商法中，有關內部控制系統的討論，多是以法令遵循體制和風險管理體制為重點，這是因為如果法令遵循體制和風險管理體制的建構的不完善，公司容易產生重大損害，因此必須明確責任所在，土田義憲，会社法の内部統制システム，2版，中央経済社，2006年，頁7。

[33] 山本，前揭註7，頁254。

[34] 山本，前揭註16，頁37。

[35] 山本為三郎，会社法の考え方，13版，八千代，2024年，頁165。

亦包含監察機關等之監察人（會）及公司所有人之股東會，即為公司治理層級的體制[36]。

惟平成17年日本公司法創設時對於所有股份有限公司內部控制系統之規定，相較於2002年商法特例法對於委員會等設置公司之內部控制系統內容之規定，本質上並無嶄新點，而是將其適用範圍擴大[37]。且日本公司法上也僅規定大公司董事（會）必須決定是否要整備內部控制系統（日本公司法348條4項、362條5項），換句話說，倘若董事（會）決定不整備內部控制系統也沒有直接違法的疑慮[38]。但必須特別留意的是，在東京證券交易所（下稱「東證」）上市的公司，依照東證上市規定，都有必須整備內部控制系統之義務（同規定439條），且須提交內部控制系統的整備狀況（CG-Code基本原則4）[39]。

至於要整備什麼樣內容的內部控制系統，由於日本公司法及施行細則僅是列舉了幾個概念性的體制，前述東證上市規定也沒有具體詳細規定，實際運作是由董事（會）決定方針（例如要建構哪些體系、大概的方針如何），再由各個業務執行董事盡其善管注意義務進行具體詳細內容的整備[40][41]。

---

[36] 山本，前揭註16，頁38。

[37] 黃清溪，前揭註5，頁22以下。

[38] 田澤元章，內部統制システムの構築・運用と取締役等の監視義務・信賴の原則，石山卓磨監修，檢証判例会社法，財經詳報社，2017年，頁365；山本，前揭註7，頁258。

[39] 東證的規定最多也僅能解釋為軟性法（Soft Law）的位置。此外，上市公司亦必須依金融商品交易法規定提出內部控制報告書，參考註4。

[40] 山本，前揭註35，頁165。此外，在業界實務上，關於董事的內部控制系統整備到底要做到什麼程度，有一種較為簡略的說法是「只要盡力去整備了，就算履行了善管注意義務」。確實根據日本的相關裁判例，倘若股東因公司受損失而對董事提起代表訴訟請求損害賠償，即便主張董事在內部控制系統整備上有任務懈怠，但因為股東往往無法實際舉出公司的內部控制系統（管理體制）有何不妥，而變成由董事自己反證其整備的內部控制系統內容非常完備，來證明其並未有任務懈怠。而董事所主張的內部控制系統的具體內容是否真的妥適，最後則為法院判斷，故這樣的舉證責任配置，對原告股東等來說並不算有利。

[41] 觀察日本上市公司網站公開資料，內部控制系統之建構多是依循日本公司法上列舉的各項體制，且其事業報告書或依東證CG-Code規定之開示也多為同樣的內容。

三、與大和銀行事件的關聯性

多數學說認為，平成17年公司法立法之際決定將內部控制系統導入公司的背景原因之一，即受到大和銀行事件[42]的影響[43]，該事件的判決[44]中確實提及，為了健全的公司經營，公司必須根據目標事業的種類和性質等，準確掌握並適當控制各類風險，例如信用風險、市場風險、流動性風險、業務風險、系統風險等狀況，公司需建立與其經營事業的規模和特性等相應的風險管理體系（即所謂的內部控制系統）[45]。此外，該判決也指出（包含防止員工違法行為）內部控制系統之整備亦是董事善管注意義務的內涵[46][47]。

惟大和銀行事件發生時，當時的商法上並沒有所謂內部控制系統整備之規定，且將此判決文對於內部控制系統之提示，對照前述（二）公司法立法時之議論可發現，公司法立法時並沒有明確討論內部控制系統之整備與董事善管注意義務之間有何關聯[48]。事實上，所謂內部控制系統的整備

---

[42] 該事件是大和銀行紐約分行的一名員工在負責證券保管業務和交易的過程中，產生了20萬美元的損失。為了彌補這一損失，該員工在11年間持續買賣大和銀行及其客戶所擁有的證券，最終造成約11萬美元的損失。為隱瞞這一損失，該員工偽造帳簿，進行虛假記載。針對這一事件，大和銀行的股東認為，前任代表董事和董事有責任建立適當的管理體制，以防止員工的不正行為並將損失擴大降至最低。同時，該股東也認為監察人有義務監察這些行為，因此提起了股東代表訴訟。

[43] 大川博通ほか編，内部統制の実務と監査役監査，高橋均執筆，会社法および金融商品取引法における内部統制関連規定への対応，別冊商事法務307卷，2007年，頁159；東京地方裁判所商法研究会，類型別会社訴訟I，3版，判例タイムズ，2011年，頁258。

[44] 平成12年9月20日判時1721號3頁。

[45] 同前揭註44。

[46] 同前揭註44。

[47] 在大和銀行事件之前，也有不少內部控制系統的裁判例，但用詞不一定為內部控制系統，例如內部管理體制、員工的安全顧慮義務體制等，詳細參考長畑，前揭註12，頁223以下。

[48] 立法者曾說明，依照公司的性質和規模，倘若董事沒有整備內部控制系統（雖然不違法），但有可能會被以違反善管注意義務（日本公司法330條），而被追究任務懈怠責任（日本公司法423條1項）。然而這樣的解釋不僅會使得公司法上規定的內部

義務是董事善管注意義務的內涵、具體化之說，並非是透過公司法上之規定而來，而是透過裁判例累積[49]、學說議論而來[50]。不過大和銀行事件之判決，明確的指出董事（會）、監察人與內部控制系統整備間的關係[51]，且亦強調內部控制系統爲所謂董事善管注意義務之內涵，對立法、後續內部控制系統實務發展確實帶來一定的影響[52]。

四、小結

日本不僅爲強調董事會監督功能（monitoring model）爲主的單軌制治理模式下，爲使監察委員會進行監督之便利（董事會之自我監督）而導入內部控制系統，平成17年的立法更將內部控制系統之整備拓展至雙軌治理模式下監察人（會）設置公司，即將公司所有機關都囊括在內部控制系統內，可說是非常獨創性的立法制度[53]，更是將內部控制系統整備提升

控制系統之決定意義產生混淆，而且內部控制系統僅是作爲業務監督的體系，只能盡可能讓公司降低損害，不可能使公司完全沒有損害。故公司在遭受損害時，董事即便整備了妥適的內部控制系統，仍有可能被認爲違反善管注意義務，相反的，即便董事未整備妥適的內部控制系統，也有可能不會被認定有違反善管注意義務。故董事的善管注意義務和公司法所規定的內部控制系統整備到底有什麼關係，事實上並未被明確的釐清，山本，前揭註7，頁258以下。

[49] 田澤，前揭註38，頁365。

[50] 學說上的介紹參照下述參。惟如本章二、所述，董事依照董事會決定的方針來整備具體的內部控制系統時必須盡其善管注意義務，但此爲董事基於與公司委任之關係在執行任何業務時都必須盡到之義務（日本公司法330條、日本民法643條、日本民法644條）。

[51] 該判決文提到，重要的業務執行需要由董事會決定（平成12年商法260條2項），與公司經營有相關的風險管理體制大綱也應由董事會決定。負責業務執行的代表董事及其他業務執行董事有責任根據這些大綱，具體決定整備其所管轄部門的風險管理體制。此外，董事會還有責任監督代表董事及業務執行董事是否履行其整備風險管理體制的義務，這同樣是董事的善管注意義務及忠實義務的一部分。

[52] 高橋，前揭註43，頁159；東京地方裁判所商法研究会，前揭註43，頁258；管原貴与志執筆，任務懈怠責任の法的性質と構造，山本爲三郎編，新会社法の基本問題，慶應義塾大學，2006年，頁200。

[53] 黃清溪，前揭註5，頁28。

至公司治理的層級[54]。然而，如前所述，日本公司法對於內部控制系統整備與否，以及要整備何種內容都是基於董事會權限，強調由董事（會）經營裁量之自治決定，且具體詳細要整備什麼樣的內部控制系統則是再委由董事依其善管注意義務進行，就內部控制系統之法制度意義仍不算明確具體，亦有論者認為有必要再進行更深入討論[55]。

而有別前述公司法上所規定的內部控制系統，裁判例及學說上則發展出另一套內部控制系統整備與董事監視監督義務、任務懈怠責任追究的論點[56]，將於後續參至伍中進行討論。

參、董事的監視、監督義務

日本公司法規定董事會對於董事業務執行必須進行監督（公司法362條2項2號），而實務及學說上經常討論的董事會成員[57]所負之監視義務，則是確立於最高法院昭和48年（1973年）5月22日民集27卷5號655頁之判例（以下簡稱「最判48年（1973年）5月22日判例」（一）。惟此判例僅明確了董事的監視義務，並不包含直接對員工的監督義務，學說上認為董

---

[54] 山本，前揭註16，頁37。

[55] 雖然日本經濟產業省（相當於台灣經濟部）曾於2005年提出「リスク管理新時代の 部統制—リスクマネジメントと一体になって機能する内部統制の指針—（參考中譯：風險管理新時代的內部控制—與風險管理一體化具機能性的內部控制指針）」，該指針或許可以成為內部控制系統整備的參考，但該指針在司法上的意義並不明確，即便依照該指針整備了內部控制系統，倘若公司發生損害董事被追究責任時，該指針並無法成為董事的免罪符，頂多只能做為預防損害發生對應整備的參考清單，故公司法上所要求的內部控制系統整備之意義，仍有需要再進行更深層的討論，菅原，同前揭註52，頁203。然而，多數學說及裁判例認為無法明文化內部控制系統程度的主要原因是，每一個股份有限公司的業種不同等因素而無法有劃一性的規定，黃清溪，前揭註5，頁28。

[56] 田澤，前揭註38，頁367。

[57] 日本公司法上董事會設置公司之董事分為業務執行董事及非業務執行董事，即並非所有的董事都被董事會委任進行業務執行，有部分的董事（主要為社外董事）雖參與董事會的營運，但其職務並不包含業務執行（日本公司法2條15號、363條）。

事對員工之監督義務應是出自於董事的業務執行權限[58]。

一、董事會業務執行監督權限下的董事監視義務

（一）昭和48年（1973年）5月22日最高法院判例

此判例是一間電器用品販售公司之董事，在未經其他董事同意之下擅自利用公司名義進行詐欺行為而使公司破產，最後公司債權人向同公司的董事們請求損害賠償之案例[59]。日本最高法院在本判例中提出之見解概述如下：

「股份公司的董事會對公司的業務執行有具有監察權，而隸屬董事會成員之董事，不應僅監視有上呈至董事會的業務事項，對於代表董事所執行的一般性業務內容也必須進行監視，且在必要的時候得自行召集董事會，或者是請求召集董事會，並透過董事會使得公司的業務之執行保持其適正性，這也是董事的職責。」

此判例確定了以下三點涵義[60]。第一，基於董事會的監督權限（業務監察權[61]），而導出其構成員董事之監視義務[62]。第二，非業務執行董事因透過參與董事會來參與經營公司，肯定其對其他董事有監視義務，而此監視義務範圍也不應僅限於上呈至董事會的事項[63]。第三，董事的監視義

---

[58] 藤田，前揭註11，頁371。

[59] 倉沢康一郎，会社判例の基礎，日本評論社，1988年，頁120以下。

[60] 藤田，前揭註11，頁359。

[61] 該判例中指出「董事會處於對公司業務執行進行監察的地位」，雖然使用「監察」一詞，但在現行的日本公司法中，此為董事的「監督」權限（公司法362條2項2號），而「監察」則是監察人的職責（公司法381條1項）。關於改正法的沿革參考，參照藤田，前揭註11，頁359。

[62] 藤田，前揭註11，頁359。

[63] 以往學說多認為，即使不參與業務執行的董事，因需參加董事會而肯認其監視義務，然而該監視義務僅限於提交至董事會的事項，該判例則擴大了監視義務範圍，藤田，前揭註11，頁359。該判例也改變了過往下級審對於董事「被動監視義務」之見解，肯認了董事對於未提交至董事會之其他董事的業務事項亦應有「主動監視義務」，倉沢，前揭註59，頁120以下。

務對象，不局限於有代表權限的董事，也應包含沒有代表權限的業務執行董事[64]。事實上，在此判決之前日本學說上對於董事監視義務及其範圍早有議論，本判例則是更明確了此義務及範圍[65]。惟此判例雖然明確了董事的監視義務，但也僅侷限在設有董事會的公司[66]。

(二) 學說

在董事會設置公司（指名委員會等設置公司除外），董事會作為業務執行機關對於公司的業務執行有決定及執行權（日本公司法362條2項1

---

[64] 藤田，前揭註11，頁361；山本，前揭註35，頁162。

[65] 另外值得一提的是日本自昭和25年導入董事會制度後，代表董事及董事會的權限關係之學說議論，亦可做爲董事（會）業務執行及監視義務範圍之理解，以下簡單說明。代表權限與業務執行權限是不同的權限，當業務執行涉及法律行爲時，爲將該行爲的法律效果歸屬於公司，該執行需交由具有公司代理權的公司代表機關來處理。而在設置董事會的公司中業務執行權限則屬於董事會（日本公司法362條2項1號、2號），雖然業務的決策與執行在概念上可以進行區分，但是董事會應負責業務決策並須執行該決策。然而，實際上，在規模較大的公司中，董事會更多的是進行宏觀的經營判斷和加速經營方針的決定，並且期望根據業務執行權限來執行董事會的業務，因此除了重要業務的決定（日本公司法362條4項）外，非重要的業務執行則可委託給代表董事等業務執行董事（日本公司法363條1項、2項），或若該業務執行爲法律行爲，則由代表董事執行（參照日本公司法363條1項1號）。換句話說，包括代表董事等業務執行董事，皆處於董事會輔助人的地位。關於董事會和代表董事關係的其他學說，尚有並立機關和派生機關說兩說，詳細參考山本，前揭註35，頁157以下；黃清溪，前揭註1，頁21以下。而在昭和25年日本導入董事會前，個別董事爲業務執行機關及代表機關，詳細請參考慶應義塾大學商法研究會，取締役の權限を繞る二三の問題，会社法以前，慶應義塾大學法学研究会，2003年，頁385。

[66] 在董事會非設置公司，董事爲公司的業務執行機關（及代表機關）有業務執行權（日本公司法348條1項）。而關於董事的業務決定及執行範圍，董事若有兩人以上之公司，除了章程有特別規定之外，該公司之業務必須由董事會過半同意決定執行（日本公司法348條2項），惟部分重要的業務執行事項（包含內部控制系統整備等）則不得委任個別董事（日本公司法348條3項）決定執行，當然也無法透過章程來排除。故解釋上，除了公司法規定不得委由單獨董事決定之重要事項外，其他非重要事項之業務執行則可透過章程規定由個別董事決定執行。山本，前揭註35，頁162。然而，非董事會設置公司之董事是否有監視義務，目前仍有爭議，有見解認爲基於董事的業務執行權限，即便是非董事會設置公司，董事間仍負有監視義務，新谷勝，内部統制システムと株主代表訴訟，民事法研究会，2016年，頁27。

號2號）[67]，而關於公司對外法律行爲之執行則另行委任予代表董事[68]。除了公司法上規定重要的業務執行項目（包含內部控制系統整備等）及章程規定之外，非重要的業務執行項目則在董事會的業務執行權限之下，委任代表董事等業務執行董事來執行，是一般通例[69]。對於事業規模較大的公司，爲了提升經營效率，董事會將非重要業務之執行委任輔助人（即業務執行董事），董事會成員董事依據董事會之業務執行之監督權限對該輔助人在遂行其職務時其進行監視[70]，而該監視義務是基於董事會的業務權限而來，故範圍應包含到所有的業務執行[71]。

綜上，雖然日本公司法上僅規定董事的監督權限（日本公司法362條2項2號）並未明文規定董事的監視義務，但透過判例及學說之論述，可整理出1.基於董事會的業務執行監督權限，可推導出董事的監視義務；2.董事的監視義務範圍應涵蓋至所有業務執行範圍之解釋。

二、董事對員工之監督責任

上述的判例及學說，雖然明確了董事會成員間的監視義務及範圍[72]，但是該監視義務是否直接擴及至對員工仍有再討論的必要。對此，被認爲最早提出董事必須盡到掌握公司整體狀況，其中亦包含監督員工行爲之代表論文者，爲神崎克郎教授的論文「会社の法令遵守と取締役の責任（中

---

[67] 山本，前揭註35，頁161以下。

[68] 黃清溪，前揭註1，頁42；山本，前揭註35，頁161。

[69] 山本，前揭註35，頁162。

[70] 山本，前揭註35，頁162。

[71] 山本，前揭註35，頁163。業務執行權限既屬於董事會，若董事會將業務執行的實行行爲委任於他人，董事會基於其固有的權限和責任必須對該受任人（董事）進行指揮監督，故董事會構成員之董事對該受任人（董事）業務執行的實行的行爲應負有監視義務，該範圍當然不僅受限於上呈至董事會的項目，應涵蓋到全部的業務執行，藤田祥子，取締役会設置会社における取締役の監視義務，法学研究，98卷1號，2016年，頁155。

[72] 藤田，前揭註11，頁361。

譯：公司的法令遵循與董事的責任）」[73]，該論文亦提到為確保能監督員工行為，董事應該要建構內部管理體制[74][75]。

　　事實上，在多數大公司的運作裡，以代表董事為首的業務執行董事，無法以一己之力親力親為執行所有業務執行項目，故採用輔助人以協助其進行業務執行，透過這一連串的指揮命令系統來進行企業運轉是現在大型企業的經營常態[76]。

　　而業務執行董事在執行業務時必須盡其善管注意義務來確保公司業務執行的適正性，其中的一環則包含防止轄下員工發生業務不適正之行為，即業務執行董事對員工行為應行監督[77]，學說上則稱此為對員工的監督義務[78]。

---

[73] 永石一郎，内部統制システム構築義務とその主張・立証責任の構造，一橋法学，3巻2号，2004年，頁364；永野 周志／砂田 太士／芳賀 良／播摩 洋平著，実践　内部統制の法務—内部統制体制の構築と社内規程，ぎょうせい，2007年，頁2；笠原武朗，監視・監督義務違反に基づく取締役の会社に対する責任について(3)，法政研究，2004，頁310。

[74] 該論文將内部控制系統稱爲「内部控制組織」，並強調公司確保法令遵循體制的重要性，而除了公司規模、業務内容及組織架構等相關事項外，還指出公司在法令遵循體制方面應考慮以下幾點：1.負責業務執行的董事及其指揮、命令下的員工應熟悉相關業務所需遵守的法律内容；2.業務執行者應適當記錄其工作，而業務以外的其他人員應能實際檢查這些記錄；3.對於在公司業務執行中違反法令的董事及員工，應實際給予適當的懲戒處分。在該論文中將確保公司及員工的法令遵循作爲内部控制系統主要應重視的問題。此外，董事不可能監視所有公司的事，必須要建構内部控制組織，並且監視該組織，神崎克郎，会社の法令遵守と取締役の責任，法曹時報，34巻4号，1982年；笠原，前揭註73，頁310；長畑，前揭註12，頁229。

[75] 此外，有見解認爲受到該論文的影響，即便在2005年公司法成立時設定了各項内部控制系統體制，一般認爲只要能確保所謂的法令遵循體制，就會被認爲内部控制系統之建構已有相當程度的充實度，永野，同揭註73，頁5。

[76] 例如日本常見的執行役員實際上即爲公司高階員工，受到董事（會）的委任，在其受委任的範圍内來執行公司的業務，並受到董事（會）的監督，山本，前揭註35，頁163、164。

[77] 藤田，前揭註11，頁371。

[78] 舩津浩司，グループ経営の義務と責任，商事法務，2010年，頁214；新谷，前揭註66，頁28。

三、董事的監視義務與業務執行董事的監視監督義務

　　綜上，基於董事會的監督權限，董事成員間負有監視義務，另一方面業務執行董事對員工的監督義務則是基於董事本身的業務執行權（確保業務適正性）[79]。惟雖然董事對員工的監督義務不直接源於公司法上董事會的監督權限，但是解釋上可被說是間接性的與董事的監視義務有關[80]，故董事會雖不直接對所有員工負有監視義務，但因董事的監視義務範圍包含到所有業務執行（參照前述（一）），故業務執行董事對於其部門的員工是否善盡監督義務，也應包含在董事監視義務的範圍內[81]。而業務執行董事除了對其他董事負有監視義務之外，對自己轄下的員工亦負有監督責任，稱之為業務執行董事的監視監督義務[82]。

　　然而，對大公司的董事而言，面對龐大的業務體系及數以萬計的員工，董事如何盡其監視監督義務就成為一個問題，此時善用內部控制系統則成為一個具體的解方[83]。

肆、董事的內部控制系統整備與善管注意義務、監視・監督義務之關係

一、再論日本公司法上內部控制系統整備規定

　　董事與公司之間基於委任關係（日本公司法330條、日本民法643條），對公司須盡善管注意義務（日本民法644條），而董事在業務執行時也必須遵守法令、章程及股東會的決議（日本公司法355條）。故當董

---

[79] 兩者基本上爲不同體系下所衍伸出之義務，藤田，前揭註11，頁371注37。

[80] 藤田，前揭註11，頁372。

[81] 舩津，前揭註78，頁214。

[82] 藤田，前揭註11，頁372。

[83] 山本，前揭註35，頁162、166；舩津，前揭註78，頁215；新谷，前揭註66，頁30。

事會決議整備內部控制系統及訂定其方針後（日本公司法362條4項6號、5項），此時內部控制系統之整備則成為業務執行董事職務內容（日本公司法363條1項）[84]，故從日本公司法上僅能間接性的推導出基於董事會之決議，董事須整備內部控制系統，但並無法直接得出董事（會）有整備內部控制系統義務之結論[85]。

二、從董事任務懈怠責任觀點出發（董事是否已盡其善管注意義務）

而整備妥適的內部控制系統，對董事有何益處？董事如因其任務懈怠而對公司或第三人造成損害時應負損害賠償責任（日本公司法423條1項、429條1項），舉例而言，倘若有員工發生違法行為而導致公司發生損害的案例來看，無論董事是否有整備內部控制系統，董事都必須盡可能防止這種情況產生或發生後盡可能降低損害，這是董事善管注意義務當然的內容，也就是說內部控制系統也只是針對該事件中，董事是否有任務懈怠責任的判斷基準的要素之一[86]。

然而，舉凡所有經營權和所有權分離的大公司，都必須透過權限分化來進行有效率的經營。而董事（會）業務執行範圍包含到全公司，也包含須防止員工舞弊行為來確保業務能被正確的執行，這也是董事基於與公司之委任關係須對公司所盡的善管注意義務[87]。而且，在大公司的情況之下，董事（會）不可能僅憑一己之力關注到公司每個員工行為，故多會透過內部控制系統的整備來實踐自我監督功能（包含對員工之監督）[88]。

是以，日本公司法雖然沒有直接規定董事有整備內部控制系統義務，但從追究董事任務懈怠責任觀點來看，若董事已整備合適的內部控制系統則有助於解放董事對於職務執行，以及對監督、監視義務的任務懈怠

---

[84] 菅原，前揭註52，頁200。

[85] 田澤，前揭註38，頁365。

[86] 山本，前揭註16，頁38。

[87] 山本，前揭註16，頁38；藤田，前揭註11，頁377。

[88] 山本，前揭註16，頁39。

責任[89]。例如從業人員的不正行為而導致公司發生損害，當董事被公司或股東追究是否有任務懈怠責任時（日本公司法423條1項）時，就法制度設計而言，若以董事是否已整備妥適的內部控制系統來作為董事是否盡到善管注意義務之判斷，是較具體化的衡量標準[90]。另一方面，當董事未整備或整備不合適的內部控制系統，則亦會成為其未盡善管注意義務之評價基礎[91][92]。

三、內部控制系統為董事監視‧監督義務實踐手段及其善管注意義務具體化

　　綜上，當董事會依公司法規定決定整備內部控制並訂定內部控制系統方針後，業務執行董事就其擔當部分來整備內部控制系統，此為其職務內容，而其他的董事則對前述內部控制系統之整備負有監視義務，董事會則必須對董事們進行監督，而為了達成前述監視、監督義務，必須掌握內部控制系統的整備狀況，故業務執行董事則必須履行其報告義務（日本公司法363條2項）[93]。另一方面，不論公司法是否明文規定董事應整備內部控制系統，或董事會是否決定要整備內部控制系統，整備內部控制系統仍然是董事的必要之至[94]，主要在於董事必須執行業務，也須盡其監督、監視義務確保業務能被正確執行[95]，而內部控制系統則可作實踐之手段[96]，董

---

[89] 山本，前揭註16，頁39。

[90] 山本，前揭註16，頁38。

[91] 山本，前揭註16，頁39。

[92] 山本，前揭註16，頁38；新谷，前揭註66，頁52。具體而言，內部控制系統應是為了達成董事應盡義務的手段，董事在整備內部控制系統時必須盡其善管注意義務（一種態度），此時在追究董事責任並探究其是否盡善管注意義務時，則會對董事所整備的內部控制系統內容進行評估。

[93] 山本，前揭註16，頁38。

[94] 山本，前揭註16，頁37。

[95] 藤田，前揭註11，頁377。

[96] 山本，前揭註35，頁167。一般而言，只要董事已整備了妥適的內部控制系統，董事就不會被認定有違反監視義務，近藤光男編，取締役の監視義務，中央經濟社，2018年，頁11。

事也得透過整備內部控制系統來實踐監視監督義務[97]。

又董事在執行業務時因其任務懈怠而導致公司蒙受損害，董事必須對公司負損害賠償責任（日本公司法423條1項），故董事當然有必要盡力防止員工的違法行為，或盡可能的降低員工因其違法行為所帶給公司的損失，此為董事就其業務執行應盡之善管注意義務[98]。而在發生損害後，要衡量董事是否已就其義務盡其善管注意義務時，損害發生當時所整備之內部控制系統適切與否（內部控制系統的具體內容及是否具機能性）則可作為事後的衡量標準，即所謂善管注意義務的具體化[99]。

四、小結

透過前述論述可知，內部控制系統不僅為董事業務執行內容及監視監督義務實踐之手段，也成為在損害賠償請求發生時，用以評估董事是否違反善管注意義務具體的評斷要素之一。接下來的問題在於，董事究竟要整備什麼樣的內部控制系統才算沒有違反善管注意義務？由於日本公司法上並無明文規定內部控制系統整備內容，學說上亦眾說紛紜[100]，最基礎的論述還是僅能解釋為董事應盡其善管注意義務來進行整備[101]。而從追究董事任務懈怠責任觀點來看，內部控制系統既然為評估董事是否違反善管注意義務之要素，只有在公司或第三人已受損害向董事追究任務懈怠責任時，該公司的內部控制系統適正與否，才有機會被第三人即法院進行檢

---

[97] 新谷，前揭註66，頁31；柿崎，前揭註5，頁180。

[98] 山本，前揭註16，頁38。

[99] 要特別注意的是內部控制系統是所謂確保業務適正性之體制，並不能因為說整備了內部控制系統就得以主張免除董事所有的監視義務，新谷，同前揭註66，頁61。而公司發生損害而追究董事是否有任務懈怠責任時，都必須視個案進行評估，而內部控制系統整備與否並不能夠作為評估董事任務懈怠責任唯一或絕對的基準。但以內部控制系統整備及是否整備妥適，來評估董事是否已盡其監督、監視義務，此種法制度將有助於協助董事從任務懈怠責任中解脫，即董事只要整備合適的內部控制系統即不會被認定有任務懈怠之責任，山本，前揭註16，頁39。

[100] 黃清溪，前揭註5，頁30。

[101] 黃清溪，前揭註100。

視，也因此法院對於何謂適切的內部控制系統之判斷標準，對日本的內部
控制系統整備之發展具有相當大的影響力[102]。

伍、內部控制系統與董事善管注意義務—從追究董事責任出發，董事究竟應該整備什麼樣的內部控制系統？

如前所述，在日本不論法律明文規定與否，從討論追究董事責任的觀
點來看，董事都勢必重視內部控制系統之整備，而要整備什麼樣內容的內
部控制系統則為本章討論重點。以下分別簡述介紹學說及判例、裁判例之
論述。

一、學說

要整備什麼樣的內部控制系統學說上雖然有不同的見解，但一般認為
董事應有廣泛的裁量權，且屬於董事的經營判斷內涵[103]，以下介紹幾個
見解。

---

[102] 從日本立法過程中所推導出的內部控制系統之法律意義，只是要求董事（會）檢
討、決定是否有建構內部控制系統，而關於內部控制系統的程度與方法，就只能
參照裁判例所指出的董事善管注意義務，長畑，前揭註12，頁248。

[103] 關於所謂內部控制系統整備之內容與水準，有見解認為應適用經營判斷原則，但
也有見解認為沒有必要鼓勵董事整備所謂具有冒險性的內部控制系統，故內部控
制系統整備實不適用所謂經營判斷原則，參考野村修也，內部統制システム，神
作裕之ほか編，社法判例百選，4版，有斐閣，2021年，頁105。在此必須特別注
意的是，雖然在日本也有類似美國法上的經營判斷原則（business judgment rule）
的概念，但其內涵實則不同。日本的多數學說認為，雖然應尊重董事在其裁量權
限內所作出的經營判斷，但亦應評估董事在做該判斷時是否已盡其善管注意義
務。也就是說，日本法上經營判斷原則的內容即為善管注意義務本身，並不能被
拿作為有特別效果的法理，而且也不適合拿來做為擁有極大權限的董事之責任減
輕手段，山本，前揭註35，頁188。

(一)應至少具備最低程度水準

公司風險容忍度是屬於經營策略的問題，無須獎勵董事整備須有具有冒險性質（risk take）內部控制系統，而是建議至少應整備最低水準程度的內部控制系統，超過此程度的內部控制系統則應屬於董事的經營裁量範圍[104]。

(二)不正行為防止

內部控制系統既然是為發現員工違法行為之系統，應以此為最低限度，超過此限度之設計則為董事的裁量權[105]。此外，內部控制系統不僅是為了防止經營者和員工在執行其職務時有違法行為之發生，其整備也應該包含如何讓公司損害降到最低水準[106][107]。而倘公司過去曾發生不正行為，必須確保同樣種類的不正行為不會發生，倘若董事未能整備防止該不正行為再發生之內部控制系統，且被認定其判斷有顯著不合理時，董事就可能會被認定違反義務[108]。此外，內部控制系統之整備是為了防止不正行為，理論上應沒有所謂冒險性的內部控制系統整備之可能性[109]。

---

[104] 例如，整備一個能發現員工違法行為的內部控制系統是最低限度的要求，而這一要求並不適合委由經營判斷原則來決定。然而，為實現該要求的手段方法，例如是否設立內部監察部門則可以由董事作出裁量，野村，前揭註103，頁105。

[105] 野村，前揭註103，頁105。

[106] 鳥飼重和＝青戶理成，內部統制時代の役員責任，商事法務，2008年，頁97。

[107] 因為員工的不正行為而使公司發生損害時，事後董事可能會被股東或債權人追究違反內部控制系統的整備或其監視監督義務之任務懈怠責任，即便董事並不知道該不正行為，但仍有可能會被要求負損害賠償責任，高谷裕介，第4章　內部統制と会社役員の責任をめぐる関連判例の分析，大塚和成ほか編，内部統制システムの法的展開と実務対応，青林書院，2015年，頁83。

[108] 田中，前揭註4，頁293。而相反的解釋則是，只要沒有顯著且不適當的問題，則不會認為董事需要承擔任何民事責任，伊勢田道仁，内部統制と会社役員の法的責任，中央経済社，2018年，頁101。

[109] 長畑周史，内部統制と経営判断の関係について，法学政治学論究，76号，2008年。

（三）成本效益

因為整備內部控制系統必須要花費一定的成本，所以要整備什麼樣的內部控制系統必須要考慮相對的成本效益[110]。沒有必要耗費大量成本來整備防止所有不正行為發生的內部控制系統，董事應是以即便自己公司發生不正行為也不會有被追究責任為最低限度，來進行內部控制系統的整備[111]。

（四）平時和有事時

就對內部控制系統法定義務之建議，可依公司是否有不正行為徵兆之事實來區分為平時的內部控制系統及發生異狀時的內部控制系統[112]。所謂平時的內部控制系統之整備，內涵須為遏止不正行為、將事業風險損害降至最低，即事前預防機體制[113]。而若有不正行為或有風險徵兆發生時（即發生異狀時），必須有即時能向經營者傳達資訊的體制整備（即資訊管理系統）[114]，且必須要就不正行為之徵兆進行調查（即調查體制），並採取迅速且適當應對的行動防止損害擴大（即損害防止擴大體制）[115]。

二、判例、裁判例

董事基於監視監督義務，透過內部控制系統的整備來防止董事或員

110　田中，前揭註4，頁292。

111　高谷，前揭註107，頁84。

112　伊勢田，前揭註108，頁102。

113　具體來說，董事應進行同業其他公司的資訊蒐集、諮詢法令專家確認，並參考自家公司過去的相關案例等。如果內部控制系統未達到應對通常可預見的已知風險的最低標準，則可能被認為違反了董事的善良管理注意義務，伊勢田，前揭註108，頁129。

114　伊勢田，前揭註108，頁102。

115　在董事已經認識到警告事實的情況下，則可以認為董事具有具體的預見可能性，伊勢田，前揭註108，頁102、129。

工的不適正行為，將企業不正行為發生的風險降至最低[116]。當因內部控制系統整備不適切而使得公司發生不祥事件，董事將會被追究違反善管注意義務，反之，若董事已整備適切的內部控制系統，則董事可主張免除責任[117]。以股東代表訴訟而言，當原告對被告董事就違反監視監督義務未盡善管注意義務之主張時，被告董事即可以其已整備內部控制系統，表示已盡其善管注意義務來證明自己沒有過失責任[118]，意即整備適切的內部控制系統可以作為被告否定其過失責任的抗辯事由[119]。

　　最早明確指出董事有必要整備內部控制系統之裁判例為大和銀行事件[120][121]，初次由日本最高法院提出關於內部控制系統判斷基準之判例則為日本系統技術事件[122]，而該判例所使用的判斷基準也影響後續下級審判決，對於董事的內部控制系統整備是否有違反善管注意義務（過失責任）之參考基準，可說是非常具指標性的判例[123]，以下就此兩案例進行簡介。

（一）大和銀行事件

　　該裁判例中，明確指出董事應根據公司所從事業務的種類、性質等，準確把握各類風險，並整備適當的內部控制系統[124]。此外，內部控

---

[116]　新谷，前揭註66，頁47。

[117]　新谷，前揭註66，頁47。

[118]　日本公司法在2005年成立時，法制上所設計的董事責任原則上是以過失責任為主，故公司法423條1項特別規定董事對「其任務如有懈怠」時，因該懈怠產生對公司的損害應負損害賠償責任，即屬過失責任之規定，管原，前揭註52，頁179。

[119]　新谷，前揭註66，頁47。

[120]　大阪地裁平成12年9月20日判時1721号3頁。

[121]　惟須特別留意的是，後述大和銀行事件判決是發生在2005年公司法修法前，當時並未明確定調董事的任務懈怠責任為過失責任。

[122]　野村，前揭註103，頁105。

[123]　加藤新太郎，第61回　取締役の内部統制システム整備義務（Legal Analysis（連載）NBL（商事法務），NBL1193号，2021年，頁70。

[124]　該判決將內部控制系統稱為風險管理系統。

制系統的內容應隨著各種事故問題的經驗積累以及風險管理研究的進展而不斷充實，並檢討各種金融不正行為，以達到現階段所要求的內部控制系統（管理體制）的水平。同裁判例還指出，董事有義務建立一個遵守法律法規的體制，以防止員工在履行職責時從事非法行為，這也是內部控制系統的一部分[125]。然而，要整備何種內部控制系統是經營判斷的問題，董事作為公司經營的專家，應擁有廣泛的裁量權[126]。同時，董事不僅要整備內部控制系統，還要確保其具有實質的機能性[127]。此外，該裁判例還指出銀行董事應負有第一責任，必須自行確保銀行業務的健全性和適當性，不能以監管當局的檢查來代替自身應盡的管理職責。故作為銀行業的董事，不應將監管當局的檢查作為內部控制系統整備的標準，而應從銀行經營者的自我責任的角度出發，整備適當的內部控制系統[128]。

在該裁判例之後，董事的內部控制系統整備成為焦點的案例有Daskin事件[129]、Yakult事件[130]等較具代表的裁判例，雖然兩個裁判例涉及到不同的內部控制系統整備問題[131]，但同樣的見解為董事作為公司經營的專家，對於內部控制系統之整備應有廣泛的裁量權，與大和銀行事件的見解一致。此外，在Yakult事件中，判斷董事在內部控制系統整備上是否有違反善管注意義務時，是否有參照當時其他公司的內部控制系統整備體制也成為其中的判斷標準[132]。

[125] 該事件的概要及判決內容參照第二章（三）。

[126] 同前揭註120。

[127] 同前揭註120。

[128] 同前揭註120。

[129] 大阪高裁平成18年6月9日判例タイムズ1214号115頁，參照松嶋隆弘，会社法上の内部統制システムにおいて要求される水準と措置について：近時の裁判例を素材として，日本法学，76巻2号，2010年，頁314。

[130] 平成20年5月21日判例タイムズ1281号274頁。

[131] Daskin事件涉及爲防止員工非法行爲（包括具體措施）的內部控制系統整備，即法令遵循系統整備案例，而Yakult事件則涉及衍生品交易的內部控制系統整備，即營運風險管理案例。

[132] 同前揭註130。

(二)日本系統技術事件－日本最高法院判決之判斷基準（有無過失）

同事件涉及因員工的假交易行為而導致公司有價證券報告書中有不實記載的情況，即內部控制系統整備中，與法令遵守體制有關的案例[133]。在該判例中，董事是否因未能防止員工虛報銷售額而違反內部控制系統整備義務而有過失責任成為爭議焦點[134]。判決中針對董事內部控制系統整備有無過失責任，提出下列判斷基準[135]：

1. 內部控制系統的整備是否達到了通常可預見的不正行為防止之管理體制水準；
2. 是否存在可預見該不正行為的特殊情況；
3. 該不正行為是否屬於通常難以預見的情況；
4. 內部控制系統是否有具機能性[136]。

上述判斷基準於後被廣泛適用於判斷董事就內部控制系統之整備是否有過失責任的下級裁判例[137]，該基準也獲得學界廣泛支持[138]。但須注意

133　此外，該事件屬於公司代表人對第三者的職務行為所承擔的不法行為責任的案例（日本公司法350條），並不是探討董事是否有任務懈怠責任的案例（日本公司法423條1項和429條1項），因此並未提及公司內部控制系統的整備及董事的經營裁量。然而，即使是在對第三者的侵害問題上，仍然可以與對公司的責任情況類似來進行考量，柳明昌，內部統制に関する民事責任第二節內部統制に関する裁判例，河內隆史ほか編，金融商品取引法の理論・實務・判例，勁草書房，2019年，頁196。

134　松嶋隆弘，上場企業において內部統制システム整備義務違反の有無が問題となった事例，平成21年度主要民事判例解說，別冊判例タイムズ29号，2010年，頁185。

135　柳明昌，前揭註133，頁196。

136　柳明昌，前揭註133，頁196。

137　例如，近期日本較著名的裁判例，積水房屋事件、肥後銀行事件等，法院也都是使用此判斷基準。

138　山本為三郎，從業員の不正行為を防止するための法令遵守体制構築等に係る取締役・監査役の任務懈怠の有無，私法リマークス53，2016年，頁88。董事為了

的是，迄今為止的判例和裁判例多涉及法令違反或風險管理不當引起的損失問題，且多數情況都是被認為公司因內部控制系統不完善，並因此爭論董事是否有任務懈怠責任之事例[139]。然而，每個案例出現的問題不同，似乎也沒有辦法以一概全，只能針對個案進行判斷[140]。

陸、對台灣法的啟發

台灣證交法或銀行法等所規定的「內部控制制度」建構為公開發行公司等的法定義務，且相關法令也訂定「內部控制制度」原則，而非公開發行公司則沒有此法定義務的拘束，公司法上也沒有特別的規定[141]。而日本公司法上的規定則是，日本大公司的董事（會）必須要決定是否要整備「內部控制系統」，且須經過監察人（監察等委員等）之監察後報告給股東會，讓經營及所有權分離的大公司能夠將內部控制系統狀況（決定整備與否及其方針）開示於事業報告書上，使其體制狀況可視化。但「內部控制系統」整備與不整備，要如何整備，整備什麼樣的內容歸屬於董事（會）的經營權限，而當董事會決議內部控制系統方針時，業務執行董事

要盡其善管注意義務、忠實義務必須要整備內部控制系統，但這並不意味董事就必須要整備可以完全排除任何業務不適正行為發生之內部控制系統，例如在本件中，對於員工的假交易不正行為之發生，而探討董事是否有違反內部控制系統整備義務的問題，最高法院認為該公司代表董事已經整備了可防止「有預見可能性」的不正行為之管理體制，而本件員工的巧妙虛偽的假交易行為則是屬於「沒有任何特別情事徵兆，而使該不正行為具有可預見性」，而否認了代表董事的義務違反（過失），田中，前揭註4，頁292。

[139] 在裁判例上所探討的內部控制系統的問題，多是因為其整備內容似有不完備而造成公司損害，而因此爭論董事是否有任務懈怠責任，田澤，前揭註38，頁366。

[140] 而就追究董事責任而言，內部控制系統也不過是其中一種判斷標準，山本，前揭註16，頁38。惟從過往的裁判例來看，日本法院對所謂事前預防機制的建構要求並不是特別高，柳昌明，前揭註133，頁207。

[141] 黃國川，前揭註5，頁95。

則必須整備具體的內容，並盡其善管注意義務[142]，故「內部控制系統」之整備並不能當然解釋為日本公司法上之法定義務，頂多是大公司有決定是否整備「內部控制系統」之義務[143]。然而，「內部控制系統」作為董事會的監督監視及監察人的監察手段之實踐，以及追究責任時的是否違反善管注意義務時的判斷標準，內部控制系統之整備可說是日本大公司必備。

　　若以法制度面來看，日本公司法上討論的內部控制系統與台灣的內部控制制度可說是不同制度。法制度之開展與社會環境，立法者及主管機關之推進，以及學說、判例（裁判例）議論等密不可分。舉例而言，台灣證交法上的「內部控制制度」可追溯於會計資訊之監察，而後逐漸擴大範圍至公司業務營運層面，也有許多新創性的制度設計，並且要求公開發行公司均應整備內部控制制度，若未整備或整備不全則有罰則，著重於外部性之主管機關之法令遵循[144]。而日本公司法上的「內部控制系統」則著重於公司內部自治（公司內部董事（會）、監察機關間的相互牽制）與開示（對股東），參照本文的貳。此外，日本金融商品交易法上的「內部控制系統」，雖然是著重在財務報告資訊開示之適正性以及外部監察，就此部分與台灣證交法上的「內部控制制度」法制起源─會計資訊監察較為

---

[142] 就應整備何種「內部控制系統」內涵來看，日本公司法上並無規定具體內部控制系統的整備內容，亦沒有任何指針的輔助，在整備時難以有實際可遵循的方向，柳昌明，前揭註52，頁198。

[143] 日本通說認為，每間公司都應該有屬於自身特色的內部控制，不可能制定所謂的標準或一般性原則，僅能參考判例、裁判例對於所謂是否已盡董事善管注意義務。但在這種形情況下，因內部控制系統被作為董事任務懈怠責任追究的判斷標準，導致於多數的經營者或法律實務者將關心置於要整備什麼樣內容的內部控制系統，才不會被法院認定有任務懈怠責任，故法院的判斷基準就成為日本實務上所關心且遵循的方向。然而，本文認為這樣的想法是否真的對於屬於董事善管注意義務範疇的內部控制系統之整備有所助益？實有疑慮。主要原因在於，這些裁判例都是公司已經發生損害後的事後究責案例，以此作為自身公司的內部控制系統整備的（最低）基準，實在難以認為符合所謂董事已盡所謂善管注意義務之要求。又倘若法院的判斷基準過低，也無助於改善內部控制系統整備。

[144] 張振山，前揭註1，頁109以下。

相近，但日本金融商品交易法並沒有明文規定上市公司要建構內部控制系統，僅要求上市公司要提出內部控制報告書，該報告書的目的主要是為了讓經營者自行評價與財務報告相關的內部控制系統的有效性，然而該財務報告相關的內部控制系統之建構內容與如何確保其有效性，還是得回歸到公司法上的董事善管注意義務，而這與台灣證交法上的「內部控制制度」也不全然相同。

　　總體而言，日本實務及學說將內部控制系統作為董事業務執行及實踐監視監督義務之手段，更將內部控制系統作為評估董事任務懈怠責任之運用（評估善管注意義務之具體化），這部分因為與董事責任息息相關，故經常是日本公司法領域討論的重點。台灣公司法上雖然並未明文規定董事（會）的監督權限或董事的監視監督義務[145]，也較少討論董事善管注意義務之具體化，但若從本文的參、肆日本法上之討論似可作為借鏡。

柒、結論

　　「內部控制」在法律上的意義及其該如何運用？它可以是一種制度規定，例如台灣的證券交易法、銀行法等之規定（內部控制制度），但也僅限於相關產業的公司，在公司法上並未有較多的討論。也可能是像日本公司法，將是否其歸類為公司董事（會）的自治事項，且為公司治理層級下

---

[145] 雖然台灣未明文規定董事的監視監督義務，但學說上已多有討論。參照王文宇，公司法論，7版，元照，2022年，頁209；黃朝琮，董事監督義務及其於ESG之應用，台北大學法學叢論，127期，2023年；張心悌，員工違法行為之董事監督義務──評台灣台北地方法院105年度訴字第4239號民事判決，月旦裁判時報，80期，2019年；郭大維，企業法令遵循與董事監督義務，月旦法學教室，2017年；王志誠，董事之監督義務──兆豐銀行遭美國紐約金融服務處裁罰1.8億美元案之省思，月旦法學，259期，2016年；蔡昌憲，從內控制度及風險管理之國際規範趨勢論我國的公司治理法制：兼論董事監督義務之法律移植，台大法學叢論，41卷4期，2012年；邵慶平，董事受託義務內涵與類型的再思考──從監督與守法義務的比較研究出發，台北大學法學叢論，66期，2007年等，然文獻多爲探討美國法制，本文期望提供日本法制做爲參考。

確保業務適正性的業務監督、營運管理系統（內部控制系統），又實務及學說上則將其運用為實踐董事業務執行、監視監督義務之手段及在追究董事責任時衡量是否達到善管注意義務之判斷標準。故雖然同樣稱之為「內部控制」但其所擁有的法律意義可能會有所不同，而不同的公司治理模式對「內部控制」的展開也有相當程度的影響，例如有監察人制度之日本與沒有監察人制度之美國對於「內部控制」就制度設計上就有明顯差異。而倘若日後欲參考日本法制展開內部控制系統對於董事監視監督責任、是否違反善管注意義務追究之運用時，亦特別留意法制度上的不同之處。

後記：本文為日本台灣交流協會獎學金及日本公益財團法人升本學術育英學術研究助成金受領期間作成，在此表達感激之意。

16

日本における企業の情報開示制度の現状

長畑周史

1、はじめに

　　本稿では、日本における企業の情報開示の現状について整理して紹介することを目的とする。企業情報の開示は、主に投資家向けに法定開示、任意開示の両側面から拡大傾向にある。この傾向は世界的な潮流であるが、その内容は各国で違いがあるようである。このため、日本の状況を台湾の文献で、翻訳版とともに紹介することは、日本の企業の情報開示制度について調査研究しようとする後攻研究者や実務家にとって有益であると考えられる。また、本稿は数字で表記され統計分析に馴染みやすい財務情報とは異なり、文章で記述され、その比較が難しい非財務情報に対して、自然言語処理技術を用いた分析を行う研究の足がかりとすることも意図している。

2、日本における企業情報開示制度の全体像

(1) 法定開示と任意開示の関係

　　まず、企業情報の開示を、法定開示と任意開示に分けて整理するところから始めたい。会社法は、すべての会社を対象とした情報開示を課している他、金融商品取引法は、上場会社等を対象に上乗せで有価証券報告書などの開示書類の提出を義務付けている[1]。

---

[1] 先行研究によると、上場会社について事実上の強制力がある上場規則を含めて制

　　任意開示は、法律上の義務ではないが、投資家向けに企業が任意の
情報開示をするものであるが、上場企業については、金融商品取引所の
上場規則等により開示が事実上強制されるものがある。図16-1は、その
概要を図示したものである。

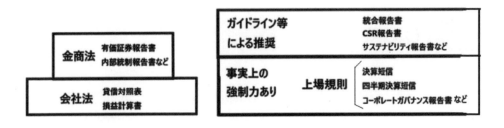

図16-1　法定開示と任意開示

(2) 法定開示

① 会社法が求める開示

　　株式会社は、法務省令で定めるところにより、定時株主総会の終結
後遅滞なく、貸借対照表（大会社にあっては、貸借対照表及び損益計算
書）を公告しなければならないとされている（会440条1項）。会社の規
模や公開方法によって多少の違いがあるが、原則として会社の財産状況
は一般公衆に向けて公開することを求めている。その他、株主や会社債
権者については、計算書類の備置・閲覧（同442条）に応じることや、
株主総会の際に、株主への計算書類の提供義務がある（同437条）。図
16-2は、会社法で要求される情報開示が、誰に向けて用意された制度な
のかを図示したものである。

度開示と分類し、制度開示と任意開示で分けて説明するものもある。弥永真生
「任意開示(1)ー統合報告書ー」企業会計73巻11号（2021年）頁100。

	株主に対する ディスクロージャー	会社債権者・親会社 社員に対するディス クロージャー	一般公衆に対する ディスクロージャー
決算公告	○	○	○
計算書類等の備置・閲覧等	○	○	×
計算書類等の提供 　（取締役会設置会社のみ）	○	×	×

図16-2　会社法が求める情報提供の構造[2]

② 金融商品取引法が求める開示

　金融商品取引法は、会社法が求める情報開示に上乗せする形で主として上場会社等[3]に詳細な情報公開を求めている。同法の立法目的が投資者保護であるので、一般公衆に対する開示となる。金融商品取引法が求める開示書類は、発行市場のためと流通市場ために分けられ、発行市場のための開示には有価証券届出書（金商法5条1項）と目論見書（同2条10項）が、流通市場のための開示として、有価証券報告書（同24条）[4]、半期報告書（同24条の5第1項）、臨時報告書（同4項）がある。本稿で特に重要となる有価証券報告書の内容については、金融商品取引法別紙第3号様式の項目を参照されたい。

　さらに、財務情報の正確性を確保するための制度として、経営者が

---

[2]　弥永真生「会社法に基づくディスクロージャー(1)―沿革と現状―」企業会計73巻8号99頁〔図表1〕を一部改変。

[3]　上場会社および店頭登録会社（現在該当する会社は存在しない）。

[4]　有価証券届出書の定義は24条で「内閣府令で定めるところにより、事業年度ごとに、当該会社の商号、当該会社の属する企業集団及び当該会社の経理の状況その他事業の内容に関する重要な事項その他の公益又は投資者保護のため必要かつ適当なものとして内閣府令で定める事項を記載した報告書」となっており、企業開示府令（企業内容等の開示に関する内閣府令）15条で様式が指定されている。上場会社向けの3号様式への現在のリンクは以下の通り。https://laws. e-gov. go. jp/data/MinisterialOrdinance/348M50000040005/618100_1/pict/2JH00000240620. pdf（2024年9月17日閲覧）。

自社の内部統制の有効性を評価した、内部統制報告書を前述の有価証券報告書と合わせて内閣総理大臣に提出しなければならない（同24条の4の4第1項）[5]。この内部統制報告書は公認会計士または監査法人による監査証明を受けなければならない（193条の2第2項、内部統制府令1条2項、6条）。さらに、有価証券報告書の記載内容が金融商品取引法令に基づき適正であることを経営者が確認した旨を記載した確認書も併せて提出しなければならない（同24条の4の2）。なお、提出された書類は、5年間公衆縦覧に供され（金商法25条各項）、EDINET（Electronic Disclosure for Investors' NETwork：金融商品取引法に基づく有価証券報告書等の開示書類に関する電子開示システム）にて公開される[6]。

(3) 任意開示

① 金融商品取引所の上場規則が求める開示

　　東京証券取引所では、有価証券上場規程において、上場有価証券の発行者の会社情報の適時開示等に関する規則を定めている。施行規則で定める基準に該当するもの・その他の投資者の投資判断に及ぼす影響が軽微なものと当取引所が認めるものでない場合は、直ちにその内容を開示しなければならない（有価証券上場規程402条）。また、決算短信・四半期決算短信（同404条）、予想値の修正等（同405条）、上場外国会社による情報の開示（同407条）、上場維持基準への適合に向けた計画の開示（同408条）についても同様である。なお、東京証券取引所はTDnet（Timely Disclosure network：適時開示情報伝達システム）[7]を運営しており、これによって情報開示を行うこととなっている（同414条）。このため、これらの情報開示は上場会社にとっては開示が事実上

---

[5] ただし、新規上場から3年以内の発行者等は除く。

[6] https://disclosure2.edinet-fsa.go.jp/（2024年9月17日閲覧）。

[7] 東京証券取引所適時開示情報閲覧サービス、https://www.jpx.co.jp/listing/disclosure/index.html（2024年9月17日閲覧）。

強制されているといえる。

　適時開示制度は、金融商品取引所の規則により、重要な会社情報を上場会社から投資者に提供するために設けられているものであり、投資者に対して、報道機関等を通じてあるいはTDnetにより直接に、広く、かつ、タイムリーに伝達するという特徴があるとされている[8]。金融商品取引法での開示との違いは、その速報性にあることは間違いないが、金融商品取引法の2023年改正では、四半期決算短信で代替するとして、四半期報告書の提出義務がなくなるなど企業側の負担軽減に配慮された改正も近時行われた[9]。

　同規則には実効性確保のための規定（同500条以下）もあり、上場会社は事実上これを無視することはできないという意味で、次節で触れる情報公開とは任意の程度が異なる。

② コーポレート・ガバナンス報告書

　東京証券取引所は、2015年6月から「コーポレート・ガバナンスに関する報告書」の提出を上場会社に対して求めている（有価証券上場規程第204条12項1号、419条）。このため、同報告書についても、上場会社については、開示が事実上強制されている書類であるといえる。

　その目的については、「従来の決算短信でのコーポレート・ガバナンス関連情報の開示は、その開示内容が各社の裁量に委ねられ、また、他の決算情報と一緒に開示されていたため、投資者が各社のコーポレート・ガバナンス体制について、独自に比較・判断することが難しい状況であった」ため、「コーポレート・ガバナンス関連情報を報告書の形で

---

[8]　東京証券取引所『会社情報適時開示ガイドブック（2024年4月版）』頁25。なお、https://www.jpx.co.jp/equities/listing/disclosure/guidebook/index.htmlから閲覧可能（2024年9月18日閲覧）。

[9]　なお、金融商品取引法による開示と取引所規則による開示との両方があることの意義については、弥永真生「証券取引所の規則による開示(1)ー制度の概要と意義ー」企業会計73巻6号（2021年）頁105参照。

集約」して比較できるようにしたと説明されている[10]。

　提出された情報は、東京証券取引所が公開するコーポレート・ガバナンス情報サービス[11]に掲載される。その内容は、企業の組織形態に関する基本情報に加えて、コーポレートガバナンス・コードへの対応について記述することが求められている[12]。

③ 統合報告書

　統合報告書には、2013年に、IIRC（International Integrated Reporting Council, 国際統合報告評議会）が、統合報告書の作成に係る指導原則や内容要素をまとめた「国際統合報告フレームワーク　（The International <IR> Framework）」ガイドライン（2021年改訂）[13]が存在する。作成・公表は任意であるが、世界の中では、日本企業は統合報告書発行に積極的であるとされ[14]、2023年の調査[15]では、統合報告書発行企業数は1,019社となり、昨年同時期の872社から147社増加し、上場企業の3割弱が統合報告書を発行する状況になっているとの報告がある[16]。

---

[10] 東京証券取引所「コーポレート・ガバナンス／コーポレート・ガバナンスに関する報告書」https://www.jpx.co.jp/equities/listing/cg/01.html（2024年9月19日閲覧）。

[11] 東京証券取引所「コーポレート・ガバナンス情報サービス」https://www.jpx.co.jp/listing/cg-search/index.html（2024年9月19日閲覧）

[12] 詳細については、注10の「コーポレート・ガバナンスに関する報告書の記載要領」を参照。

[13] https://integratedreporting.ifrs.org/resource/international-ir-framework/（2024年9月19日閲覧）。

[14] 伊藤和憲「日本企業の統合報告書の比較研究」専修商学論集113号（2021年）25頁。藤田勉「なぜ、日本企業では統合報告書が重視されるのか」資本市場457号（2023年）頁61。

[15] 宝印刷D&IR研究所ESG/統合報告研究室「『統合報告書発行状況調査2023』最終報告」https://www.dirri.co.jp/res/report/cat1/2024/post1470.html（2024年9月29日閲覧）。

[16] また、企業価値レポーティング・ラボ「国内自己表明型統合レポート発行企業等リスト　2023年版」（2024年）でも、2023年に1017社の、自己表明型統合レポート

　　統合報告書の定義については、「組織の外部環境を背景として、組織の戦略、ガバナンス、実績、及び見通しが、どのように短、中、長期の価値創造を導くかについての簡潔なコミュニケーションである[17]」と説明され、内容要素として、①組織概要と外部環境、②ガバナンス、③ビジネスモデル、④リスクと機会、⑤戦略と資源配分、⑥実績、⑦見通し、⑧作成と表示の基礎、⑨一般報告ガイダンスの項目を提示している。

　　一方で、日本経済新聞社が主催する日経統合報告書アワード[18]では、1次審査基準として、①トップマネジメントのメッセージ、②企業価値創造を実現するための企業理念（パーパス・ミッション・カルチャー・バリュー・ビジョン）の記述、③自社固有のマテリアリティの抽出と時系列（短・中・長期）を意識した価値創造プロセスの提示、自社の経営資源（各種経営資本）の冷静な分析と中長期経営目標・戦略（ビジネスモデルの変革含む）に関する記述、④企業特性に合った重要な経営目標指標（ESG項目含む）の抽出とKPIの提示と成果の公表、⑤投資家の分析に必要十分な財務情報・財務関連情報が記述されているか、⑥中期的業容の展開にあたり説得力のある資本配分政策・財務政策・事業ポートフォリオ管理の記述があるか、⑦ESGのうち「環境関連」情報のマルチステークホルダーへの説明とソーシャルインパクトに関する記述、⑧ESGのうち「社会関連」情報のマルチステークホルダーへの説明とソーシャルインパクトに関する記述、⑨ESGのうち「コーポレートガバナンス・システム」の高度化 が窺える記述があるか、という基準を提示しており、今後の経営計画とESG関連の情報公開に重点があるように見受けられる。

が公表されているとの報告がある。https://cvrl-jp. com/archive/pdf/list2023_J. pdf （2024年9月19日閲覧）。

[17] 国際統合報告評議会『国際統合フレームワーク日本語版』（2021年）頁8。

[18] https://ps. nikkei. com/nira/（2024年9月19日閲覧）。参加企業の統合報告書へのダイレクトリンクも設置されている。

　　統合報告書の定義・位置付けについては、「従来、企業が発行してきたアニュアルレポートなど財務情報を中心とした報告書と社会的責任報告書・CRS報告書・サステナビリティ報告書など非財務情報を中心とした報告書を統合したものである」との説明[19]がある一方で、担当者の座談会記事[20]では、「我々の目指したいところは、有報だけをみればすべての情報が入っており、統合報告書はそのダイジェスト版という状況です」（カゴメ・仲村氏発言）といった見解や、「『有報は過去情報で、かつ辞書的なもの、いろいろな訂正情報が載っているもの。一方で統合報告書は、未来情報をまとめたものと捉えています』…ESG情報は、当社の場合、『サステナビリティレポート』を公表しています」（三井物産・田野井氏発言）とあるように、完全な任意開示であるため、その在り方についても多様性が見受けられる。また、中小企業においても統合報告書を作成する事例もある[21]。

④ CSR報告書、サステナビリティ報告書

　　CSR報告書の報告基準として代表的なものがGRI（Global Reporting Initiative）のガイドラインである[22]。GRIは、独立した国際的NPOであり、1997年に設立され、2000年にGRIガイドラインが公表された（最新版は2013年に公表された第4版）。さらに、2016年にはESGの基準となるGRIスタンダードが策定されている（2021年改訂）。同基準はサステナビリティ報告書の基準となるものと考えられる。また、環境省による「環境報告ガイドライン」（最新版は2018年版）も参考になるとされ

---

[19] 岡本大輔「企業経営における統合報告と統合報告書」三田商学研究52巻2号（2015年）頁21。

[20] 中村亮＝田野井洋明＝窪田真之「有報と統合報告書の現在と未来」企業会計72号（2020年）頁111-112。

[21] 岩田弘尚「中小企業における統合報告書の開示と利用」日本知的資産経営学会誌8号（2022年）頁11。

[22] 李文忠＝野上健治＝仁科信春「日本と中国におけるCSR報告書の動向」アジア経営研究15号（2009年）頁143。

る[23]他、気候関連財務情報開示タスクフォース（Task Force on Climate-related Financial Disclosures, TCFD）の最終報告書（2017年公表、ガイダンスは2021年が最新版）[24]での提言に賛同する企業については、これに従った情報公開も行われている。

　　なお、任意提出の書類については、様々なものがあるが、2008年の文献[25]によると「環境・社会報告書は減少し…現状では、わが国の企業責任報告書はCSR報告書に収斂しそうな勢いである」との評価があったところ、その後、さらに多種の要素を含み統合報告書に変更していくことになったことが伺える。しかし、上述した複数のガイドラインでさえも、それぞれに目的、対象、評価手法などが異なっており、統合報告書への一本化も難しそうである。

3、有価証券報告書における非財務情報項目の拡大

(1) 有価証券報告書における非財務情報項目

　　次に、有価証券報告書における非財務情報項目の拡大について確認して行きたい。有価証券報告書の記載内容は、「企業内容等の開示に関する内閣府令」（以下、開示府令という）の改正によって毎年のように項目が追加されている。ここでは、近時大きな改正であった2023年1月31日改正で追加された項目の中でも注目される、①サステナビリティに関する考え方及び取組、②コーポレート・ガバナンスの概要、③監査に関する状況について取り上げたい。

---

[23] 阿部博人「一から始めるCSR報告書のつくり方」ビジネス法務8巻5号（2008年）頁110。

[24] Task Force on Climate-related Financial Disclosures, https://www.fsb-tcfd.org/　環境省・気候関連財務情報開示タスクフォース（TCFD）https://www.env.go.jp/policy/tcfd.html（2024年9月19日閲覧）。

[25] 上妻義直「日本型CSR報告書の特性」會計173巻4号（2008年）頁38。

① サステナビリティに関する考え方及び取組

　2023年改正により、「サステナビリティに関する考え方及び取組」の項目が新設され、同年3月期決算以降から法定開示事項となっている。具体的な開示内容としては、大要として、(a)ガバナンス（サステナビリティ関連のリスク及び機会を監視し、及び管理するためのガバナンスの過程、統制及び手続）及びリスク管理（サステナビリティ関連のリスク及び機会を識別し、評価し、及び管理するための過程）、(b)戦略（短期、中期及び長期にわたり連結社の経営方針・経営戦略等に影響を与える可能性があるサステナビリティ関連のリスク及び機会に対処するための取組）並びに指標及び目標（サステナビリティ関連のリスク及び機会に関する連結社の実績を長期的に評価し、管理し、及び監視するために用いられる情報）、(c)人的資本（人材の多様性を含む）に関する戦略並びに指標及び目標、といった開示が求められている（開示府令第2号様式、記載上の注意30-2）。

　なお、サステナビリティに関する開示基準は、前述のTCFDや、IIRCの基準が存在していたが、標準化を求める要望の中で、2021年11月にIFRS財団傘下の国際サステナビリティ基準審議会（International Sustainability Standards Board, ISSB）が創設され[26]、2023年6月にサステナビリティ全般に関する基準（IFRS S1号）と気候変動に関する基準（IFRS S2号）が公表されている他、2024年3月、日本国内版とされるサステナビリティ基準委員会（SSBJ）が日本企業の気候関連開示基準の草案を公表し、金融庁は有価証券報告書における開示を順次義務化するとの報道もある[27]。

---

[26] ISSBによるサステナビリティ開示基準と日本への影響については、中條恵美「サステナビリティ情報開示に関する海外の動向・国内基準化の展望」日本中央経済社編『2023年改正開示府令の実務ガイド』（中央経済社・2023年）頁48。

[27] 日本経済新聞2024年3月30日朝刊18頁、相馬隆宏「ISSB開示、27年にも義務化サステナビリティ開示の国内基準が明らかに」日経ESG（2024年5月20日）https://project.nikkeibp.co.jp/ESG/atcl/column/00005/050900451/（2024年9月29日閲

② コーポレート・ガバナンスの概要

　2010年の改正は、上場会社のコーポレート・ガバナンスに関する開示の充実を内容とするもので[28]、「コーポレート・ガバナンスの状況等」という項目で新設された。2019年改正で「コーポレート・ガバナンスの概要」に名称変更された上でさらに記述項目が拡大されている[29]。具体的な開示内容としては、大要として、(a)提出会社のコーポレート・ガバナンスに関する基本的な考え方、(b)提出会社の企業統治の体制の概要（設置する機関の名称、目的、権限及び構成員の氏名等）、(c)提出会社の企業統治に関するその他の事項（例えば、内部統制システムの整備の状況、リスク管理体制の整備の状況、提出会社の子会社の業務の適正を確保するための体制整備の状況）といった開示が求められている。2023年改正では、取締役会の活動状況について記載することが追加された（開示府令第2号様式、記載上の注意54）。

③ 監査に関する状況

　同じく、2010年の改正で新設された「監査報酬の内容等」という項目は、2019年改正で「監査の状況」となって現在の形に近くなった[30]。具体的な開示内容としては、大要として、(a)監査役監査の状況（監査役監査の組織・人員及び手続、監査役及び監査役会の活動状況）、(b)内部監査の状況等（内部監査の組織・内部監査、監査役監査及び会計監査の相互連携並びにこれらの監査と内部統制部門との関係）人員及び手続、(c)会計監査の状況（提出会社の監査公認会計士等が監査法人、監査報酬の内容等）といった開示が求められている（開示府令第2号様

---

[28] 弥永真生「金融商品取引法に基づくディスクロージャー(3)―記述情報の拡充―」企業会計73巻4号（2021年）頁117。

[29] 前掲（注25）弥永・頁119。

[30] 前掲（注25）弥永・頁119。

式、記載上の注意56）。

　2023年改正では、内部監査の組織、人員及び手続について「具体的に、かつ、分かりやすく記載すること」と表現が改められた他、内部監査部門が代表取締役のみならず、取締役会並びに監査役及び監査役会に対しても直接報告を行う仕組み（いわゆるデュアルレポーティングライン）の有無について記載することが追加された[31]。

4、結語

　ここまで簡単に整理したが、上場企業の情報開示は、法定開示と事実上開示が強制される書類だけでも多岐に渡る。それに加えて、参考とすべき基準や開示内容が毎年のように変更・拡大されており、これらに対応するだけでも相当の負担感があるように思われる。一方で、これらの情報開示は投資家や社会全体にとっては、企業運営の透明性が高まることから、有益であることは言うまでもない。

　ところで、本稿は、近時拡充している非財務情報に対して、自然言語処理技術を用いた分析を行う研究の足がかりとして調査を行ったものである。非財務情報の分析に当たっては、必要なサンプル数がそろい、各項目が統一されていることが重要となる。そのためには、形式が指定されている法定開示あるいは上場規則によって事実上開示が強制される有価証券報告書あるいはコーポレート・ガバナンス報告書が分析対象として有力な候補となるだろう。開示書類が様々な角度から分析されることは、企業の透明性を高め、企業不正の発生を減らすことに資するならば、企業に対する情報開示の要請は今後も続くのではないだろうか。

---

[31] 入江政幸「有価証券報告書における監査の状況の分析と今後の望ましい開示」監査役755号（2023年）78頁、若林義人＝美﨑貴子「記述情報開示の充実に向けた動きと改正開示府令の概要」日本中央経済社編『2023年改正開示府令の実務ガイド』（中央経済社・2023年）頁43。

謝辞：本研究は、2024年度公益財団法人日本内部監査研究所研究助成の成果の一部です。

16
日本公司資訊揭露制度之現狀

長畑周史（譯者：吳姮）

壹、前言

本文主要介紹日本公司資訊揭露之現況。

公司資訊揭露主要係以向投資者為法定揭露及自願揭露兩方面擴展開來。此種展開雖為世界潮流趨勢，然其內容各國不盡相同。

公司資訊揭露主要分為法定揭露及自願揭露兩個方面，並呈現擴大趨勢。此趨勢雖為世界潮流趨勢，然各國的具體內容有所不同。是以本文藉由台灣的文獻及翻譯來介紹日本現今情況，希冀對研究日本公司資訊揭露制度的研究者和實務工作者有所貢獻。此外，本文不僅介紹可量化且便於統計分析的財務資訊，亦希望針對以文字描述、難以比較之非財務資訊等，藉由自然語言處理技術進行分析，並為此類研究提供基礎。

貳、日本公司資訊揭露制度概覽

一、法定揭露與自願揭露之關係

公司之資訊揭露分為法定揭露和自願揭露。日本公司法之規定係要求所有公司皆須為資訊揭露；而金融商品交易法[1]則針對上市公司等特定企業，課予其提交例如有價證券報告書等揭露文件之義務。

自願揭露雖非法律義務，係公司自願性地向投資者揭露資訊，然對於上市公司而言，根據金融商品交易所上市規則之規定，實際上仍可能會被

---

[1] 譯者：日本金融商品交易法即我國證券交易法。

強制要求資訊揭露。圖16-1為兩者差異之概覽。

圖16-1　法定揭露與自願揭露

二、法定揭露

（一）公司法之揭露規定

公司法規定，股份有限公司應於股東常會後即時公告資產負債表（若為大公司還須公告資產負債表及損益表）（公司法第440條1項）。雖依公司規模及揭露方式有所不同，然原則上仍要求公司將財產狀況向一般公眾揭露。

此外，對於股東及公司債權人，公司負有財務文件之備置與提供查閱義務（公司法第442條），並須於股東會中向股東提供財務文件（公司法第437條）。圖16-2為公司法要求資訊提供之對象及內容。

	向股東揭露	向公司債權人‧母公司社員揭露	向一般大眾揭露
決算公告	○	○	○
財務報表之設置、閱覽等	○	○	×
財務報表之提供（僅限董事會設置公司）	○	×	×

圖16-2　公司法規定資訊提供之對象及內容

(二) 金融商品交易法之揭露規定

金融商品交易法在公司法所規定之資訊揭露外，針對上市公司更進一步要求其公開資訊揭露。其立法目的在於保護投資者，而要求向一般大眾資訊揭露。

金融商品交易法要求之揭露文件，以發行市場及流通市場為區分對象。在發行市場中所為之揭露內容包含有價證券報告書（第5條第1項）和公開說明書（第2條第10項），而流通市場的揭露內容則包括有價證券報告書（第24條）、半年度報告書（第24-5條第1項）及臨時報告書（第24條第4項）。本文針對較重要之有價證券報告書之內容，可參考金融商品交易法附件第3號格式。

此外，為確保財務資訊之正確性，經營者須評估公司內部控制之有效性，並將其結果作成內部控制報告書與有價證券報告書，提交主管機關（第24-4條第1項）。該內部控制報告書應接受公認會計師或監察法人之監察證明（第193-2條第2項，內部控制規定第1條第2項，第6條）。同時，經營者應提交該有價證券報告書內容符合金融商品交易法規定之確認書（第24-4條第2項），且該提交之文件須公開5年，並可於EDINET（Electronic Disclosure for Investors' NETwork 電子資訊揭露系統）公開查閱（第25條）。

三、自願揭露

(一) 金融商品交易所上市規則之揭露規定

東京證券交易所之有價證券上市規則中，針對發行有價證券之上市公司，規範適時揭露公司資訊之相關規定。具體來說，符合施行規則規定的標準，或對投資者投資決策有重大影響之事項，公司應立即公開相關資訊內容（有價證券上市規定第402條）。此外，對於決算報表、四半期決算報表（同規定第404條）、預期值修正（同規定第405條）、上市外國公司之資訊（同規定第407條）、以及為達上市維持標準所需之計畫（同規定第408條），亦要求進行適時揭露。又公司須藉由東京證交所之TDnet系

統（Timely Disclosure network：適時資訊揭露傳遞系統）來揭露發布消息
（同規定414條），因此對於上市公司而言，上述資訊之揭露事實上具有
強制性。

　　適時揭露資訊制度，係依金融商品交易所規則之規定，使上市公司向
投資者提供重要公司資訊，該制度特點在於，藉由資訊平台或TDnet將資
訊廣泛且及時地傳達給投資者。雖其與金融商品交易法之揭露規定，在資
訊的快速報告性上有所不同，然為減輕公司負擔，金融商品交易法於2023
年修正，以提交四半期結算報告書替代四半期結算快報之提交義務。

　　此外，適時揭露制度中另有確保實效性之規定（第500條以下），意
味著上市公司實際上無法忽視這些規定。因此，與下一節提到的資訊公開
之任意程度有所不同。

（二）企業治理報告書

　　東京證券交易所自2015年6月起，要求上市公司提交「企業治理報告
書」（有價證券上市規則第204條12項第1號、第419條）。因此，對於上
市公司而言，報告書實際上即屬強制性揭露文件。

　　提交報告書之目的係為了解決過去在財務報告中所揭露之企業治理相
關資訊時，該資訊之揭露內容係各公司自行決定，且通常與其他財務資訊
一同揭露，導致投資者難以獨立比較和判斷各公司企業治理體制之情況。
是以為使投資者便於比較，故而將企業治理相關資訊以報告書之形式集中
揭露。公司所提交的報告書內容會被東京證券交易所公開，並納入其企業
治理資訊中。報告書要求提供企業組織結構之基本資訊，並要求詳細記載
公司遵守企業管制守則之情形。

（三）整合報告書

　　整合報告書係國際整合報告書代表會（International Integrated
Reporting Council, IIRC）於2013年發布之「國際整合性報導架構」（The
International <IR> Framework，2021年修正）作為指導原則及內容要素。

　　整合報告書之製作及公開雖為自願性地，然在世界各國中，日本企業

較為積極地發表整合報告書。根據2023年調查，發表整合報告書之企業家數已達1,019家，較去年同期872家成長147家，表示約有三成的上市公司發表整合報告書。

整合報告書為一種簡潔的表達方法，其旨在解釋在組織的外部環境背景下，該組織的戰略、治理結構、業務表現及未來展望，該如何推動短、中、長期的價值創造。而其內容包含：1.組織概要與外部環境；2.治理結構；3.商業模式；4.風險與機會；5.戰略與資源配置；6.業績；7.未來展望；8.製作與表示之基礎；9.一般報告指南。

此外，在日本經濟新聞社主辦的日經整合報告書比賽中，該比賽之第一次審查標準即對此具高度化描述，包含：1.管理階層資訊；2.實現企業價值創造之企業理念（包括目的、使命、文化、價值觀和願景）；3.企業之重要課題，並展示與時序相關的價值創造過程（短、中、長期），以及對其經營資源（各種經營資本）之客觀分析，並提供中長期經營之目標與戰略之描述（包括商業模式變革）；4.與企業特性相符之重要經營目標指標（包含ESG項目），並公開KPI及其成果；5.是否記載投資者分析時所需之充分財務資訊與財務相關資訊；6.在中期經營業務發展中，是否記載具說服力之資本分配政策、財務政策及事業統整管理之描述；7.ESG中與「環境相關」資訊的多元利害關係人之說明，並描述其社會影響；8.ESG中「社會相關」資訊的多元利害關係人之說明，並描述其社會影響；9.ESG中「企業治理系統」等。

在整合報告書之定義及定位上，一直以來被認為是「將以財務資訊為主之年度報告書與以社會責任、企業社會責任（CSR）報告書、企業永續報告書等非財務資訊為主之報告書進行整合」。然而在一些座談會中，對於整合報告書的理解有所不同。例如，カゴメ的仲村氏認為：「我們的希冀單從有價證券報告書即可獲取所有資訊，整合報告書則是其精簡版。」另一方面，三井物產的田野井氏則認為：「有價證券報告書為過去的資訊，且呈現字典式的數據，包含各種修訂資訊，而整合報告書則是將未來的資訊進行整理。」由此可知，因整合報告書為完全自願揭露形式，各方對其定位和內容有各式各樣理解。此外，中小企業中亦有製作整合報告書

之案例存在。

(四) CSR報告書與企業永續報告書

在CSR報告書（企業社會責任報告書）中，最具代表性的基準是由GRI（全球報告倡議組織，Global Reporting Initiative）制定之指引。GRI為獨立的國際非營利組織，成立於1997年，並於2000年公布GRI指引（最新版為2013年發布之第4版）。此外，GRI在2016年制定GRI準則（2021年改訂），並成為ESG準則之一，且該準則被認為是企業永續報告書的主要基準。另外，日本環境省「環境報告指引」（最新版為2018年版）被作為參考文件外，氣候相關財務揭露小組（Task Force on Climate-related Financial Disclosures, TCFD）的最終報告（2017年發布，2021年更新指導之方針），對於支持TCFD提議的企業，已成為重要的資訊揭露準則之一，並遵循相關揭露資訊之要求。

儘管有各種自願揭露文件，根據2008年的文獻指出「環境、社會報告書的數量有所減少……就現狀而言，日本的企業責任報告書有集中於CSR報告書之趨勢」。然而在這之後，這些報告書已加入更多元素，並逐步轉向整合報告書形式。儘管如此，即便是上述所提到的準則，在目的、對象、評價方法等方面仍然存在差異，似乎難以達到整合報告書之一本化。

參、有價證券報告書之非財務資訊項目之擴展

一、有價證券報告書之非財務資訊項目

接著確認有價證券報告書之非財務資訊項目的發展情形。有價證券報告書之記載內容每年依據「企業內容揭露之內閣府令」（以下簡稱揭露府令）修訂進行調整。其中，近來較為注目的係2023年1月31日之重大修正，包含：1.永續發展之理念與對策；2.企業治理概述；3.監察情況。

(一) 永續發展之理念與對策

根據2023年新增，並自同年3月期決算起作為法定揭露事項之「永續發展之理念與對策」項目，其具體揭露內容大致包括：1.治理結構（監控與永續性相關之風險與機會，以及管理過程、控制機制及相關程序），及風險管理（涉及識別、評估和管理永續性相關風險與機會之風險管理過程）；2.策略（針對可能影響公司集團經營方針與經營策略之永續性相關風險與機會，提出短、中、長期之應對措施）；3.人力資本（包含員工多樣性）之策略及相應指標與目標（揭露府令第2號樣式及記載注意事項30-2）。

永續性相關之揭露標準除前述TCFD及IIRC準則外，隨著對標準化的要求增加，2021年11月國際財務報導準則基金會（IFRS）創設國際永續準則委員會（International Sustainability Standards Board, ISSB）。ISSB於2023年6月公布兩項重要永續揭露準則：永續相關財務資訊揭露之一般規定（IFRS S1）及氣候相關揭露（IFRS S2）。根據報導，2024年3月日本永續基準委員會（SSBJ）將公布日本企業的氣候相關揭露準則草案。金融廳也計劃逐漸將這些作為有價證券報告書的揭露範圍。

(二) 公司治理概要

在2010年的修正中，為強化上市公司企業治理的揭露內容，新增「企業治理狀況」之項目。而在2019年再次修正中，該項目名變更為「企業治理概述」，並擴大揭露項目。具體揭露內容大致包括：1.企業治理基本理念；2.企業之治理體系之概述（設置機關名稱、目的、權限及成員姓名等）；3.企業治理之其他相關事項（例如內部控制系統之建構狀況、風險管理體系之建構狀況，子公司業務適當性保障之體系的建構狀況）。在2023年修正中，則更進一步要求公司揭露董事會的活動情況（揭露府令第2號樣式、記載注意事項54）。

(三) 監察情況

　　同樣地，在2010年的修正中新增「監察報酬內容」之項目，該項目在2019年修正為「監察情況」，並成為現今形式。根據最新規定，具體揭露內容大致包括：1.監察人監察情況（監察人監察組織、人員及其程序，以及監察人及監察人會之活動情況）；2.內部監察之情況、成員及程序（內部監察的組織‧內部監察、監察人監察及會計監察間之相互關係，以及監察部門與內部控制部門之關係）；3.會計監察情況（公司之監察公認會計師等監察法人及監察報酬之內容）（揭露府令第2號樣式、記載注意事項56）。

　　在2023年修正中，對內部監察的揭露要求更進一步細化，特別是針對內部監察的組織結構、成員及程序，要求其揭露更加具體。要求公司須追加記載是否有所謂的雙重報告系統，即不僅向內部監察部門之代表董事報告，尚需對董事會及監察人、監察人會直接報告之制度。

肆、結論

　　本文雖簡單整理有關上市公司資訊揭露之相關內容，但可看出僅是法定揭露和事實上強制揭露文件，其範圍已非常廣泛。此外，再加上每年都有新的準則和揭露內容進行更改擴充，企業在應對這些要求時，勢必面臨相當大的負擔。然而，因這些資訊揭露有助於提高企業營運之透明度，對投資者和整個社會而言無疑是有益的。

　　本研究內容著重於近年來擴大之非財務資訊，並以自然語言處理技術進行分析調查。在分析非財務資訊時，確保擁有足夠的樣本數並確保各項目之統一性極為重要。是以，在形式上要求統一法定揭露文件，或根據上市規則強制揭露的有價證券報告書或企業治理報告書，做為本文主要研究對象。若能從多種角度對這些揭露文件進行分析，並提升企業透明度，從而減少企業內部的不正當行為，那麼未來對企業資訊揭露之要求可能會持

續增強。

謝詞：本研究爲2024年公益財團法人日本內部監察研究所研究成果之一部分。

國家圖書館出版品預行編目資料

清溪公司法研究會論文集. III：紀念黃國川
　法官榮退／黃清溪主編. －－初版. －－臺
　北市：五南, 2024.12
　面；　公分
　ISBN 978-626-423-050-6（平裝）

1.CST: 公司法　2.CST: 文集

587.207　　　　　　　　113019379

1UD7

清溪公司法研究會論文集 III
——紀念黃國川法官榮退

主　　編 — 黃清溪（290.7）

作　　者 — 鄭瑞崙、李美金、蔣志宗、黃鋒榮、吳譽珅
　　　　　　吳軒宇、吳　姮、莊曜隸、游聖佳、詹秉達
　　　　　　魯忠軒、鄭貴中、鄭宇庭、謝孟良、林欣蓉
　　　　　　長畑周史

編輯主編 — 劉靜芬

封面設計 — 封怡彤

出 版 者 — 五南圖書出版股份有限公司

發 行 人 — 楊榮川

總 經 理 — 楊士清

總 編 輯 — 楊秀麗

地　　址：106臺北市大安區和平東路二段339號4樓

電　　話：(02)2705-5066

網　　址：https://www.wunan.com.tw

電子郵件：wunan@wunan.com.tw

劃撥帳號：01068953

戶　　名：五南圖書出版股份有限公司

法律顧問　林勝安律師

出版日期　2024年12月初版一刷

定　　價　新臺幣360元

經典永恆・名著常在

五十週年的獻禮——經典名著文庫

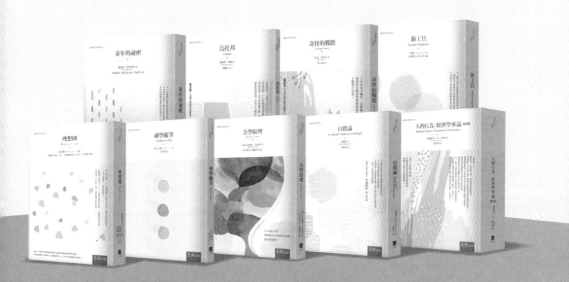

五南，五十年了，半個世紀，人生旅程的一大半，走過來了。

思索著，邁向百年的未來歷程，能為知識界、文化學術界作些什麼？

在速食文化的生態下，有什麼值得讓人雋永品味的？

歷代經典・當今名著，經過時間的洗禮，千錘百鍊，流傳至今，光芒耀人；

不僅使我們能領悟前人的智慧，同時也增深加廣我們思考的深度與視野。

我們決心投入巨資，有計畫的系統梳選，成立「經典名著文庫」，

希望收入古今中外思想性的、充滿睿智與獨見的經典、名著。

這是一項理想性的、永續性的巨大出版工程。

不在意讀者的眾寡，只考慮它的學術價值，力求完整展現先哲思想的軌跡；

為知識界開啟一片智慧之窗，營造一座百花綻放的世界文明公園，

任君遨遊、取菁吸蜜、嘉惠學子！